本书系国家社科基金项目

约翰·霍洛威的"开放马克思主义"文献翻译与研究

（编号：17BZX032）结项成果

重思资本逻辑的同一性

约翰·霍洛威的批判思想引论

孙　亮　著

Rethinking the Identity of
Capital Logic

AN INTRODUCTION OF
JOHN HOLLOWAY'S CRITICAL THEORY

社会科学文献出版社
SOCIAL SCIENCES ACADEMIC PRESS (CHINA)

所有非幻想的希望图像，所有"现实的可能性"（Real-Mögliche）都通向马克思。

——恩斯特·布洛赫

《希望的原理》（第 1 卷）

目　录

导　论

中国学术界关于当代西方资本主义批判理论的研究，已经开展了很多年，取得了丰硕的理论成果。但是，就全景式地展示国外马克思主义理论研究成果和及时掌握资本主义新变化、新发展来讲，学界依然需要针对资本主义批判理论这一主题持续地研究下去，这既有西方资本主义批判理论自身发展的原因，也源于我们面对资本主义产生的新变化、取得的新进展，需要借助相应的理论资源（即使方法论差异巨大）来阐释现实，并不断丰富、拓展历史唯物主义。为此，我们需要仔细梳辨那些富有价值但似乎又较少被深入关注的领域。在这个意义上，约翰·霍洛威（John Holloway）与我的照面更多是我在阅读《资本论》及其相关手稿的过程中，参考西方学术界相关前沿成果时发生的。2013 年，我在华东师范大学主持《资本论》与马克思政治哲学的课程；2014 年后将研究主题逐渐调整到《资本论》上来，试图在"表现""拜物教""价值形式"等一系列论域，推展马克思独特的哲学运思方法；2015～2016 年带着这些问题在德国搜索了相关的研究资料，此间，德国的新马克思阅读学派等方面的研究引起了我极大的兴趣，不过，我更为关心的是，这种研究是如何导向一种政治理念的。循着这一思考，受新马克思阅读学派（Die Neue Marx-Lektüre）的影响，加上沃纳·博纳菲尔德的介绍，我最终接触到《开放马克思主义》文集（一至三）（最近又出版了卷四）。读罢该文集，甚至在写完本书主体内容之后很长的一段时间内，我都深受其中一些观念的影响，真是一次难得的阅读体验。约翰·霍洛威成为我在那一段时间里，与之对话、与之辩驳的思想的肉身符号。

约翰·霍洛威是当代英语世界著名的左翼批判理论家，也是开放马克思主义学派的代表人物，不过，其影响并非仅限于英语世界。他的主要著作被翻译为十多个语种，不用说像德语、法语这样的欧洲版本，就是亚洲的日本、韩国等地也有相应的译本出现，譬如日本左翼翻译家大窪一志在2009年翻译出版了《无须掌权改变世界》（『権力を取らずに世界を変える』），高祖岩三郎、篠原雅武则于2011年翻译出版《革命：裂解资本主义》（『革命：资本主义に龟裂をいれる』）。霍洛威，1947年出生于爱尔兰的都柏林，并在爱丁堡大学获得政治科学的博士学位，他不仅是一位重要的资本主义批判理论家，也是一名律师。其批判理论中浸透着布洛赫、阿多诺等人的哲学痕迹。他的批判理论及其所主张的"无须掌权改变世界"作为解决资本主义问题的方法，在很大程度上表明西方左翼学者失去了对走向乌托邦世界的想象。本书以历史唯物主义方法论为切入，去辨析霍洛威所谓的回顾过去革命的历史，以及通过反思夺取权力进行革命的路径问题，并提出了一种可称为"自我解放"的新方法。当然，霍洛威和一些西方左翼之所以陷入难以展开乌托邦想象的困境，原因在于资本及其建构主义已经过于强大，但是，传统的革命形式在霍洛威看来是从资本出发去思考问题的，因而始终逗留于资本的"权力围城"之中。由此，霍洛威倡导转向主体、转向没有被资本否定的另一面去寻找出路，这便是他一直以来思考的路径。从思想史来看，这体现了1968年五月风暴之后，左翼撤离了社会主义运动，在诸种"单一性"主体维度去反思"传统革命理论"与"传统革命主体"，从而在新社会运动基础上勾勒"新解放"的叙事话语。虽然这些"1968年之后"的激进左翼话语问题重重，但是，其中触及的问题，对于我们个体来说，颇能激起些共鸣。譬如，在资本中我们如何重构希望，便是霍洛威抛给我们这些依然需要生活、依然心存理想的平凡个体的朴素的问题。

一　从国家理论争辩开始

在20世纪60～70年代，西方学术界围绕国家理论展开过激烈的思想论争，最著名的莫过于"密里本德—普兰查斯之争"。其中，普兰查斯（Nicos Poulantzas）在《政治权力与社会阶级》（1968 年）中提出"国家的相对自主性"，而拉尔夫·密里本德（Ralph Miliband）于 1969 年出版《资本主义社会中的国家》，阐释了工具主义国家观念。霍洛威在这一时期虽然还较为年轻，却也参与了西方左翼学者中这一重大的"理论事件"，并一跃成为英语世界此一时期国家理论研究重要的学者之一。这与该事件中最具代表性的著作，即他和索尔·皮乔托（Sol Picciotto）出版的《国家与资本：马克思主义辩论》（State and Capital：A Marxist Debate）有关。毫无疑问，在英语世界，这是最早将国家视作最终由资本和工人阶级之间的阶级斗争构成的社会形式的理论，或者说，霍洛威从这一时期开始，便深受德国新马克思阅读学派的影响，虽然后来与之存在差异。在这本著作中，他已经向读者展示出对 20 世纪 70 年代初德国"国家衍生"辩论中的国家形式分析方法的挪用。《国家与资本：马克思主义辩论》是一本论文集。在霍洛威和皮乔托看来，

　　自二战以来，国家行政机构的大部分职能首次受到严重质疑。面对这些事态的发展，人们正被迫改变他们对"国家"的优势和劣势、可能性和局限性的看法，而在几年前，广为流行的许多观点已被证明是虚幻的。一方面，那些相信"新资本主义"的人可能仍然备受压迫，但经济危机衍生的问题在很大程度上已经通过国家干预的方式得到解决，现在面临着高失业率、减薪和国家开支削减的回归。另一方面，那些认为重新出现高失业率和生活水平普遍下降将对政治制度造成致命打击的人，也应该会在实际的发展进程面前感到尴尬：这场危机不仅暴露了国家活动的局限性，而且展现了国家应对危机的非凡能力。①

　　我们知道，在当代国外马克思主义的国家理论研究中，资本与国家之间的关系，显然已经成为重要的理论研究方向了。譬如，在《马克思主

---

① John Holloway and Sol Picciotto, *State and Capital：A Marxist Debate*, London：Edward Arnold, 1978, p. 1.

与国家：一种分析方法》① 一书中，威瑟利也尝试基于资本需求理论去超越工具主义与结构主义那种"非此即彼的二分法"。毫无疑问，从时间上看，霍洛威对超越这种二分法的理论尝试要早得多：

> 在我们看来，英国辩论潜藏着一种二分法。有些分析很少或根本不关注政治的特殊性，认为（或更经常假设）国家的行动或多或少直接来自资本的要求。这种分析有时被指责为"还原论"或"经济决定论"。在对这种方式的过度反应中，其他的分析坚持政治的"相对自治"，否认（或更多的时候忽视）政治理论家密切关注资本积累条件的需要：有这种倾向可能被称为"政治主义"。这种二分法的两个极端的共同之处是，将经济和政治之间的关系作为资本主义社会关系的分离形式。当然，这并不总是表现为一种潜在的倾向。②

因而，霍洛威试图给出一种新的方案：

> 我们认为，唯一的出路是通过发展一种充分理论来打破这种二分法，这种理论在对资本主义生产的分析中确切地揭示了政治的特殊性和政治形式的发展。这正是当前德国辩论的目标。③

也正是在这样的理论尝试下，霍洛威和皮乔托试图在《国家与资本：马克思主义辩论》一书中，努力推动资本主义国家理论朝着唯物主义的方向发展：

> 在过去的几年里，马克思主义国家理论的一个新的开端已经出现

---

① 〔英〕保罗·威瑟利：《马克思主义与国家：一种分析方法》，孙亮等译，中国人民大学出版社，2022。

② John Holloway and Sol Picciotto, *State and Capital: A Marxist Debate*, London: Edward Arnold, 1978, pp. 2–3.

③ John Holloway and Sol Picciotto, *State and Capital: A Marxist Debate*, London: Edward Arnold, 1978, p. 3.

在一场激烈而连贯的辩论中，通常被称为"国家衍生"（Staatsableitung）辩论。这场辩论的目的是系统地将国家作为一种政治形式，其从资本主义生产关系的性质中"衍生出来"，这是自 20 世纪 60 年代末以来，人们对马克思为分析现代资本主义而创设的科学范畴重新产生兴趣的一部分，作为建立资产阶级国家及其发展的唯物主义理论的第一步。在这本书中，我们介绍了有关德国"国家衍生"辩论的主要贡献；但我们不只是将其作为一种有趣的现象，不只是将其视为与其他"学派"并列的"德国学派"，还将其作为对那些在英国通常被认为代表马克思主义国家理论的基本批评。①

因而，在《国家与资本：马克思主义辩论》中，他们一方面介绍了"国家衍生"辩论的主要理论贡献，比如，在《福利国家幻象与"雇佣劳动与资本"之间的矛盾》一文中，沃尔夫冈·穆勒（Wolfgang Müller）和克里斯特尔·纽斯威茨（Christel Neusüss）认为，资本关系的内部矛盾倾向是通过资本代理人的活动来调节的，而资本又是国家特殊化的前提条件。对于这一前提，霍洛威和皮乔托认为，在资本逻辑的方法中，国家职能和国家机构发展的实际历史不是在逻辑推导完成后以某种方式予以添加的，它们已经隐含在"逻辑"分析中。换句话说，这种分析不仅是逻辑的，而且是历史的，对于这一方法，他们给予了详细的解释：

> "资本逻辑"（capital logic）一词在英国被相当松散地用于任何基于资本矛盾的分析；然而，从这篇导言中，当然也从这本书的阅读中可以清楚地看到，将"资本逻辑"这一标签应用于本文所述的整个辩论将是极其误导人的；尽管所有的作者都是从分析资本开始的，但他们对"国家衍生"的方法和对资本"逻辑"的理解存在很大的差异。②

---

① John Holloway and Sol Picciotto, *State and Capital：A Marxist Debate*, London：Edward Arnold, 1978, p. 2.

② John Holloway and Sol Picciotto, *State and Capital：A Marxist Debate*, London：Edward Arnold, 1978, p. 180.

因而，还不能够想当然地以为"资本逻辑"学派阐释的国家理论就是"国家衍生"理论，当然，有这种想法也没有什么奇怪的，因为，霍洛威和皮乔托在书中批判的就是资本逻辑的阐释方式。他们引用了赫奇（Hirch）的说法，"这种以积累过程中资本和劳动的对立关系为出发点的方法，为我们提供了对国家进行历史唯物主义分析的框架"，因而，"在这种方法中，对国家职能的考察必须建立在对资本主义积累过程的历史进程进行概念分析的基础上；然而，必须记住，这不是抽象规律的逻辑演绎问题，而是对历史过程的概念性理解问题"。① 确切一点说，他们认为，

> 谈论资本主义社会关系的"形式"是毫无意义的，除非人们心中有其他形式，除非人们认为这些形式是暂时的。在"形式"的概念中，隐含着这样一种观念：它是历史决定的，是历史发展的。正是这种对资本主义形式作为过渡形式的批判，提供了马克思主义分析的基础。②

为此，可以认为，在他们看来，形式分析才更接近马克思的历史分析方法，而逻辑分析则会出现脱离历史分析的危险。当然，这里我们不打算具体对这一流派进行讨论，只是想说明在这一流派的推进过程中，特别是在英语世界这一流派的回响，充分证明霍洛威是一位举足轻重的学者。

关于国家、社会形式和阶级斗争的概念发展的潮流，最终催生了"开放马克思主义"（Open Marxism）思想流派，霍洛威仍然是其中的重要引领者。这种潮流既否认了传统马克思主义对国家垄断资本主义的看法，也否认了诸如普兰查斯、阿尔都塞的结构主义国家理念，肯定了资本和工人阶级之间阶级关系的中心地位。

随后，"开放马克思主义"学派以《开放马克思主义》四卷本论文集的

---

① John Holloway and Sol Picciotto, *State and Capital*: *A Marxist Debate*, London: Edward Arnold, 1978, p. 26.

② John Holloway and Sol Picciotto, *State and Capital*: *A Marxist Debate*, London: Edward Arnold, 1978, p. 27.

形式，介入英语世界激进批判理论之中，成功地建构起其独立的理论话语体系，引来了诸多学者的讨论。法国杂志《逻辑反抗》（1975～1985 年）最能够反映在一段时间内，欧洲学者对于传统马克思主义所形成的"逻辑"予以反思、重构的心路历程。霍洛威等人其实都是此一时期由"逻辑反抗"思想氛围塑造出来的学者。这些学者自身在对资本主义的观察中，试图走出"封闭"的马克思主义话语的努力始终没有停息。直到 1992 年《开放马克思主义》第一卷"辩证法与历史"、第二卷"理论与实践"出版，以及 1995 年的第三卷"解放马克思"的出版，正式标志着一个研究学派的面世，该学派以约翰·霍洛威为代表，聚集了沃纳·博纳菲尔德（Werner Bonefeld）、西蒙·克拉克（Simon Clarke）、海德·格斯坦伯格（Heide Gerstenberger）、理查德·冈恩（Richard Gunn）、哈里·克利弗（Harry Cleaver）等一批当代著名学者，他们分布在德国、爱尔兰、苏格兰以及墨西哥、美国等地。

　　"开放马克思主义"产生的现实境遇是，传统马克思主义阶级斗争运动在 20 世纪 90 年代之后处于低谷期，马克思主义在欧洲面临前所未有的困境，人们对马克思主义的认识停留在传统苏联马克思主义话语体系及其剧变的现实之中。理论的境遇是，20 世纪 60 年代阿多诺的《否定的辩证法》问世，法兰克福学派的社会批判理论开始与政治经济学批判相融合；另外在苏联哲学家鲁宾（Lsaak Rubin）的《马克思价值理论论集》影响下，新马克思阅读学派的"价值形式批判理论"渐成气候。基于上述现实与理论境遇，约翰·霍洛威、沃纳·博纳菲尔德、西蒙·克拉克等人直接承继了新马克思阅读学派的成果，至今仍与其保持着密切的合作，汉斯－格奥尔格·巴克豪斯（Hans-Georg Backhaus）、赫尔穆特·赖希尔特（Helmut Reichelt）等直接加入开放马克思主义学派的队伍中。双方唯一的差异在于，开放马克思主义学派更注重将《资本论》的重新阅读导向一种新的政治理念，他们需要的是"政治地"行动起来，从而将阿多诺的"否定的辩证法"、政治经济学批判与切实地反对资本主义三者有机地统一起来形成"行动"。

　　霍洛威的"开放马克思主义"之"开放"的理念大致如下。第一，反对历史唯物主义的"历史决定论"，认为马克思描绘的共产主义解放事业只能如一个"罗盘"一般确定方向，但不具有预定的路线图。第二，反对从价值形式的视角，以及在此基础上的国家、权力等诸种社会形式建构的"封闭"的世界出发研究马克思，主张马克思的政治经济学批判就是价值形式批判学说，倡导回归社会关系本身的丰富性，从这一"开放"的视角出发寻求解放的可能性。第三，将行动（Doing）与抽象劳动（Labour）加以区分，反对围绕"抽象劳动"作斗争的劳工运动，认为"开放"只是自我对自我行动的否定。第四，反对以黑格尔辩证法解读马克思，倡导阿多诺否定的辩证法，"开放"即"非同一性"，"封闭"即"同一性"。第五，"开放"是从拜物教世界出走，反对拜物教化的传统马克思主义话语。第六，坚持动词性地理解资本主义生活中的"范畴"，反对名词化的理解方式，譬如国家被理解为"国家化"、拜物教被理解为"拜物教化"、价值形式被理解为"价值形式化"等。

二 霍洛威著作及其学术影响

就文献而言，霍洛威是开放马克思主义学派中著述最丰、受关注度最高的学者。他出版了《裂解资本主义》《无须掌权改变世界》《身在其中、反抗与超越资本主义》《约翰·霍洛威读本》等著作，发表了关于萨帕塔运动与超越资本主义的许多论文。除此之外，他与开放马克思主义学派成员沃纳·博纳菲尔德合作主编《后福特主义与社会形式》《国家与资本》等一系列展现开放马克思主义学派精神的论文集，自己也在《资本与阶级》《历史唯物主义研究》《古典社会学杂志》上发表了阐释开放马克思主义的大量论文。霍洛威的一些著作已经被翻译为十余种语言出版。以霍洛威为学术代表的开放马克思主义学派在当今西方左翼批判理论中，已经形成了丰富的理论景观。如沃纳·博纳菲尔德出版了《国家、资本与阶级：论否定与颠覆的理由》《革命性写作》《颠覆现状、想象未来》等专著。西蒙·克拉克的著作已经有中文版的《经济危机理论：马克思的视角》，还有大量汉语学术界较少触及的《单向度的马克思主义》《马克思、边际主义与现代社会学》《俄罗斯的工人运动》等著作。理查德·冈恩作为左翼杂志《常识》的编辑与学派成员，围绕黑格尔、马克思与马克思主义撰写了大量的学术论文，《反对历史唯物主义：作为一阶话语的马克思主义》《马克思主义与矛盾》等成为开放马克思主义的代表性论文。哈里·克利弗最著名的专著是《政治性地阅读〈资本论〉》。这些成员在西方马克思主义学术研究中已经产生了重大的学术影响。以约翰·霍洛威为代表的"开放马克思主义"作为一个学派已经展现在世人面前。

通过一系列围绕霍洛威的理论讨论，我们可以理解其学术影响。这里我们仅仅举一个例子：2012 年《古典社会学杂志》（*Journal of Classical Sociology*）以霍洛威的批判理论为讨论主题出了一期专刊（第 2 期）。在编辑语中，霍洛威说：

> 出版一本书有点像在黑暗中从悬崖上跳下来，而不知道下面是什么：是否会溅起水花，是否会软着陆，是否会在岩石上摔死。或者至少，这是我在戏剧化时刻的感受，但我告诉自己不要再傻了，我所做的只是把一些想法抛出去讨论，希望有人能把它们捡起来，参与其中，甚至发展它们。因此，这本书与其说是一本平凡的书，不如说是一场对话的开始。[①]

在这场对话中，西蒙·苏森（Simon Susen）认为，这一专题中的讨论，目的在于介绍以霍洛威为代表人物的"开放马克思主义"的主要优势和劣势。内容大致包括两部分：

> 第一部分重点介绍了裂解资本主义的六大优势：（1）坚持自主议程设置对个人和集体解放的重要性；（2）强调社会斗争的普通结构；（3）对人类能动性背后的社会本体论条件的精细解释；（4）其激进社会转型的过程观；（5）承认资本主义的弹性、适应性和综合能力；（6）提出了另一种批判理论，通常被称为"开放的马克思主义"或"自主的马克思主义"。该研究的第二部分考察了裂解资本主义的主要弱点：

---

① John Holloway, "Editorial", *Journal of Classical Sociology*, No. 2, 2012, p. 171.

（1）由于对批评、裂缝和危机的片面关注，消极性的优势产生了负面影响；（2）概念模糊；（3）过度使用诗意和隐喻性语言；（4）缺乏对规范性问题的认真讨论；（5）缺乏实质性证据；（6）残余的经济还原论；（7）简单化的性别观念；（8）各种有问题的"主义"继续存在；（9）"做"和"劳动"之间的误导性区分；（10）对资本主义的简化理解；（11）不切实际的社会观；（12）社会本体论理想主义。[①]

无疑，苏森对于裂解资本主义的评判比较客观，看到了这一理解背后存在着诸多的误导性以及理想主义的成分。理查德·冈恩、阿德里安·威尔丁（Adrian Wilding）等人则更详细地指明了霍洛威为其抵抗的革命理论所提供的一种概念基础：

> 这篇文章对约翰·霍洛威的《裂解资本主义》（*Crack Capitalism*）提出了同志般的批评，该批评支持霍洛威的草根革命概念，但也对其讨论的概念基础提出了质疑。特别是，霍洛威对拉博埃西（La Boétie）"自愿奴役"的有关论述缺乏可取之处，而黑格尔精神现象学中关于"矛盾"的思想则是为了提供一个更充分的基础。有人认为，黑格尔不仅说明了革命性变革的可能性和必要性，同时，他对法国大革命与"承认"主题的描述表明，人们可以从一种基础的或草根的意义上理解革命。[②]

当然，在这一专题中还有其他的学者对霍洛威相关思想进行反思、批评。如果我们从2010年齐泽克、柯林尼克斯等人与霍洛威的讨论出发，也许更能够看出霍洛威的学术影响力。

---

① Simon Susen, "'Open Marxism' against and beyond the 'Great Enclosure'? Reflections on How (not) to Crack Capitalism", *Journal of Classical Sociology*, 2012, No. 2, p. 281.

② Richard Gunn, Adrian Wilding eds., "Hegel", *Journal of Classical Sociology*, 2012, No. 2, p. 173.

三 何谓"开放马克思主义"

"开放马克思主义"在当代西方左翼批判理论中似乎是一个难以归类却又有着广泛影响的思想流派,其理论展开的哲学根基借助了黑格尔、阿多诺、布洛赫等人的思想资源,以反思辩证法的方式加大对政治经济学批判的阐释力度。在努力推动政治经济学作为一种社会批判理论的过程中,其又与德国新马克思阅读学派,特别是《资本论》中的"价值形式"一节关联在一起。当然,它也与齐泽克、柯林尼克斯以及意大利的自治主义的代表哈特、奈格里等人有着话语的交锋。我曾向国内学术界推介过"开放马克思主义"代表人物之一约翰·霍洛威,至今,人们对"开放马克思主义"整个流派了解依然有限。"开放马克思主义"之"开放"正是要避开那种视马克思主义为"封闭"理论的理解,它为深入展开对当代资本主义新变化的批判,提升马克思主义哲学在当代世界的阐释能力提供了一些借鉴。

为了更深入地理解霍洛威"开放马克思主义"的批判理论,我在2020年2月与沃纳·博纳菲尔德展开对话①,这篇对话很适合作为理解"开放马克思主义"的导读,故而将其作为本书导论的一部分,以帮助更多读者把握这一西方学术流派的主要理论。

(一)"开放马克思主义"的形成、发展和主要贡献

问(笔者,下同):在西方左翼学界影响甚大的《开放马克思主义》至今共出版了四卷(1992~2019年),据我考证,"开放马克思主义"一词最早出现在由卡尔·马尔赞(Karl Marzan)于1957年编译的《安东尼奥·葛兰西的开放马克思主义》(*The Open Marxism of Antonio Gramsci*)一书的标题中。我的问题是,当您使用"开放马克思主义"一词时,您想表达的是什么样的马克思主义,以及它想要反对的是对马克

---

① 本次访谈刊发于《马克思主义与现实》2021年第5期,发表时有改动。

思主义所做的哪一种理解？

答（沃纳·博纳菲尔德，下同）：开放马克思主义是对传统马克思主义的重构。它的主要思想是想摆脱因循守旧、随波逐流的马克思主义。开放马克思主义是一种反本体论的马克思主义，因为它并不把当代社会经济看作一种与封建的或社会主义的劳动经济（labour economy）形成对照的历史上特定的劳动经济。那种认为劳动经济是一种通过历史上特定的多元决定而存在的自然事物的观点，在起源上完全是斯密式的。根据斯密的思想，财富是劳动生产率提高和由此引发的劳动分工日益扩大的结果。古典思想披着马克思主义的外衣，认为历史是从一个生产阶段过渡到另一个生产阶段，这样的思想以一种所谓的生产力和生产关系的辩证法形式在斯密所称的商业社会中达到顶峰。传统的马克思主义不允许对生产进行批判。它对政治经济学的批判，从根本上讲既是对分配的批判，又是对不合理和剥削的资本主义生产模式的批判。而对资本主义的批判，相当于主张国家社会主义是一种合理而公正的劳动经济，符合社会整体的利益和工人利益。在这两种观念中，劳动经济都被视为一种自然现象。在《资本论》中，马克思反对经济范畴的同一化，并且在对哥达纲领的批判中，他也否定了劳动是获取社会财富的唯一手段的观点。他认为资本主义财富的性质是特定的，生产劳动的性质也是特定的。

20世纪90年代初，出版的几卷《开放马克思主义》著作否定了从一种生产方式向另一种生产方式转变是生产力发展的结果。相反，其认为生产力属于它所产生的社会。生产力是资本主义社会关系的力量。它们没有创造历史的动力，其发展也不能超越现有的关系，它们本身就是现存关系的"产物"。事实情况就是，生产力的发展已经达到了社会关系的极限。但是达到极限不等于走向新的社会关系。相反，生产力的发展引发了一种潜藏着危机的动力，使生产力受制于它们的社会形式。资本主义危机并不外在于资本主义财富的逻辑和动力。事实上，危机属于资本主义的逻辑，并且是它的动力所固有的。

列宁关于社会主义是苏维埃组织和"电气化"的结合——或苏维

埃组织和福特主义劳动过程的结合——的思想化为乌有。开放马克思主义认为，在传统的马克思主义思想中，劳动和劳动经济的中心地位，使马克思著作的批判智慧仅仅成为一种意识形态，并将国家社会主义合法化为一种资本主义发展的手段。传统的马克思主义将经济学批判转化为一种马克思主义经济学。开放马克思主义的核心不是抽象地否定资本主义。

开放马克思主义不是将资本主义作为对象进行思考，相反，它试图通过在资本主义中的思考，或对资本主义的思考来揭示作为经济客体的社会优势的社会结构。它的主要目标是说明隐藏在经济范畴中的内容，而这个内容就是它们的社会结构。在经济形式的表象下，社会关系首先以物之间的关系形式出现，然后它们以自己世界的人格化的（经济人格化）表象现身。随着苏联的巨变，开放马克思主义试图将马克思从教条的马克思主义中解放出来。为了达到这个目的，它试图将马克思对政治经济学的批判解释为一种针对经济对象的社会批判理论。

问：您和其他学者在1992年前后形成的"开放马克思主义"思想的现实背景是什么？您使用过哪些理论资源？这一学派的代表和作品有哪些？

答：开放马克思主义是为了将马克思从"扭曲的历史唯物主义"中解放出来，正如阿多诺在他的《否定的辩证法》中描述并批驳教条的马克思主义者那样。要做到这一点，只看光明的一面是不行的，还需要试着从资本主义财富的概念出发来进行思考。资本主义财富将自己设定为一种存在于行动主体背后的独立力量，然而行动主体批判地通过社会实践赋予了社会财富以意识和意志。如果不尝试着理解现实的经济抽象，那么，我们也难以理解属于资本概念并维持着资本发展的工人阶级的斗争。这样一来，工人阶级要么被浪漫化为反抗中的异化劳动力，要么被视为带有道德正义的选举力量。

上述将马克思从劳动经济的正统教条化中解放出来的尝试，其目的无论如何也不新奇。实际上，它可以追溯至一段著名历史，涵盖了诸如潘涅库克（Pannekoek）、戈特（Gorter）和马蒂克（Mattick）组成的共产主义委员会，卡尔·柯尔施（Karl Korsch）的作品，阿多诺（Adorno）、本雅明（Benjamin）、霍克海默（Horkheimer）和马尔库塞（Marcuse）的批判理论，南斯拉夫实践小组（the Yugoslav Praxis Group），阿克塞洛斯（Axelos）的开放马克思主义，情境主义国际（the Situationist International），与玻利瓦尔·埃切维里亚（Bolívar Echeverría）、桑切斯·巴斯克斯（Sánchez Vázquez）、施瓦茨（Schwarz）和阿兰特斯（Arantes）相关的拉丁美洲批判马克思主义传统，国家起源争论的其他发起人格斯坦伯格（Gerstenberger）、布兰克（Blanke）、钮布斯（Neußüss）和冯·巴劳恩缪勒（von Braunmühl），还有包括巴克豪斯（Backhaus）、赖希尔特（Reichelt）和施密特（Schmidt）在内的新马克思阅读学派，以及达拉·科斯塔（Dalla Costa）、费德里希（Federici）、特隆蒂（Tronti）、奈格里（Negri）、克利弗（Cleaver）和博罗格纳（Bologna）等人的自治主义马克思主义（the Autonomous Marxism），再加上在英国的社会主义经济学家会议，开放马克思主义的文集就这样问世了。西蒙·克拉克（Simon Clarke）和约翰·霍洛威（John Holloway）关于价值、阶级和国家的著作应运而生。可能会有人说，西蒙·克拉克对结构主义马克思主义的批判，实际上是苏联马克思主义在西方的版本，而且他对国家理论和价值形式分析的贡献，在 20 世纪 90 年代早期是非常重要的。

"开放马克思主义"这一标题，对我们来说，源自柏林自由大学的政治批判学教授约翰内斯·阿格诺里（Johannes Agnoli）的著作。他对非正统马克思主义传统的贡献，突出表现在将政治经济学批判作为一种对资产阶级国家的经济范畴、哲学观念、道德价值和政治制度包括国家形式的颠覆性的批判。《开放马克思主义》文集的标题和阿格诺里之间的直接联系，在于他与欧内斯特·曼德尔（Ernest Mandel）于1980 年出版的一书的标题：《开放马克思主义：关于教条、正统和现实异端的讨论》（*Ein Gespräch über Dogmen, Orthodoxie & die Häresie der Realität*）。阿格诺里是那个时期最具颠覆性的思想家，但"开放马克思主义"的标题选择并不是因为他的伟大而向他致敬。"开放马克思主义"一词是纲领性的。

问：您刚才提到的一些学者，对中国来讲已经较为熟悉，譬如较早一点的阿多诺、霍克海默等人，后来的德国新马克思阅读学派，再到哈特、奈格里，汉语学术界围绕这些人或流派展开过讨论，当然，也包括我自己在一段时间所展开的对约翰·霍洛威的研究。但是，您能够更详细一点向中国学者介绍一下"开放马克思主义"流派的主要思想吗？或者它的主要贡献是什么？

答：好的，《开放马克思主义》文集并不主张通过列宁主义的劳动经济的国家社会主义计划形式，或通过凭借改革的税收计划和再分配的公正思想实现资本主义劳动经济的社会民主改革，并基于此在不公平的世界中实现公平。其也不主张为实现代表多数人的政治权力而采取策略性的辩护。相反，他们明白生产和剩余价值的实现是资本的目的，并且国家是这一目的的政治形式。《开放马克思主义》的作者也懂得，世界市场的竞争使得这些国家开拓了有竞争力的劳动力市场，这也是实现某种程度上的社会融合的条件。竞争的政治和提高的劳动生产率同属于一个财富体系，它们在工人生产利润的条件下维持着工人的福利。在这一财富体系中，劳动力的盈利能力不仅是避免破产的方法，它也是维持劳动力雇佣的手段，使得工人能通过工资收入维持着生活资料的获取。

比起一个被剥削的工人，有一种更糟糕的现象就是，成为一个不被剥削的工人。如果劳动力不能用来交易，还有什么能卖掉谋生并获得生产资料？也就是说，首先，剩余价值的生产者，出售劳动力的被剥削者，可以自由地为收支相抵作斗争。他们的斗争属于资本主义财富的概念，即货币生产出更多的货币。在这种财富概念中，人类需求的满足仅仅是枝节问题。重要的是货币时间。因此，通过提取剩余价值而实现价值的增殖是重要的。没有多余的时间，时间就是金钱。然后突然的，社会发现自己倒退回了短暂的野蛮状态，它似乎是一种饥荒，一种普遍的毁灭战争，切断了为晚餐而劳作的阶级的生产资料的供给。其次，对不平等的价值之间的等价交换的神秘性质的理解，对货币产生更多货币的理解，存在于剩余价值的观念中。劳动力的购买以及对劳动力的消费，产生了一种大于劳动力价值的整体价值。因此，等价交换关系建立在劳动力购买者和剩余价值生产者之间的阶级关系之上。这种蕴含着苦难历史的社会关系，在它作为一种货币量和另一种货币量进行交换的经济表象中消失了。

与整个马克思主义思想史相反，阶级斗争并不是积极东西。相反，它充斥着资本主义社会关系并使之向前发展。阶级斗争并不遵循某种抽象的思想。它也没有表现工人阶级的某种本体论的特权地位，据此，它如国家社会主义传统所认为的那样，被视为历史前进的动力。或者说，它属于为获取生产资料而进行的斗争，它是一场为了收支相抵的斗争，是一场追寻和重视人类意义、生命、人类温暖和情感的斗争。而且毫无疑问，对政治正义的诉求反映了被剥削者的痛苦。改善工人阶级的生存条件的政治承诺是绝对必要的——它使社会对工人文明以待。然而，阶级社会的批判，就劳动力售卖者和消费者之间的公平公正的交换关系的实现而言，并未找到有效的解决办法。什么是公平的工资？它难道不是来自地狱的雇主的慈善事业的老一套吗？雇主也用他先前从劳动者身上榨取的货币化的剩余价值，来支付劳动者的工资。只有在"时代的黑暗"已经走到尽头的社会中，阶级社会的批判才能找到它的积极解决之道。

您问到我关于"开放马克思主义"的主要思想，我们这样说：成为一个有生产力的工人不是本体论的特权，而是一种巨大的不幸——阶级是一个否定的范畴。对阶级社会的批判既没有在一个更公平的阶级社会中找到解决方法，也没有在一个理性劳动经济的计划中找到解决方法。这个积极的解决方法只能在由共产主义个体（communist individuals）组成的无阶级社会中找到。国家不是资本主义社会中的国家。也就是说，对政治经济学的批判也是对作为资本主义社会的组织力量和集中权力的国家形式的批判。资本不是一种经济的物（thing）。确切地说，它是社会特定形态的名称。无论是资本家还是银行家，或者是工人，都不能从他们所属的社会中抽离出来，社会在他们背后强制运行着。的确，这个社会使银行家和资本家变得富裕，并使工人处于被剥削的状态，对资本家的批判并未使资本主义受到思想影响。即，整体——作为一个现实经济抽象的社会——是一个完全否定的概念。对资本主义的批判要么是对社会关系的整体的批判，要么根本就不是批判。也就是说，对经济客体的批判，是对以物之间的关系形式存在的社会关系的批判。

（二）超越"历史决定论"，批判黑格尔辩证法并走向阿多诺

问：我曾经在一篇《马克思的近阿多诺阐释》的文章中，论证因为人们受到黑格尔辩证法的封闭性的影响，而将马克思主义哲学阐释为"资本逻辑"，从而将资本主义世界理解为一个资本建构的围城世界。当然，我这个看法与您以及霍洛威等人的看法大体是一致的。那么，对于中国马克思主义哲学界来讲，存在一个十分有意思的问题，那就是以您为代表的开放马克思主义反对历史唯物主义的"历史决定论"，并否认存在一个历史上的完满目的，那么，开放马克思主义也反对历史是进步的吗？之所以问这样的问题，是因为历史进步论对于历史唯物主义来讲是至关重要的。

答：历史唯物主义很好地批判了资本主义社会的教条认识。这种教条认识的不足之处在于使现存关系自然化，现在需要使它们的性质历史化。理论的神秘，如社会作为现实经济的抽象，在对人类社会实践的认识中找到了合理的理解。也正如马克思在《资本论》中所说，"事实上，通过分析找出宗教幻象的世俗核心，比反过来从当时的现实生活关系中引出它的天国形式要容易得多。后面这种方法是唯一的唯物主义的方法，因而也是唯一科学的方法"。①

如何说历史是进步的呢？它是一个主体吗？它是按照自己的逻辑和欲望以进步为目的地发展吗？而且，历史怎么知道什么是进步的——这抽象的设想是历史的进步还是人类的进步？历史是独立的人吗？历史不追求自己的目的，也不代表工人的利益。历史不创造历史。它不会

---

① 《马克思恩格斯文集》第5卷，人民出版社，2009，第429页。

选择这一目的而非那一目的。历史是没有目的的。历史的实际展开在任何意义上都不是历史，历史没有展开。倒不如说，在追求自身利益的过程中，人类创造了历史，就像他们创造社会一样。最终展开的还是现在持续的内容——没有经历过的从我们的视野里消失了，而剩下的东西在我们看来已不是它以前的样子。只是在回头看时历史表现为线性发展。历史看起来是连续统一体，是因为它是胜利者的历史。很多可能的裂缝会打断连续体，这些裂缝从我们的视野里消失了，留下的是为了庆祝胜利而建起的纪念碑。历史是胜利者的历史，因为他们获胜了。这是一个打破历史的表面连续性的问题，并发现我们从记忆中抹去了什么——痛苦、斗争、破裂、被征服等。历史决定论并没有挑战这种连续性。它在表面上反对，却又使自己适应它所反对的东西。

问：对您的这个看法，我是持有一种保留意见的，这个以后我们再专门讨论。现在，请您继续谈一下开放马克思主义流派的学者们为什么反对黑格尔的辩证法，并以此去重新理解马克思主义哲学？

答：我不会用"反对"来刻画这个问题。将政治经济学批判作为一种社会批判理论进行当代解读，其背后的知识来源，包括开放马克思主义，很明显在一定程度上都是黑格尔式的。一方面，黑格尔哲学站在自由主义思想的顶峰，其中包括作为资产阶级社会的文明力量的国家概念。"精神"之旅结束了斯密所称的商业社会的历史之旅。一旦世界在精神中和解了，它的形成历史就在它的存在中结束了。另一方面，黑格尔的辩证法摆脱了作为历史的终极目的的自由主义的哲学合法性，在对作为社会批判理论的经济客体的批判中成为马克思主义式的。例如，经济抽象拥有现实存在，而且它们被赋予了意识和意志，这样的认识变得可以理解了。什么使它们有着现实存在，又是谁赋予了它们意识？马克思认为，社会关系设定了物之间的关系形式。一旦社会关系以物的形式出现，将会发生什么？首先，社会关系似乎就会消失了。取代社会关系的，是物之间的关系。那么问题就变成了，如果社会关系消失在经济客体中，它们在哪里，它们剩下了什么？它们出现在消失的过程中吗？很明显，经济范畴的运动如利润、现金、货币、商品等需要解释说明。它们如何运动，靠的又是何种方法？因此，经济事物比它们表现出来的内容要多得多。用黑格尔的话说就是，社会关系在经济客体中的消失，必须同时也是一种表现。那么消失的社会关系是如何表现出来的呢？在马克思看来，社会关系是它们的社会世界的人格化。社会世界在社会关系的背后显露了自身——这仍然是社会关系的世界，在它们背后显露出来的实际上是它们自己的实践，不管这种实践在经济客体的运动形式下是如何的扭曲。赋予经济事物以意识和意志的，并不是它们的经济对象性，赋予它们意志和权力的是存在于经济物品中的人类的社会实践。市场参与者为了生存被迫做着某些事情，如在工作中为自己标价，市场作为一种客观存在于市场参与者身上的主观力量，这一神秘性质在社会基础上变得可被理解。对"市场"的理解，取决于对人类社会实践的理解，人类社会实践在自己的表象中消失，只是为了作为被他们的创造之物所威胁的主体重新出现。我们可以借助黑格尔关于表象的辩证法进行思考。世界只有一个，现实也只有一个。没有马克思对黑格尔辩证法的头足倒置，政治经济学批判在经济客体作为经济强制主体的观念上就仍然是传统的。所谓的结构和能动的辩证法，同所谓的系统工作和生活世界的辩证法一样，都是不加批判的。它们假定一个或另一个是主要的，并凭借着因果关系将两者联系起来而不加思考。

问：我注意到，对开放马克思主义的研究者来讲，你们很重视阿多诺，或者叫作走向阿多诺式的马克思主义吧，譬如，你们就出版过《否定与革命：阿多诺与政治行动主义》，为什么要走向阿多诺？

答：让我用两种方式解答您的问题。

首先，与其说是马克思主义者，阿多诺更倾向于被解读为针对被管理的世界和消费行业的文化批评家。然而，他对开放马克思主义对政治经济学批判的新解读产生了巨大的影响。这种新解读首先出现在20世纪60年代末，由一代代批判学者发展起来。他们关于政治经济学批判作为一种批判理论的观念，形成了一种阿多诺式的马克思主义，它是一种独特的对传统马克思主义学术和传统阿多诺作品解读的彻底背离。它将经济范畴、马克思主义或其他内容，都具体化为社会范畴，并将批判理论发展为一种对经济客体的批判。阿多诺的《否定的辩证法》是批判拜物教的辩证法。但是，将阿多诺等同于马克思或将马克思等同于阿多诺是不对的。对经济客观性的理论批判进行的全新的和发展的概念化，超越了马克思主义的经济学和阿多诺的社会理论，正处于阿多诺的批判理论和马克思的政治经济学批判的交叉点上。

其次，阿多诺的批判理论促使我们以社会关系作为现实经济抽象的表现形式，将社会关系概念化，并通过具体化的世界进行思考，以确定它的社会性——正如我之前引用马克思的话所说的，"从当时的现实生活关系中引出它的天国形式"①。和马克思一样，阿多诺认识到了物化世界的优势，主体在其中只是"经济范畴的人格化"（马克思）。他们二人都明白，社会作为客体什么也没做。它不残害、杀戮、剥削和支配。"创造这一切、拥有这一切并为这一切而斗争的，不是'历史'，而正是人，现实的、活生生的人"②。最后不论如何，他们都贬低了现实经济抽象的人格化，"以铁的必然性发生作用并且正在实现"，③"没有个人及其自发性就没有一切"。④马克思所称的"铁的必然性"，阿多诺称之为"社会性"。我不是说在阿多诺和马克思作品中存在类似模式。我想说的是，对马克思和阿多诺二人来说，理论的神秘性在对人类社会实践的确切形式的理解中，找到了合理的解释，但这种实践可能会被扭曲为作为物化客体的社会形式。

问：开放马克思主义将解放定位为"重构劳动的主体性"。从开放马克思主义的诸多文本中，我们可以清晰地看到，开放马克思主义反对传统马克思主义的革命形式，但是主张重构劳动，以寻求人类解放的可能性。这是可行的吗？比如说，对出卖劳动力的底层人民来说，劳动怎么可能不服从资本呢？

---

① 《马克思恩格斯文集》第5卷，人民出版社，2009，第429页。
② 〔德〕西奥多·阿多尔诺：《否定的辩证法》，张峰译，重庆出版社，1993，第302页。
③ 《马克思恩格斯文集》第5卷，人民出版社，2009，第8页。
④ 〔德〕西奥多·阿多尔诺：《否定的辩证法》，张峰译，重庆出版社，1993，第303页。

答：在劳动者用他们的劳动换取工资之前，他们就属于资本，这是马克思的说法。阶级斗争不是抽象的思想。它是一场获取"天然物质材料"的斗争。那么工人阶级本身在为什么而斗争呢？本质上是为了更高的工资和更好的条件而斗争，还是为了维持工资水平和工作条件而斗争？工人阶级在与资本对剩余价值的"狼人式"的渴望作斗争，与附加更多无偿劳动时间的恶性要求作斗争；与完全由劳动时间构成的生活作斗争，从而反对将劳动者的生活仅仅简化为一种经济资源。工人阶级为尊重、教育和对人类意义的认识而斗争，最重要的是，为食物、住所、衣物、温暖、爱、情感、知识、享受时间和尊严而战。作为一个阶级"自在"的斗争，这实际上是一种"自为"的斗争：为了生活、人类差异、生活时间，尤其是基本的人类需求的满足。

社会个体看起来是自发的经济力量的人格化，但这并不意味着社会意识简化为经济意识。它引出了一个拥有经验概念的经济概念，以及具有经验意识的经济意识。剥夺、收支相抵的斗争、团结和劳动力市场的竞争，集体组织和破坏罢工、就业和失业、贫困和生活资料的维持，这些都不是抽象的情境。为了赚钱而被剥削的劳动，以及需要获得的利益，都是为了让他们维持就业，并因此获得生活资料。为了利益的劳动，是维持基本工资而生活的条件。资本主义社会不会因为阶级斗争而被迫重构，相反，资本主义社会正是通过阶级斗争而实现自我再生。必须重新理解阶级斗争，因为阶级斗争也颂扬资本主义社会。然而，在当今社会，阶级斗争是别无选择的——阶级斗争使社会对待工人的方式更文明。如何"创造革命"的问题实际上是如何克服"剥夺"并构成满足人类社会再生产的模式的问题。在批判理论的争论中，"如果在20世纪存在类似于具体乌托邦的东西，那就是委员会的乌托邦"（内格特、霍克海默）。历史和阻止其进一步发展的斗争一样多。

（三）走出资本的逻辑、批判理论的新进展及其未来发展方向

问：在当今资本为主导的经济全球化过程中，一切事物都被价值

化，资本逻辑渗透到各个领域，资本的邪恶已经暴露无遗，所以，按照传统马克思主义的规划来重构所有权是必然的。这样的话，根据当今的批判理论，您认为真正能"走出资本"的可能性是什么？

答：何为资本逻辑？在看似以自发的经济事物形式存在的社会中，它的客观真理是什么？理解经济强制的既定世界，需要思维主体的积极干预，以便释放出它所包含的真理。从批判的角度看，资本只不过是一个名称，是历史上特定的人类与自然的新陈代谢而已。在这个新陈代谢中，社会劳动表现为私人劳动，社会再生产以一种不可抗拒的抽象财富的动力形式出现，也就是说，这个不断积累过程中的价值、货币和资本，都是为了寻求自身的利益。将资本与资本的所有权联系起来，使"资本"不受思想的影响。构成资本的动力和要求，不能被简化为谁拥有生产资料的问题。"走出资本逻辑"是社会关系的彻底革命的问题，社会关系以资本作为自动的社会主体的形式表现了自身——这是一个现实的经济抽象、经济强制的统治、剥削和痛苦的主体；是为了寻求更多财富而创造巨大的财富增量的主体。人们很容易会说，资本主义是一种非理性的剥削体系，它为的是资本家的利益，因此有必要使这一体系合理化，以克服市场的混乱，并为了工人的利益而调节经济机制。依据这一视角只能认为，对工人做了什么，要负责任的是资本家而非资本主义。实际上，将"走出资本逻辑"理解为对资本主义社会关系的批判，要比将它理解为对资本家的批判困难得多。不存在简单的答案。我之前提到的全部是否定范畴。资本之外确实什么也没有。

共产主义自由人联合体的社会只存在于否定中。它的真理存在于经济客体的逻辑"裂缝"（Brüche）以及它的体系统一体的缺口里。这些裂缝，正如霍洛威在他的《裂解资本主义》中提到的，揭示了乌托邦已经经历过的在当下的"痕迹"。只有在这些"痕迹"中，我们才能窥见共产主义自由人联合体的社会的样子。对于经济客观性的科学，不论是马克思还是其他人，对可能出现的事物的一瞥，可能仅仅只是形而上学的消遣。

问：在中国学术界，近些年在对政治经济学批判的研究中取得了一定的共识，其中之一便是提升政治经济学批判的阐释力，这与您的一本专著《批判理论与政治经济学批判》要做的工作有很大的相似性，为此，我特别想听您谈谈，马克思的政治经济学批判在今天有什么价值？如何用它来面对当前的全球资本主义？

答： 马克思的政治经济学是对现存社会关系的无情批判，因为人类需求的满足在这种社会关系中只能算是次要的，穷人只能咀嚼着资本家的"承诺"充饥。资本主义的财富建立在剥削工人阶级的基础上。剥削属于资本主义社会关系的概念。

在当今资本主义中，马克思的政治经济学批判被边缘化了。相反，对新自由主义的批判，已经被确立为政治经济学批判的主要表现。但这样的批判一点也不具敏锐性。实际上，对新自由主义的批判并不是对资本主义的批判，它也支持着非新自由主义资本主义。这种新自由主义的替代方案根本不清楚。实际上，我会说它根本不是那回事，它在事实上使资本主义神秘化了。在对当代条件的批判中，过去已经不再具有生命力。相反，它似乎是对当今备受批评的新自由主义世界的想象的文明的存留。对新自由主义的批判让人联想起这样一个时代，货币并没有带来更多的货币，而是被用于促进增长和就业。这使人想到，生产不是为了利润。幻觉主宰了现实。没有记忆的社会幽灵着实令人恐惧。什么是资本主义财富，什么是资本主义财富的概念，它是如何产生的，它的动力是什么，什么支配着它的概念，以及它的概念性到底是什么？马克思毕生致力于回答这些问题，他对政治经济学的批判无疑是卓越的。

问： 最后，我们既然谈到了社会批判理论，我也知道您很了解法兰克福学派。在当代，西方社会批判理论存在的形式多种多样，譬如如何借鉴福柯、斯宾诺莎等的发展批判理论都成了重要的研究工作。那么，今天开放马克思主义和其他社会批判理论相比有哪些新的发展？批判理论在未来社会的发展方向在哪里？

答： 正如我之前提到的，新自由主义已经取代了资本主义，成为一种批判力量的探索。现在，我们将对资本主义的批判放在舞台中央是很重要的，在某种程度上要以一种（自我）批判和开放的方式重建被新自由主义时代精神所否定的东西，在另一种程度上也要重新思考它拒绝的是什么。只有具体化的意识才能宣布，它拥有必备的知识和技术专长，以及为无产者的利益而调节资本主义的实际知识。一种名副其实的社会批判理论认为，阶级斗争是虚假社会存在的客观必然性，它属于后者的概念。因此，把对资本主义社会关系的批判重新确立为对政治经济学、劳动经济和政治权力原则的批判是很重要的。在共产主义自由人联合体的社会中，社会财富是自由支配的时间。通过阐释共产主义的具体乌托邦，并将其作为反对时代黑暗的现实运动，批判理论可以很好地对抗"反新自由主义"观点的当代错觉。（全文完）

在我们后面的论述中，霍洛威的"开放马克思主义"哲学，往往会使人们对其主观的判断，譬如他基于个人的劳动抵抗理论存在一定的"警惕"，更深层地讲，这与霍洛威对马克思主义的理解有关。依照他的理解，

> 对马克思来说，科学是否定的。科学的真理是对虚假表象的否定。然而，在后马克思主义传统中，科学的概念从一个否定的概念转变为一个肯定的概念。拜物教这一范畴对马克思来说至关重要，但它几乎完全被主流马克思主义传统所遗忘。通过与拜物教的不真实作斗争，科学被理解为对现实的认识。①

否定而非肯定，否定才会有开放，而肯定只能是封闭的，这就是霍洛威心中的基本思考法则。

---

① John Holloway, *Change the World Without Taking Power*, London: Pluto Press, 2010, p. 118.

第一章
"超越权力"与"自我解放"

　　霍洛威作为"开放马克思主义"的开启者，因其《无须掌权改变世界》《裂解资本主义》两本代表性的专著在西方学术界名声大噪，招致柯林尼克斯、齐泽克等一大批当今激进左翼学者的往复辩难。不过，在汉语学术界，既没有译介霍氏的观点，也缺乏对其思想的评析，这显然与其在重构马克思政治哲学理念方面做出的诸多思想贡献是不相称的。如此评判的根由在于，当今，人们在阐释马克思思想特质的过程中过分依附"资本逻辑批判"，似乎所有的讨论中，最终将原因归结为"资本建构"便完成了"解释世界"的全部工作，进而对于"改变世界"只能是一种"立场姿态"或者是"无限期的等待"，但资本原则主导的现实依然如是。与这个方向的着力点不同的是，当代西方激进左翼思潮中吁求重构"激进主体"正是试图打破此种"僵局"，但是"边缘群体"（墨菲）、"无份之份"（朗西埃）等一系列主体的计划由于面临重重困难而没能付诸实施。如果深入学理层面来看，虽然激进左翼与一些在传统的意义上理解马克思主义的学者在对待资本逻辑的态度上存在差异，但他们试图寻求革命主体，并在此基础之上重构权力的政治理念则是完全一致的，他们的斗争目标所朝向的依然是"权力"。与上述思路完全不同，持有"开放马克思主义"信念的霍洛威秉持"权力与自由始终是二律背反的"这一"绝对命令"，通过剥离资本逻辑的内在结构，继而指认了其核心观念，即"所有朝向权力重构的解放路径都是错的"，毫无疑问，这是一个全新的重思马克思主义革命的尝试方案。

一　劳工运动的低潮与行动抵抗观念的兴起

将劳动从价值形式的统治中抽离出来，是西方左翼学者在解读《资本论》之后极力倡导且在学术界非常流行的话语。此种价值形式的统治犹如一个"无形的笼子"，使人感受到无孔不入的"隐性权力"的存在，让人颇为痛心甚至容易陷入虚无的地方在于，人们无法想象与这个"无形的笼子"毫无关系的东西，"逃向某种既没有现实又没有意义的东西，会觉得很不正常，甚至根本不可能"。① 这也是日常我们每个人都会发出的感慨。我们怎么凭一己之力去抵抗如此强大的价值形式的统治？不过，以"抽象统治"批判的名义，对此类"无形的笼子"所展开批判的种种路径中，如何理解与批判抽象劳动是其中最重要的一条线索，譬如：

> 抽象劳动是马克思"商品拜物教"的根源，将我们所创造的商品从创造过程中分离。被创造的商品，不是被视为创造过程的一部分，而是被视为一系列支配我们行动和思考的事物。社会关系（人与人之间的关系）变得（受到）盲目崇拜或物化。我们行动和思考的中心被"事物"（具象化的社会创造物），如金钱、资本、国家、大学等所取代，劳工运动（作为抽象劳动的运动）通常将这些东西视为给定的。②

不过，霍洛威认为，我们现在面对的传统马克思主义，只是一种建立在抽象劳动基础之上的劳工运动理论，所以，在以往的传统马克思主义理论研究中，以及对于未来人类解放道路的理解中，在大多数的情况下，人们没有以拜物教批判和劳动二重性为具体方法深入对资本主义劳动展开批判理论的建构。由此，自然就缺乏以劳动解放作为革命本身重要内容的时刻聚焦，缺乏劳动对资本的超越与溢出的关注。依据这一看法，可能在传

---

① 〔法〕鲁尔·瓦纳格姆：《日常生活的革命》，张新木等译，南京大学出版社，2008，第27页。

② John Holloway, "Cracks and the Crisis of Abstract Labour", *Antipode*, No. 4, 2010.

统意义上的革命之后，那种真正意义上的劳动解放还会一直困扰着人们。为了化解这一难题，霍洛威重视的是马克思的劳动二重性理论，他试图对那些回到抽象劳动来吁求劳工运动的方式给出相反的解释路径。

那么，以拜物教和劳动二重性为出发点意味着什么？这得先从霍洛威反对传统马克思主义对于危机的理解谈起：

> 从传统马克思主义的角度来看，这场危机也可以看作生产力对生产关系的反抗。然而，生产力不应被理解为物（thing），而应被理解为"社会劳动的生产力"，即我们的社会力量。我们打破资本主义社会关系的方式不是通过创造越来越大的生产单位（bigger units），而是通过数百万条裂缝，在这些裂缝中，人们声称他们不会让自己的创造力被资本所包围，但是他们会做他们认为是必要的或需要的事情。①

值得注意的是，霍洛威之所以对传统马克思主义危机理论进行重构，主要是想让人们注意到改变现实资本主义的路径，即从资本主义的生产力与生产关系的客体维度的内在矛盾向主体维度的逻辑转变。这也是西方资本主义生产方式从福特主义发展到后福特主义之后，一批西方左翼学者共同的理论旨趣。主体维度的危机理论认为，我们作为主体完全有能力从服从于资本逻辑、使行动变为抽象劳动的生存方式中撤退。但是，切勿以为主体是一种整体的行动，在霍洛威这里，主体就是我们中的"每一个"，这时问题就在于，"每一个"的行动怎么可能会形成整体性的效果呢？

> 因为有用的行动仅仅体现了人类创造力的丰富多彩，所以这个运动在性质上往往有点混乱和支离破碎，是一场运动的运动，为一个多元世界的世界而奋斗。从这个角度来看，我们很容易把这些斗争看作相互隔绝的，是如此多不同身份的斗争，是为差异而斗争的斗争。然而，事实并非如此。虽然有用的创造性工作具有无限丰富的潜力，但

---

① John Holloway, "Cracks and the Crisis of Abstract Labour", *Antipode*, No. 4, 2010.

它们始终存在一个共同的敌人——将工作抽象为劳动。①

我们理解霍洛威的思路也许从这个地方切入最为恰当。的确，传统的马克思主义正是基于对抽象劳动的分析才进一步揭示了资本主义的生产力与生产关系的矛盾关系，进而呈现无产阶级与资产阶级两者之间的对立关系，按照传统革命理念来讲，这需要无产阶级以运动的方式绘就未来的全部图景。当霍洛威批判这种看法的时候，我们需要反思的是，这真的存在什么问题吗？再说，劳动的二重性观念不一直是传统马克思主义政治经济学教科书中的"常识"吗？为什么霍洛威会认为以往的传统马克思主义研究对此是"视而不见"呢？依照他的看法，这是由于在传统马克思主义层面人们对资本主义危机存在着不同理解，并且明显地错失了对危机的真正思考，诸如经济失衡、消费不足、过度积累等，可这些判断常常被引向一种技术性的、经济学术语上的危机概念。现在，我们需要进一步厘清马克思对资本主义的理解不仅表明建立另一种形式的社会组织的必要性，更展示了通过行动（Doing）改变世界的可能性。因为，危机是一个正常发展模式的断裂、一个质变的转折点、一个新的发展的希望："危机"一词源于医学，它在希腊语中的原初含义便是指一种疾病的转折点：

> 从医学意义上讲，危机不一定是坏事。它指出了疾病发展的不平衡性，指出了相对同质的发展模式被强化的时刻所打断，其中一种发展模式被打破，另一种（可能）被确立：一个是焦虑的时期，另一个是希望的时期。将这一概念应用于社会和历史发展，危机不仅仅指"艰难时期"（hard times），而且指转折点。它将注意力引向历史的间断、发展道路的断裂、运动模式的断裂、时间强度的变化。危机的概念意味着历史不是一帆风顺的，也不是可以预测的（predictable），而是充满了方向的转变和剧烈变化的时期。②

---

① John Holloway, "Cracks and the Crisis of Abstract Labour", *Antipode*, No. 4, 2010.
② Bonefeld W., Gunn R. and Psychopedis K. eds., *Open Marxism Vol. II: Theory and Practice*, London: Pluto Press, 1992, p. 146.

这里对于危机的看法涉及的两种不同哲学思维导致了理解上的差异：一种是形而上学的封闭性的理解，依照这种理解，危机并没有打开新的道路，而是以往历史发展模式的延伸，只不过危机是这个模式的"艰难时期"；另一个是超越形而上学的开放性思维，这也是霍洛威"开放马克思主义"一直主张的辩证法的开放性的理解方式在危机理解中的呈现，按照这样的看法，危机是指固定的历史发展模式的断裂，主张的是社会变革所带来的新的生存方式。由此，霍洛威的这一判断是存在合理性的：

> 马克思主义与其他激进思想最明显的区别在于，对资本主义的理解，不仅表明了建立一种不同形式的社会组织的愿望或必要性，而且表明了建立这种不同形式的社会组织何以可能。社会的彻底转变是可能的，因为资本主义本质上是不稳定的，这种不稳定性表现在它的周期性危机中，资本主义面临着自身的死亡。危机概念是马克思主义的核心。①

开放马克思主义将马克思主义看作一种危机理论，并且霍洛威进一步指认，与其他激进的传统批判或者解放理论不同，因为它们仅仅聚焦于资本主义社会的压迫本质，并不断阐释资本如何统治现实人的存在，完整地说，马克思主义理论的显著特征应该是：它不仅是一种关于压迫的理论，更重要的是，它是一种社会发展的理论。显而易见，霍洛威这个判断要比其他的激进批判理论立意高得多。毫无疑问，当我们将视线转向西方涌现的种种批判理论时，我们更多地看到它们朝向的是对资本权力的压迫性质的描画，也就是迷恋于"资本逻辑"的同一性话语，可见福柯主义路线的时尚深远地影响到马克思主义的研究，特别是针对《资本论》所展开的研究。更有甚者，一些学术研究的展开借助"抽象统治"去对接福柯主义的权力批判，毫无疑问，这样的看法，要比霍洛威的解放理论立意低得多。②

---

① Bonefeld W., Gunn R. and Psychopedis K. eds., *Open Marxism Vol. II: Theory and Practice*, London: Pluto Press, 1992, p.146.

② 孙亮：《社会批判理论在何种意义上低于解放学说——以福柯与马尔库塞的"文本互读"为例》，《福建论坛》（人文社会科学版）2022年第4期。

一句话，批判理论囿于权力叙事而陷入无止境的批判，而解放理论更多地聚焦走出权力的具体道路。所以，权力批判在谩骂中更多地沦为"有趣味"的"思维游戏"，但是，解放理论——即使像霍洛威这样阐发的主体路径显得不够成熟——保有一种更多靠向"现实行动"的维度，从而要比那种单向度地朝向资本权力批判的理论真诚得多。

解放理论是更加注重开掘辩证法的开放性的。在这一方面，奥尔曼在《为什么是辩证法》（Why Dialectics?）一文中的讨论值得关注，在他看来，研究历史的正确顺序是从现在开始，而不是从过去开始。我们只有懂得了现在，才能够理解过去。[①] 所以需要遵循着向后进行的历史书写方式，马克思的危机理论就是这种书写，但是，以往的马克思主义危机理论纠缠于危机理论、异化理论、消费不足理论、过度积累理论等方面。我们不能忘记的是，找寻一个完全不同于现存资本原则类型的社会的可能性才是理解马克思主义的正确方向。

有了上述的认识之后，霍洛威为重新理解资本主义的危机概念提供了路径，也为尝试超越传统马克思主义解放理论作了必要的理论准备，即纠正传统马克思主义危机理解的思路在于，"危机并非仅是经济层面的，它只是表现为经济，危机实质上表达的是资本主义社会关系结构的不稳定性——社会赖以存在的资本与劳动基本关系的不稳定性。它表现为一种可能会对社会生活的其他领域产生影响的经济危机"。[②] 同时，在他看来，因为囿于拜物教思维，一些传统马克思主义的观念将改变资本主义的路径引向对"经济危机"这一"表现形式"的关注，以及随之所导向的劳工运动，结果是，这种思路对"表现形式"背后的"社会关系"视而不见，即遗忘了关注人的社会关系这一更深层次的危机。回顾《资本论》研究的历史经验，人们可以轻易看到，整个《资本论》被引向了对统治人的生活的物（诸如货币、价值、租金、利润）的研究、权力的研究，结果使得经济学不

---

① 转引自 Bertell Ollman, *Dance of the Dialectic*, Champaign：University of Illinois Press, 2003, p. 163。

② Bonefeld W., Gunn R. and Psychopedis K. eds., *Open Marxism Vol. II：Theory and Practice*, London：Pluto Press, 1992, p. 159.

可避免地将人抽象化了：

> 他们将统治人们生活的东西看作物，而不是作为一种社会关系的形式，这种社会关系，以明确无误的文字印在他们身上，表明他们属于一种社会状态，在这种状态下，生产过程控制着人，而不是被人控制。经济学将其范畴视为事物，而不是社会关系的表达，从而不可避免地将人视为抽象的、被动的社会变革对象。①

起初，经济学在概念上只是一种家政学，并不构成一种独立的研究领域，就前资本主义时期的奴隶主与奴隶、农奴主与农奴之间的关系而言，前者以等级区分直接占有后者劳动成果，这里经济和政治关系不存在严格的区分，经济也没有从社会中独立出去并主宰社会的发展，以奴隶社会来说，奴隶主不仅榨取奴隶的剩余劳动，而且对奴隶行使司法权和"政治"权。但是，在资本主义社会中经济学与政治学分离开来，经济学具有了独立的外观，从各种关系之中被抽离出来加以认识，这也就是资产阶级古典政治经济学的基本理解方式，也就是说，市民社会正是古典政治经济学思考的出发点，只不过，其对这一市民社会理解为永恒的前提，在此意义上，货币就是货币，价值也就仅仅是价值。所以，这些经济学家最多只能理解到这些经济范畴之间的关系逻辑，而不会跳出这种经济范畴去理解范畴究竟是由什么样的社会关系所形塑的，他们看不到这一点，自然也就打不开理解这些经济范畴的真正通道，这是一种陷入表现形式，而不深究背后的社会关系所导致的拜物教思维方式。②

理解到这一点，霍洛威提醒我们，对作为传统马克思主义劳工运动理论基础的经济危机的理解存在重要的缺陷，那就是对生活的实质即人与人的社会关系所发生危机的茫然与漠视。这一点绝非没有道理，它恰恰是霍

---

① Bonefeld W., Gunn R. and Psychopedis K. eds., *Open Marxism Vol. II: Theory and Practice*, London: Pluto Press, 1992, pp. 160 – 161.

② 汉语学术界对拜物教的使用过于字面化了，严格地说，拜物教只是将单一性看作普遍性的"视界"或者思维方式。所以拜物教"Fetisch"可以采用音译的方式，即"非替实"，或许这样一切混乱使用的情形会得以缓解。

洛威基于现实人依然遭受着"抽象"地生活的种种困扰而作出的判断，为此，他借助马克思的拜物教批判重新将"表现形式"与"实质"进行颠倒，而这必然带来对劳工运动的质疑，以及重构马克思主义政治理念等全新的看法。

为了理解霍洛威所强调的"人的社会关系危机"这一表述的内涵，我们先看其提出的两种消解危机的方案，然后再逐步走向其内在逻辑的深处。霍洛威认为，在对抵抗经济危机这一传统思路进行调整之后，我们必须对资本逻辑内在结构进行细化分析，相应的，可以看到存在两种不同的对抗资本逻辑的路径，"一种是用'行动'反对它自己的抽象化，即反对抽象劳动——这是反抗劳动（against labour）的斗争（因为此种劳动创造资本），另一种是抽象劳动反对资本的斗争"①，即反对劳动结果资本化的斗争，通常采取的斗争形式是"劳工运动"。当然，霍洛威要反对的正是后者，"当我们说反劳动的裂缝行动时实质上指的就是第一种运动，即反劳动抽象化的运动。更进一层则是反资本主义的运动，即反生产资本的劳动"，② 这一运动就是奠定在劳动二重性的观点之上的，即将人们的日常活动转化为抽象的、创造价值的劳动，把有用的劳动事先转化为抽象的劳动。

这两种类型的斗争都是针对资本的斗争，但它们有非常不同的含义，至少直到最近，反对资本的斗争一直是由抽象劳动主导的。这意味着一场由官僚组织形式和拜物教的（fetishised）思想主导的斗争。抽象劳动反对资本的组织以工会为中心，工会为工资等劳动的利益而斗争。工会斗争通常被视为一种经济斗争形式，需要辅以政治斗争，通常以面向国家的政党的形式组织起来。劳工运动的"改革派"和"革命派"概念都采用了这种基本方法。抽象劳工组织是典型的等级制组织，而这倾向于在劳工运动组织中复制。③

---

① John Holloway, "Cracks and the Crisis of Abstract Labour", *Antipode*, No. 4, 2010.
② John Holloway, "Cracks and the Crisis of Abstract Labour", *Antipode*, No. 4, 2010.
③ John Holloway, "Cracks and the Crisis of Abstract Labour", *Antipode*, No. 4, 2010.

在霍洛威看来，革命理念，在以往的马克思主义理解中，一直指向劳工运动的方式。虽然他认为这的确触及劳动问题，但是，还应该进一步将两种抵抗与他对"行动"与"行动结果"的区分关联起来理解。而这与其高度重视《资本论》的研究密不可分，在他看来，原先我们的抵抗总是围绕着"行动结果"去思考如何能够消除由此积累的"资本"。在这里，霍洛威对马克思有关"活劳动"与"死劳动"的看法进行了挪用。我们知道，在马克思看来，"资本家对工人的统治，就是物对人的统治，死劳动对活劳动的统治"，① 所以，抵抗就是要指向"死劳动"（资本）及生产资料私有制，并尝试将其根除。霍洛威虽然也认为，

> 资本建立在受动者"所有权"基础上，对他人采取发号施令的行动方式，是受动者行动的前提条件。一切阶级社会包括行动结果（或者行动结果的一部分）从行动和行动者中分离出去，但在资本主义社会中这种分离成为统治的唯一轴心。受动者存在一种特殊的僵化，行动结果与行动之间产生了严重的隔阂。如果从社会行动流的视角来看，受动者的对象化是一种飞速的对象化，它马上使受动者投入行动流中，资本主义的基础就是这种持久的对象化，就是将受动者转变为一个对象，变为一个我们可以把它界定为财产的东西。资本主义意味着对"主体"和"客体"的新定义，在这一制度下，"客体"永远与"主体"的行动形成决然的二分。②

但是，只有借助拜物教进行深入分析，才能够从这种表现形式进一步深入此种表现形式的真正诱因，霍洛威就是想从对"一个不易于融入规范学术话语的范畴""一直被马克思主义经济学家完全忽视的拜物教"等概念的分析中，达成上述目的，"马克思的拜物教术语是用于描述'行动'的断裂"。这一概念的爆发性力量在于它表示一种不可持续的恐惧：行动的自我

---

① 《马克思恩格斯文集》第 8 卷，人民出版社，2009，第 469 页。
② John Holloway，*Change the World Without Taking Power*，London：Pluto Press，2010，p. 30.

否定。① 处在拜物教视野中的人们只能看到"行动结果"，只能以名词去理解我们周遭的世界，这种理解的结果只能是：整个人的行动（动词）都要以"行动结果"（名词）为规范来"教化"（黑格尔语）自身。作为动词的存在僵死在名词的存在之中。这样一来，人们之间的关系，表面上看，也就是从名词的视角看，似乎都表现为"活雷锋式"的人人为他人生产，实则不过是围绕"抽象劳动"这一交换法则的"社会关系的断裂"，莱博维茨（Michael A. Lebowitz）等人后来将这一断裂的论题予以主题化了，笔者把这个问题称为"社会性的解构与重构"。② 基于此，我们可以讲，与传统马克思主义注重围绕"行动结果"寻求革命的理念完全不同，霍洛威转向重视行动本身，也就是他一再呼吁要从动词出发理解存在。因为，正是将行动（人们的日常活动）转变为抽象劳动和生产剩余价值的劳动，以及将抽象劳动强加到人类全部生活行动之中，并使其成为行动的标准，第二层对抗关系才得以产生，人类活动才得以转变为价值生产的劳动，人们才被迫生产与劳动力相当的价值和用于资本增殖的剩余价值。所以，传统马克思主义理解的革命的对象是以第一层对抗关系为前提的，只有明白这一点，才能理解马克思所说的，"整个革命运动必然在私有财产的运动中，即在经济的运动中，为自己既找到经验的基础，也找到理论的基础"。③

虽然上述两种抵抗运动都旨在反对资本逻辑，但它们具有不同的意蕴。至少在霍洛威看来，反资本运动（反"行动结果"）是受反抽象劳动（反对将"行动"抽象化）支配的。也就是说，只要具体劳动（"行动"）与抽象劳动之间的"对抗"依然存在，第二种剥削的对抗永远不可能消除。这也是他指认当代西方一些激进左翼学者的观点与传统马克思主义革命理念最终没有指向彻底解放的根由。因为，单纯重视上述第二层面抵抗运动最终导致了如下现实难题：世界各地贸易联盟运动趋于衰落、激进改革派兴起，社会民主党派呈现衰落迹象，苏维埃社会主义共和国联盟及东欧社会主义

① John Holloway, *Change the World Without Taking Power*, London：Pluto Press，2010，p. 30.
② 关于这一点，参见孙亮《政治经济学批判语境中的社会性概念重构》，《学术月刊》2022年第4期。
③ 《马克思恩格斯全集》第3卷，人民出版社，2002，第298页。

相继易帜，拉丁美洲和非洲的民族自由解放运动也纷纷失败，资本逻辑已经席卷全球，人们失去了对未来生活的期盼，到处充满不公，人们陷入自暴自弃与无能为力的窘境之中。① 对于这些，霍洛威认为不能说其对资本主义的批判是完全失败的，应该是抵抗还不够深入、不够彻底：

> 建立在抽象劳动基础上的劳工运动只是在劳动反对资本的过程中失败了，它将有可能发起反对劳动被抽象化的行动（Doing）。如果情况真是这样，那么这就不是阶级运动的失败，而是一个走进更深层的阶级斗争的转向。劳动的斗争正在让位于反对劳动和超越劳动的斗争。②

对此，在他看来，反对资本的劳工运动或者说传统的马克思主义革命路径，并没有在更彻底的维度上给人类带来真正的改变，人的劳动的抽象化依然存在。所以，他试图在一种激进的、更根本的维度上去尝试进行如何改变世界的讨论。从学理上讲，霍洛威是要告诫人们，"资本逻辑批判"在事实上被理解为对抽象劳动（"行动结果"）的批判是片面的，这种片面的批判依旧过于抽象，从而可能停留于表面，它未能真正厘清抽象劳动（"行动结果"）与具体或有用劳动（"行动"）之间的关系，也未能将人们的行动本身视为一种重塑生命的对抗形式。这一点，显然体现出霍洛威对"资本逻辑批判"话语方式有着一定的反思，而主张在"资本逻辑批判"之外去寻找新的路径。

在今天，虽然到处都充斥着反资本主义的口号，但在霍洛威看来，原有抵抗资本逻辑的方式，已经被现实无情地判定为"失效了"，那种围绕财产权斗争的整条道路是否值得死守应该重新考量：

> 抽象劳动的危机可以看作我们不愿被改造成机器人的一种表现。资本积累具有一种内在的动力，它迫使资本不断提高剥削率，以维持其盈利能力。为了生存，资本要求人类活动更大程度地服从于资本积

---

① John Holloway, "Cracks and the Crisis of Abstract Labour", *Antipode*, No. 4, 2010.

② John Holloway, "Cracks and the Crisis of Abstract Labour", *Antipode*, No. 4, 2010.

累的逻辑（这基本上就是马克思在其利润率趋于下降的理论中提出的观点）。在过去的40年左右（特别是自1968年以来），反对资本的斗争越来越多地以多重反抗的形式出现，反抗这种逻辑对我们生活和活动的持续侵蚀。①

依照历史唯物主义的看法，这一警告当然是不得要领的，但要注意的是，霍洛威绝对是真诚的，原因主要就在于霍洛威认为我们的现实生活被价值形式化的程度并未减轻，事实上还提高了，他认为整天呼唤资本逻辑批判的人应该思考一下拥有具体实践指向的路径，否则，自身的批判真诚度将大打折扣，不能无理由地对我们生存的现实样式保持旁观者的心态，我们作为主体应该对价值形式化越来越强的资本社会做点什么。对于这种粗糙的资本逻辑批判及其所产生的"失败"，霍洛威难能可贵地指明，所有的这些现状并非源于马克思主义自身分析力量的失效，其不过是建立在抽象劳动基础上的劳工运动，或者说只是在"劳动反对资本"意义上的失败。如今，人们必须深入审视资本逻辑批判，扬弃这一路径，重思反对劳动抽象化的"行动"这一被长期忽视的重要方向。依此，才有可能重新拯救整个资本逻辑批判以及再次激活马克思主义政治理念。于是，一种阶级斗争的崭新领域浮现出来，在其中，人们依靠自己的"行动"削弱资本对社会的建构能力。由此可见，霍洛威的观点是要指明，要完成解放任务并非通过发起规模更大的劳工运动，而是通过人们的行动使资本实现成千上万次的断裂。在断裂的空间中，人们确信他们的创造力不会被资本摧毁，他们将做那些他们认为有价值的事情。这种对抗过程往往以内在对抗的形式出现，其旨趣是凸显社会自我确认的创造性，其组织形式通常具有反垂直性和参与性。② 他们试图以水平组织、自我决定、共享经济来重构"另一个美好世界"，但是，他们显然是逃避了对"生产资料"的所有权进行抗争，因为只要资本和权力掌控着生产资料，人们的生产将只能是自我宰制的生产，故而，"剥夺者必须被剥夺"并非自我意愿，而是社会法则，这一点马克思

---

① John Holloway, "Cracks and the Crisis of Abstract Labour", *Antipode*, No. 4, 2010.

② John Holloway, "Cracks and the Crisis of Abstract Labour", *Antipode*, No. 4, 2010.

已经给予有力的论证。

不过，按照霍洛威的推论，我们不应简单地止步于将资本理解为一种经济范畴，而应该将其理解为人类活动在特定时期所呈现出来的特定的历史形式。我们重新定位的革命必然是一种内在于资本（我们就在资本危机之中，并生产它）、反抗资本（我们反对那些霸权模式，以强调行动的重要性来反对资本）和超越资本（或许真的存在一个裂缝点以供我们创造一个超越资本主义社会关系的世界，如不停歇地运动，时时处于危机的边缘）的行动，这是一种裂缝式革命（interstitial revolution）。我们是有尊严的，我们是具有丰富性的，我们也是自相矛盾的，因为我们存在于、反对、超越现有社会，就不可避免地重新生产。所以，我们是自相矛盾的，我们感到困惑。"我们并不知道所有正确的答案；我们有疑问。寻找，我们不停歇地行动，我们不停歇地行动，我们通过询问，而不是被告诉，不是给出正确的答案，不是通过创建每个人都能遵循的程序。"①

二 在裂缝中寻求尊严与超越权力的路径

由上所述，我们可以清晰地看到霍洛威对传统马克思主义革命理念进行重构或者朝主体斗争转向的意图。在他看来，人们的日常行动过程具有值得强调的情感和伦理的内涵：

> 我们反抗是因为这就是尊严的意思，这就是人类的意思，而我们的反抗绝对没有什么特别之处。我们在反抗，因为我们是完全普通的人。我们反抗仅仅因为存在于一个以统治为基础的社会，意味着与统治斗争。因为我们是在反抗，是普通的，因为我们有尊严，我们组织自己的方式，表达我们的尊严，表达我们的反叛，表达我们夺回世界的斗争意图。②

---

① John Holloway, *In*，*Against*，*and Beyond Capitalism*：*The San Francisco Lectures*，Oakland：PM Press，2016，pp. 50 – 53.

② John Holloway, *In*，*Against*，*and Beyond Capitalism*：*The San Francisco Lectures*，Oakland：PM Press，2016，p. 50.

只要我们致力于把生命融入我们所欣悦或我们自认为重要的行动当中，这立即便可以汇聚为一种围绕"行动"的"抵抗"的力量资源，它旨在"反对并超越国家、代表、抽象劳动，反对并超越所有妨碍我们走向自我决定的拜物教形式，这样一种反对并超越必须总是经验的、疑问的、不确定的、非教条的以及矛盾与不完整的"。① 反对、超越与抵抗，都表现为朝向国家、抽象劳动这些同一性力量的反同一性、反体制的过程，不是一次性抵抗，而是不断地、永不停息地抵抗，因为同一性力量也不是静止的，必须动词化地理解同一性与非同一性。

> 它是一种运动，反对并超越任何可能包含或阻止反抗的创造性流动的东西。这并不意味着我们简单地否定身份，而是说任何对身份的肯定（如土著、妇女、同性恋等）都被简单地视为超越身份：我们是土著，但不止于此。②

说得直白一点，就是要反对货币逻辑或资本需求，不过这一反对并非劳工运动似的以革命的方式改造私有制本身，而是以自我的丰富性的满足和自我实现的方式去声张抵抗资本原则所生成的同一性力量。所以，在资本逻辑横行流布的社会，任何驻足停留或甘于困守在资本围城之中的行动无疑都是一种倒退。所以，问题在于要积极地改变这一资本原则主导的世界，致力于建构一个尤为合乎人的尊严的世界，这个世界不再以利润的最大化为出发点，而是以对个体尊严的相互认同为基础。霍洛威的思想在这里显露出浓郁的人本主义批判逻辑色彩，因为，对历史唯物主义来讲，并不需要以人的尊严去进行伦理性的批判，而是基于资本主义生产关系内在矛盾展开批判，霍洛威偏离这一方向是显而易见的。

困境在于，如何超越统治人们的资本逻辑，进而去实施我们自己的"行动"？霍洛威认为，我们拒斥资本主义，但是，基本事实是：

---

① John Holloway, *Change the World Without Taking Power*, London：Pluto Press, 2010, p. 242.

② John Holloway, *Change the World Without Taking Power*, London：Pluto Press, 2010, p. 242.

我们不可避免地要面对控制我们自己的行动（生产资料）结果的问题。行动者必须工作以及生产价值，资本必须剥夺它们。反对劳动斗争的核心是反对财产的斗争，不是作为一件事，而是作为每天重新强加的占有我们劳动成果的过程。在任何与资本的斗争中，拒绝是关键，拒绝我们的成果被挪用。但是，只有在不断扩大的表达网络中，有了替代行动发展的支持，拒绝才能持续下去。换句话说，其他行动形式的发展不能推迟到革命之后：革命就是革命。抵制就是在不断的对抗和超越中创造替代方案。很难看出我们还有什么别的办法前进。①

这一观点还可以延伸为在资本逻辑下历史主体到底如何反抗的问题，资本逻辑不是仿佛已经完成了涵括人们日常世界的拜物教建构吗？霍洛威认为，从逻辑上看，似乎我们任何抵抗的"行动"都不可能存在了。不过，从现实层面看，这些看起来脆弱、短暂、困难和矛盾重重的抵抗碎片正在各种裂缝中成为可能。抵抗源自一种不同于资本逻辑的行动模式，防止我们在生活中对财富即物质利益过分追求和渴望，这一行动之所以暗含"革命性"，原因在于它会不断地排除、拒斥人类现存基础的破坏性逻辑，同时，这一逻辑也构成人类再生产的基础，行动内在地具有二重性。

对于"行动"可能性的分析，在霍洛威那里，建立在第一个对应的策略性概念上，那就是呐喊（Scream）。这是霍洛威借助阿多诺的"否定"概念的思想创造。他认为，虽然在马克思主义内部有着深厚的"否定"的思想传统，然而，因为特殊的历史进展，以及马克思主义被教条化地理解之后，其"否定"的特质已经被消解了。

我们非常清楚地意识到要从主体开始，或者至少从未定义的主体开始，领略其中的深意。我们必须从主体开始是因为从任何其他地方开始都是非常不真实的。现在的问题是如何基于最初的否定批判法发展思维方式，即对失真世界的否定分析法。这不只是一个自下而上或

---

① John Holloway, *Change the World Without Taking Power*, London：Pluto Press, 2010, p.242.

自上而下看问题的方法，因为这往往意味着对先在范畴的采用，对纯粹的否定面和肯定面的颠倒。需要解决的不仅仅是一个自上或自下的视角，而是用于支持这一视角的整体思维方式。试图通过制约思维框架的社会理论来寻求出路，唯一的有效指引便是：在一切双重向度中喊"不"的力量：否定其所是，设定其未然是。①

重提主体的"否定"与上述"行动"紧密相连，就是要提醒人们在行动时要保持对资本逻辑的"否定"的呐喊与抵抗的姿态。譬如，当我们写作或阅读时，很容易忘记起点不是为了造句成章，不是为了炫耀我们学术写作的技艺，而是为改变我们所生存的这个世界本身而呐喊。资本主义对人类生存方式进行宰制，就像霍洛威所说的那样，人们面对着现实世界如下的情形：一方面是工厂的剥削，办公室的压力，人们遭受饥饿、贫困或不公正，国家暴力或歧视；另一方面（有时）是来自电视、报纸或书中那些使我们愤怒的间接经验。看到镜头中数以百万计的儿童生活在世界各地街头的时候，人们会自然地发出"一声沮丧的呐喊，一声恐惧的呐喊，一声愤怒的呐喊，一声拒绝的呐喊：不！"

> 理论反思的起点是反对、否定、斗争。思想源于愤怒，而非理性的态势，亦非"思想家"惯有的思维定式：推理和反思中存在的奥秘。
> 我们以否定、分歧为起点。分歧的形式是多样的，比如含糊的喃喃不满、挫败的嘶叫、愤怒的呐喊、自信的咆哮。一种不安、一种混乱、一种渴望、一种批判声。②

这种"否定"吁求的是一种积极改变世界的姿态，是一种对未来的希望，他相信布洛赫意义上的"希望"，但是，呐喊也并不都是积极的，也可能导致对自我否定的"否定"：

---

① John Holloway, *Change the World Without Taking Power*, London: Pluto Press, 2010, p. 8.

② John Holloway, *Change the World Without Taking Power*, London: Pluto Press, 2010, p. 1.

我们说过，起点即呐喊。这是一种二维的呐喊：不只是愤怒的呐喊，更是希望的呐喊。希望不是以神圣的干预手段来解救众生，而是积极主动改变事情，是主动拒绝的呐喊，指向"现在时的行动"的呐喊。背离这一行动的呐喊只是对其自身的呐喊，它仍旧是充满绝望的外在呐喊，或者更为常见的是无止境的抱怨，这种呐喊是背离其自身的呐喊：它失去了否定的能力，进入一个无休止的自我肯定的循环。犬儒主义——我厌恶这个世界，但自己却无能为力——是一种变了味的呐喊，它压抑着自我的否定。①

换句话说，对于我们每个身处资本逻辑所建构的社会关系中的生命主体来讲，呐喊绝对不是对自身处境的抱怨乃至消极等待自己的死亡，而是为人们梦想着解放自己而"否定"性地发出声音。那么，接着一个重要的问题就再次出现，那就是"谁呐喊呢"？人们需要将这种呐喊连接起来，组成一个反抗现有权力中心的组织吗？在《我们是谁》一文中，霍洛威认为："我们是唯一的神，我们是唯一的创造者，至少对我们自己所处的社会来讲如此，我们是资本所依靠的财富的创造者。"② 当然，除此之外，霍洛威还特别喜欢征引16世纪法国理论家拉博埃西《自愿奴役论》中的观念，在拉博埃西的观念里，反抗不要求人们动手推翻暴君，而是要求人们不再支持他；然后，后者便失去了存在的根基。按照这一逻辑，霍洛威不是要求人们起来正面地摧毁资本，而是要抽离资本形成的力量。为此，谁在呐喊便很清楚，正是我们自己，而不是"他们"，更不是"通过构建一个政党、拿起武器或赢得选举"，这是他一再反对的。这一看法，其实正是西方左翼一些学者远离社会主义运动，而最终找不到解放的正确道路的重要原因。在《无须掌权改变世界》中，他专门叙述了这样一个结论：如果我们还将解放的思路集中在权力上，"那么我们将与历史上的其他强大的权力没有什么不

---

① John Holloway, *Change the World Without Taking Power*, London: Pluto Press, 2010, pp. 22 – 23.

② John Holloway, *In*, *Against*, *and Beyond Capitalism*: *The San Francisco Lectures*, Oakland: PM Press, 2016, p. 7.

同。所以，这不是出路，它无法打破权力循环"。① 霍洛威的这个看法其实也并无新奇之处，在 1872 年 9 月 15 日至 16 日由意大利联合会提议而召开的圣伊米耶国际代表大会上，这一观念就在会议决议中表明了，"建立任何所谓临时的或革命的政权，都无非是一种新的欺骗，都像所有现存的政府一样，对无产阶级会是危险的"。② 人们熟悉的巴枯宁则一再强调，无产阶级需要摆脱国家和资本主义社会的政治权力。当然，对于马克思与巴枯宁来讲，他们的差别倒不是对解放目的的理解，而是在消除权力的主张方面，"所有社会主义者都把无政府状态理解为：在无产阶级运动的目的——消灭阶级——达到以后，为了保持为数极少的剥削者对由生产者组成的社会绝大多数的压迫而存在的国家政权就会消失，而政府职能就会变成简单的管理职能"。③ 诚如默斯托所说，这种不可调和的分歧来源于自治主义者坚持认为必须马上实现这一目标。诚然，这是由于他们不是把国际工人协会视为政治斗争的工具，而是视为未来社会的理想模式，所以他们认为未来社会不存在权威和专制。④

延续上述思路，霍洛威接着给出的第二个策略性概念是"遣散权力"。在他看来，这个时代已经不能再通过国家权力来改变世界了，无论在理论上，还是在实践上，一个多世纪以来，现实掌权的革命经验都一再告诉我们，"革命概念与掌权紧密连接在一起，掌权改变世界的失败已经导致人们推断革命不再可能了"，"放弃梦想，放弃吧"已经走进了诸多人的内心⑤，霍洛威认为，必须切断"掌权"与"革命"之间的连接线，才有重新激活马克思主义革命观念的可能，方案只能是"放弃掌权"！放弃掌权？

"如果我们不能凭借国家改变世界，那么该如何改变世界呢？ 国家

① John Holloway, *Change the World Without Taking Power*, London：Pluto Press, 2010, p. 10.
② Marcello Musto ed., *Workers Unite! The International after 150 Years*, London and New York：Bloomsbury, 2014, p. 294.
③ 《马克思恩格斯全集》第 18 卷，人民出版社，1964，第 382 页。
④ 〔意〕马塞罗·默斯托：《另一个马克思》，孙亮译，中国人民大学出版社，2022，第 212 页。
⑤ John Holloway, *Change the World Without Taking Power*, London：Pluto Press, 2010, p. 19.

只是社会关系网中的一个节点。然而，不管我们从哪里开始我们都无法摆脱权力关系？裂缝真的可以想象吗？我们不会落入无尽的权力之网？难道整个世界不是一张处处都能被修葺得更好的大网吗？抑或整个世界不是由多张蜘蛛网构成的吗？我们摆脱了一张蜘蛛网的纠缠又开始陷入下一张？这种激进的差异观对于那些沉醉于宗教信仰获得自身满足感的人，对于那些幻想着死后过着天堂般的生活的人来说难道不是最好的愿景吗？过上有尊严的生活以及"让我们好好珍惜我们所拥有的东西"的想法的矛盾之处在于世界并非静止不前。①

资本主义的不断推进，资本逻辑的碾轧（卢卡奇有过这一表述），使得人们过于依赖价值形式化的社会生活，

> 导致越来越多的贫穷、越来越多的不平等、越来越多的暴力。尊严不是某个人的问题，因为我们的生活与其他人的生活紧密相连，不可能有个人的尊严。正是对个人尊严的追求，非但没有把我们引向相反的方向，反而使我们直面革命的紧迫性。②

对此，霍洛威给出的方案过于乐观，也更为大胆，他认为试图保持革命理念的唯一方式只能是"提高赌注"（raising the stakes）。这是什么意思呢？在他看来，传统的革命理念的问题也许不是目标太高，而是目标太低。夺取权位的观念，无论是夺取政府权力还是社会中更多的分散的权力，都忽略了一个问题，即革命的目的是要解除权力关系，建立一个让人们的尊严得以相互承认的社会。所以，以往淘汰的是这样一种观念：革命意味着夺取权力然后再废除权力。现在的议程是对权力关系直接进行攻击乃至废除，这是一种更为苛刻的解放观念。这就是他所说的提高赌注，现在可以想象革命的唯一方式不是征服权力，而是解除权力。故而，他认为，这就是 21 世纪初的革命性挑战：在不掌握权力的情况下改变世界。墨西哥东南

---

① John Holloway, *Change the World Without Taking Power*, London：Pluto Press, 2010, p. 19.

② John Holloway, *Change the World Without Taking Power*, London：Pluto Press, 2010, p. 19.

部的萨帕塔起义最明确地提出了这一挑战。萨帕塔主义者曾说过，他们想要让世界焕然一新，创造一个有尊严的世界，一个充满人性的世界，但不需要夺取权力。①

霍洛威认为，"权力"是一个令人困惑的术语，它掩盖了一种对立，在某种程度上反映了无权者的处境。"权力"在两种完全不同的意义上被使用，"宪定权"（Power-over）与"制宪权"（Power-to）这对概念也是霍洛威借用的术语。"宪定权"依赖"制宪权"，但是"制宪权"现在受制于"宪定权"并且反叛于它，人们能够做事情的空间越来越小，而"宪定权"一再压抑这种"制宪权"的生长，使得人们的行动权力（Power-to-do）被严控在最低限度之内。与此同时，我们也要看到，"制宪权"也可能充满希望，充满生长的可能性，一种自我感觉的美好便可以催生出这种希望。在如今的现实世界里，对于我们大多数人来说，权力变成它的对立面。权力不是意味着有能力去做，而是无能力去做，或者说是"不能如此去行动"。那么，权力对主体而言，"不是意味着我们的主体性的表达，而是我们主体性的破坏。权力关系的存在并不意味着获得一个美好的未来"，现实恰好相反，"我们已经无能力去获得美好的未来，无能力实现我们自己的计划、我们自己的梦想。这并不是说我们应该停止计划、停止梦想，而是将计划和梦想压缩到与现实权力关系相匹配的程度（即使可能会实现，通常也要有一番惨痛的经历），否则计划和梦想就会遇到挫折"。② 因而，对于没有"命令他人"的权力的那些人来讲，权力就是一种"短路"。

作为"宪定权"方式存在的"制宪权"意味着大多数的行动者被颠倒为被动地去做，人们的行动变成了被动的，他们的主体性变成了客体性。霍洛威认为，当今时代，两者的颠倒还进一步表现为，"制宪权"本应该是一种联合（uniting），促进自己的实践和他人的实践融合。"宪定权"则不同，它的行使是一种分离，它将现实与概念、行动与行动结果、自己的行动与他人的行动、主体和客体分离开来，因而，这种权力本身就是使人的生命及其存在关系断裂的"分离器"（Separator），"宪定权"导致"行动"

① John Holloway, *Change the World Without Taking Power*, London：Pluto Press, 2010, p. 20.

② John Holloway, *Change the World Without Taking Power*, London：Pluto Press, 2010, p. 29.

的社会关系循环的破裂。"施加权力于那些行动者的人，否定了他人的主体性，否定了他们在行动循环上的地位，将他们排除在历史之外。'宪定权'打破了互相承认，支配别人的权力不被认可，行动者的行动没有得到社会的认同，我们和我们的行动被视而不见，历史成为有权者的历史"，由此，"行动的循环成为一种对抗的过程，即多数人的行动是被否定的，其中大多数人的行动被少数人占有，行动的循环成为一个破碎的过程，行动的断裂通常包括体力或体力威胁。威胁一般如下：'好好给我们工作，否则你将面临死亡或受到体罚'。如果统治是对行动者行动结果的剥夺，那么这种剥夺必然是一种军事剥夺。体力威胁手段行之有效的原因在于这种威胁手段的稳定性和制度性，理解这一点对理解'宪定权'的动力和缺陷至关重要"。[①]

质言之，"制宪权"被颠倒成"宪定权"总是涉及行动循环的断裂或分离，不过，与以往任何社会相比，资本主义社会的断裂程度都要高很多，这种断裂已经成为整个资本主义社会建构的基本原则。作为"行动结果"的财产权正是命令他人行动的权力轴心，而这又以将行动循环的破裂置于社会关系各个层面的中心为条件。[②] 在这个意义上，当我们反观资本主义中的资本与劳动的关系时，应该看到的是：

> 资本的基础不是人的所有权，而是对所做之事的所有权，资本正是通过购买所做之事来实现（增殖）的。由于人们不是被拥有的，他们能够很容易就拒绝为他人工作免遭直接的惩罚。惩罚只不过是切断生存来源和行动方式的手段。强制力的利用不构成资本家和工人之间的直接关系。这里强调的强制力首先不是针对行动者而是针对所做之事的，其重点是保护所做之事的财产权和所有权。强制力的运动不是通过所做之事从属的个体所有者进行，因为它与资本家和工人之间的自由关系不符，而是通过保护所做之事和国家财产的分裂关系加以实现的。经济和政治的分离（"经济"制度和"政治"制度的分离）由

---

① John Holloway, *Change the World Without Taking Power*, London: Pluto Press, 2010, pp. 29 – 30.

② John Holloway, *Change the World Without Taking Power*, London: Pluto Press, 2010, p. 32.

此构成资本主义统治手段的要核。①

不过，行动流（the flow of doing）的受阻构成了整个社会运行的基本法则，资本主义社会关系的整个核心就是这种梗阻的呈现：

> 社会行动流的中断阻止了一切事物正常发展。最显著的是，行动的裂解使得作为集体的"我们"断裂化。集体被分为两种人群，其中一种是利用自身行动方式的所有制命令他人做事的人，另外一种则是被剥夺了行动方式、任人差遣的人……现在，后一种人受前一种人（行动方式的拥有者）支配。对于那些任人差遣的人来说，将最差的建筑师与最好的蜜蜂区分开来的规划和行动的统一性遭到破坏。②

就这一点而言，霍洛威毫无疑问是严格按照"行动——人的塑造"这一模式进行推演的。霍洛威更有价值的做法在于，他针对这种断裂试图重构马克思主义的革命理念，认为所需要借助的呐喊就是将"制宪权"从"宪定权"中解放出来，将行动从劳动中解放出来，不过更关键的是要看到，"这种斗争不是权力反对权力的事情"，或者说，"这不是一个对称的斗争"。将"制宪权"从"宪定权"中解放出来是重新肯定行动的社会循环，防止它被碎片化和被否定。那么，这就需要我们一方面从整个社会行动的参与者的高度相互承认，并在此基础上重新编织我们的生活；另一方面加强对行动断裂的否定。③

> 反权力从根本上来说是宪定权的对立面，原因不仅在于两者的目标完全不同，还在于它与宪定权不断发生冲突。在不涉及他人行使权力的方式上行使制宪权的企图，不可避免地引起与宪定权的冲突。制宪权不是宪定权的代替方案，它只能与宪定权和平共处。我们可以一

---

① John Holloway, *Change the World Without Taking Power*, London：Pluto Press, 2010, p. 32.
② John Holloway, *Change the World Without Taking Power*, London：Pluto Press, 2010, p. 32.
③ John Holloway, *Change the World Without Taking Power*, London：Pluto Press, 2010, p. 32.

心一意地打理我们自己的花园、创建一个相亲相爱的世界，拒绝污秽的权力弄脏我们的双手，但这是一种错觉。没有天真（innocence），这是越来越强烈的真实。制宪权的执行并不看重价值的创造，它只存在于与宪定权的对抗关系中，作为斗争形态而存在。这不是因为权力的性质（不是天生对抗的），而是因为宪定权具有"饿狼"般的贪婪本性。制宪权，如果它不把自己淹没在宪定权中，那就只能作为反抗权（power-against）、反权力，或公开或秘密地存在。①

这里我们很容易看到霍洛威所谓的"革命"理念——不是一种反对政权意义上的权力斗争，"反权力"才是革命的真正内涵，可以将其理解为一种微观权力的斗争，因为在他看来，权力就是人的生命行动断裂的原因。

三 "自我解放"无法抵挡资本的再次收编

沉浸在霍洛威重新构造的马克思主义革命理念中，仅仅从个体出发去体悟，它似乎给人一种希望感，这是在对压抑的资本逻辑的抵抗中再次燃起希望的感觉，不过，这种希望当然是不能够"落地"的。但是，也要看到，霍洛威所看到的现象正存在于 20 世纪 90 年代，不可否认，那一时期是社会主义运动的特殊时期，当资本逻辑抵抗被完全认定为只有颠覆财产权这一条劳工运动的途径时，加上当时的处境，西方世界一些人生发太多的惆怅、悲愤，甚至丧失了未来感。但是，如果将资本逻辑的"抽象劳动抵抗资本"再向前推进到"行动抵抗抽象劳动"时，未来似乎一下子获得了新的可能空间——一种每个人都能够在资本原则主导下，在过于令人悲愤、非正义的世界中，重新找回自我世界的可能。他的这个行动抵抗抽象劳动的革命策略在文本的论证上看似成立，但在历史唯物主义视角下却是难以成立的，虽然它试图突破现有的粗糙的资本逻辑批判，进而提出以"行动"为主线的尊严抵抗给予人们不少启发。霍洛威一再强调革命的"反权力不是反政

---

① John Holloway，*Change the World Without Taking Power*，London：Pluto Press，2010，p. 36.

权"，是比反政治权力更激进的理念，它是通过遣散"宪定权"来解放"制宪权"的斗争。"遣散'宪定权'，建立一个摆脱权力关系的社会。这个规划远比任何在权力征服基础之上的革命理念更彻底，同时也更为现实"。①这种现实性更在于，反权力是一种自我解放，"存在于日常生活的尊严中、存在于我们每时每刻的关系中，即爱、友谊、同志、共同体、合作的关系中，虽然这些关系已经侵染了权力，但我们依然要以相互认可、承认对方的尊严为基础来行动，在我们日常生活中，应该遵循的是，'有尊严地做事'"。②

> 反抗的不可见性是统治无法消除的。统治并不会表示反抗已经被克服，而是认为反抗（至少是反抗的一部分）在暗处不可见地活动着。压迫始终意味着被压迫者的不可见性。对于一个群体来说，变得可见并不能克服可见性的普遍问题。在某种程度上，不可见的东西变得可见；在窒息的火山变成公开的斗争时，它已经面临着自己的局限以及克服这些局限的需要。仅仅从公开的斗争的意义上反对资本主义就像只看到从火山上升起的烟雾。③

霍洛威有关自我解放（Self-emancipation）的系统论述一经抛出，在西方学术界就引起诸多讨论，除了柯林尼克斯、齐泽克等与其在世界社会论坛上的争论之外，该论述也得到了哈特、奈格里等人的大量征引，另外，2012 年《古典社会学杂志》还刊载了一期讨论霍洛威思想的专题，马歇尔·斯图扎勒（Marcel Stoetzler）、辛西娅·库克本（Cynthia Cockburn）、卡文·杨（Kevin Young）和米歇尔·施瓦茨（Michael Schwartz）、约翰·弗兰（John Foran）、卡尔·瑞德（Karl Reitter）、克里斯汀·加兰德（Christian Garland）、塞尔吉奥·蒂施勒（Sergio Tischler）、西蒙·苏森（Simon Susen）等一大批左翼学者撰文对霍洛威的理论展开讨论，当然，核心还是聚焦在"我们能做到'无须掌权改变世界'吗?"如今，霍洛威的观点在西方激进

---

① John Holloway, *Change the World Without Taking Power*, London：Pluto Press, 2010, p. 37.
② John Holloway, *Change the World Without Taking Power*, London：Pluto Press, 2010, p. 159.
③ John Holloway, *Change the World Without Taking Power*, London：Pluto Press, 2010, p. 159.

左翼学术界引发了更多的讨论。但是,霍洛威给出的这种"单一的""主体"层面的路径真的能够撼动现有的"资本－劳动"之间的对立结构吗?或者说,它真的构想了一条崭新可靠的解放道路吗?实质上,就连霍洛威自己在与柯林尼克斯的对话中,都表现出对未来的"不确定"。现在我们试图对霍洛威的观点作评析,以便更清楚地把握其理论实质。

第一,"自我解放"的反资本主义策略不可能迎来"自我决定"的社会或共产主义社会,相反,它或将迎来一个比资本主义更糟糕的社会。资本主义的危机其实来自自身生产方式的对立性质及其所包含的生产的界限,"它总是力求超出这些界限,由此就产生危机,生产过剩等等"。[1] 所以,对资本主义危机的克服一方面不可能依靠普通大众对物质欲望的控制,更不可能依靠资本家禁欲来完成。马克思对此有过阐述,"资本家的一切行动只是那个通过他才有了意志和意识的资本的职能而论,他的私人消费,对他来说也就成了对他的资本积累的掠夺"。[2] 所以,霍洛威的方案只是建立在并不终结资本主义生产方式的基础之上,本质上是以人的尊严为借口的一种犬儒式的逃避。况且资本主义并不会因为我们每个人对尊严的守护而自动走进历史陈列馆。诚如马歇尔·斯图扎勒所看到的,这种革命的方式并非必然终结资本主义,因为,它不会像癌症那样,在资本主义内部不断生长,进而和平到达共产主义,这一点上,如下结论便具有一定的合理性,"我认为,资本主义将灭亡是因为资本主义的腐朽,而不是共产主义的生长",故而,"反资本主义的呐喊与裂缝都不是根本,这不可能实现共产主义"。[3] 我们从历史唯物主义分析视角可以看到,霍洛威选择呐喊以"生产"或凸显资本主义社会中的"裂缝",虽然可能有助于削弱资本主义对人的生命的危害,但其并非革命的。从另一个角度,即创造或者构想共产主义的意义上来看,这种革命理念一定程度上具有抵抗的意义。因而,霍洛威的理论内部存在着一种悖论,即一方面以呐喊呼求共产主义(普遍的人的解放)的出现;另一方面没能

---

① 《马克思恩格斯文集》第8卷,人民出版社,2009,第387页。
② 《马克思恩格斯文集》第5卷,人民出版社,2009,第683页。
③ Marcel Stoetzler, "On the Possibility that the Revolution that Will End Capitalism Might Fail to Usher in Communism", *Journal of Classical Sociology*, No. 12, 2012.

看清资本主义危机的本质，无法找到资本主义消亡后的出路。由此，客观地讲，霍洛威对马克思主义革命理念的重构不能说是"革命"的，毋宁说是一种"退步"。所以，马歇尔·斯图扎勒建议霍洛威区分否定资本主义的两个向度，即一方面革命就是终结资本主义，另一方面革命就是共产主义的来临，以保持两者同步推进。① 霍洛威对此所做的回应也基本是无力的，

> 对我来说，思考裂缝的重点恰恰是把它们看作共产化的空间或时刻，在这个时刻，我们试图创造一种不同的行动方式，在这个时刻，我们试图形成一种不同的社会凝聚力。这种运动的一个基本特征是它们与资本主义社会关系的不对称性。如果不存在这种不对称（当然，这种不对称总是经验性的），那么这场运动很可能是对资本主义的一种反应，但在寻求与资本主义社会关系决裂的意义上，它并不是反资本主义。"反资本主义"一词有歧义，我认为马歇尔和我用这个词的意思略有不同：我所认为的反资本主义指的不仅仅是反对资本，而且直接指向作为社会关系的资本断裂运动。由于我们生活在一定的无法脱离的社会关系之中，因此，在资本断裂之后，我们需要"建构"一种不同的社会性。②

事实上，对于受到资本逻辑困扰的每个普通的平凡主体来说，资本社会中断裂的各种社会关系，个体根本无法予以拒绝、否定，而只能是顺从、肯定，虽然可以对这一个或那一个加以拒绝，但是，从总体上来说，个体还是必须对断裂的社会关系给予肯定，好比马克思所说的那样，你可以选择为这个资本家或那个资本家工作，但是这还不能称得上是一种"选择"，劳动者最终还是要进入"资本–劳动"的矛盾关系之中。所以，对外在于主体的社会关系无法拒绝，这不是人是否高尚的伦理问题，而是人的物质生产已经被强大的剩余价值生产给吸纳了、同一化了，甚至表现为主体无

---

① Marcel Stoetzler, "On the Possibility that the Revolution that Will End Capitalism Might Fail to Usher in Communism", *Journal of Classical Sociology*, No. 12, 2012.

② John Holloway, "Variations on Different Themes: A Response", *Journal of Classical Sociology*, No. 12, 2012.

处可逃。

第二，霍洛威的观点表面上激进，实质上，其理论的指向却是以消解传统的革命主体的力量为代价，走向一种新无政府主义。霍洛威主张将拒绝呐喊的力量汇聚起来，组织并形成反权力的力量，实质上，这是一种消解革命主体的思路。毫无疑问，今天对于西方激进左翼理论自身的推进也好，现实层面西方左派力量生长也罢，最为艰难的任务便是革命的主体成了问题。阶级概念在现有的语境下已经失去其理论的力量，激进左翼徘徊在各种边缘群体之间试图寻找革命主体，拉克劳、墨菲、齐泽克、巴丢、朗西埃等学者无不对此进行理论的构造，但是，革命主体依然停留在键盘所敲击的文稿上。看似激进的左派政治理论除了文稿上的姿态，在具体实践上，终究无事所成。在霍洛威构想抵抗资本主义的全新革命理念的过程中，革命主体的问题显然也会摆在他的面前。不过他的理论构思的现实经验，更多来自墨西哥的蒙面人运动，即萨帕塔起义，这种运动并非主体的直接呈现，而是主体通过蒙面来使得自身模糊化，也就是对自身被身份化（同一化）的自觉的抵抗。这与传统马克思主义对无产阶级这一革命主体形成的分析逻辑完全不同，霍洛威将革命的主体力量最终分解为彼此独立的个体（自我），并且自我在行动或者组织中对劳动抽象化进行抵抗。显然，霍洛威的立场遣散了左派力量，并且，它说服普通人能够自由决定、避开国家权力并抛弃它。不过也不是说国家权力完全没有正面的价值，霍洛威对这一点做过如下陈述，"如果我想去帮助穷人创造一个更正义的社会，那么国家可能是一个合宜的组织形式，即它是根据人们的利益运行的，像古巴、委内瑞拉和玻利维亚等国在很多方面所取得的卓越成就那样。然而，即使我们将视域局限于公正，我们也必须牢记：只要资本积累还存在一天，那么国家仍旧为资本积累创造条件，不管该国家建构的社会有多公正"。[①]

从这里我们仿佛看到一位对资本逻辑作批判，以及与剥削作斗争的马克思主义者形象，不过，从经济生活入手批判资本主义的未必都是马克思

---

① John Holloway, "Variations on Different Themes: A Response", *Journal of Classical Sociology*, No. 12, 2012.

主义者，新李嘉图派社会主义者约翰·格雷、托马斯·霍奇斯金和威廉·汤普森等，也都从政治经济学的视角对剥削做过批判，但是马克思认为他们不过是在资产阶级内部对资本主义作批判罢了。这一看法，同样是适用于评价霍洛威的。在如何真正实现有尊严的未来社会的问题上，我们应该将霍洛威与马克思理论之间十分"暧昧"的关系区分清楚。诸如，他认为，正义并非当前左翼的重要问题，因为只要人类活动受货币、贪欲的影响，我们便将生活在永不停歇的毁灭之中。阻止这种毁灭、这种持续发酵的不公和暴力的唯一方法在于颠覆"制宪权"与"宪定权"的分离，将"制宪权"转变为人类活动的自我确定。如果人们的行动是为了自我确定，抑或是对尊严的守护，那么，人们需要整合这一自我确定的组织形式，譬如通过议会、委员会、集会等组织形式去构成反资本主义运动传统的核心。但组织形式并不等同于国家，因为国家以其历史、语言、行动习惯等方式对我们实行 24 小时的覆盖性影响。① 当然，霍洛威对国家的消亡的持守显然是要否定"无产阶级专政"之过渡的必要性。

就这么简单：把革命想象成减少贫困和创造更大的正义，然后通过国家（你可能会对结果感到失望，但没关系）把革命看作争取自我确定和尊严的斗争，它不能通过国家，它必须通过其他形式的组织。

这就是马克思的切入点。约翰想让我把马克思撇在一边因为他既难搞又没必要。我不同意。首先，反抗的起点（呐喊）很容易，但要想超越这个起点就需要思考，而且认为反对资本主义的思考很容易是毫无道理的。其次，马克思很重要，因为他没有让我们侥幸逃脱为正义的激进变革而进行的斗争：他把我们的行动决心放在中心位置。这就是《资本论》的宗旨：阅读它。②

---

① John Holloway, "Variations on Different Themes: A Response", *Journal of Classical Sociology*, No. 12, 2012.

② John Holloway, "Variations on Different Themes: A Response", *Journal of Classical Sociology*, No. 12, 2012.

第三，废除资本的支配地位，但他认为，这完全可以不触及对国家权力的反抗，特别是对财产权的瓦解。他这种矛盾重重的革命理念不可能促使人的尊严的真正实现，更不可能最终促成人类解放。贯穿于霍洛威思想中的一个观念是"已经没有权力中心，权力四海为家了"。这一观点在福柯之后，似乎成了激进左翼学者的"共识"，也成为"构造"各种抵抗策略的基本"脚手架"。我们知道，福柯或激进左翼所谓的权力并非经济权力，他们的主张更多的是使人服从于某种"微观权力"，特别是福柯所说的"生命政治"。诚如理查德·林奇（Richard A. Lynch）指认的那样，福柯的权力观已经被标识为与前现代的"统治权力"不同的"规训权力"或"生命权力"。[①] 这一区分带来的理论后果则是革命理念也需要同步进行重大的转换，其深深影响到当代激进左翼的一大批学者，革命的方针从对"统治权力"这样一种"中心目标"的反抗，转变为一种霍洛威式的抵抗，我们在这里可以较为肯定地说，他之所以要从对有中心的抵抗转向无中心化的抵抗，正是因为他观察到日常生活整体性地进入资本化的增殖逻辑之中，结果只能是像哈特、奈格里那样主张"出走"（exodus）以及自己主张的所谓自我解放，即从一种现有的权力网（不再存在权力的中心点）中逃逸。实质上，这丝毫不能触动人自身真正从"微观权力"中走出来，只要人们行动的生产资料依旧被资本家们占有，人们终究是无法逃离社会权力网的。更根本一点讲，福柯所描述的"生命权力"也不过是原先"统治权力"的一种衍生物，而并非对其彻底的否定，不是说在今天旧有的"统治权力"真正消失了，它其实以"生命权力"的方式加固了自身。遗憾的是，人们以为"生命权力"是"统治权力"的本质，这本身就是一种将历史特定阶段表现出来的权力形态，看作一切社会形态的权力属性的"拜物教"思维，这一思维今天在左翼学术界似乎又颇为普遍，霍洛威依然"逗留"在这一拜物教思维之中。当然，霍洛威对于掌权必然陷入另外一种权力压制之中的担忧并非多余，站在一个西方人的立场来审视历史也不能说其有什么错误，我们需要进一步与霍洛威划清界限的是，单以具体行动（有用劳动）抵抗

---

① 转引自 Dianna Taylor ed., *Michel Foucault：Key Concepts*, London：Routledge, 2014, p. 13。

抽象劳动的方案着实不可能实现对资本主义的颠覆，一个简单而明晰的道理在于，对于普罗大众来讲，霍洛威要求的行动抵抗一刻也不能停止，因为生存的急迫也是一个摆在人们面前的现实问题。

质言之，基于将"抵抗资本逻辑"细化为"行动抵抗抽象劳动"与"抽象劳动抵抗资本"两个层面，霍洛威批判了传统马克思主义过于重视后一种路径及其所倡导的劳工运动，因为，他认为这一方向的实践导致了诸多的现实困境。在他看来，应该从"抽象劳动抵抗资本"转向围绕"行动"本身去寻求一种有尊严的裂缝式革命。实质上，霍洛威所构想的革命理念要求废除资本的支配地位却又不触及对国家权力的反抗，本身是一个悖论，这不可能迎来自我确定（自决）的社会或共产主义社会。它表面上激进，实际上遣散了左派的力量，走向一种新无政府主义。

第二章
拜物教、拜物教化与反拜物教

分离是资本主义社会的重要特质，它不仅体现在劳动与资本层面，也体现在日常生活的各个层面。对于如何克服这种分离，约翰·霍洛威在区分了"固化的拜物教"与"过程的拜物教"的基础上，对仅仅立足于前者的思考，认为人们必然只能陷入"行动与行动结果分离"这一封闭的同一化运动之中。如此思考的结果也必然是，将资本主义理解为稳定的、强化的、"已经完成了"的事实，或者说视资本主义为一个名词。这样理解资本主义，革命也就自然被导向了对资本主义做一次性终结的计划。但是，如果我们从上述理解中走出来，将资本主义理解为一个动词，资本主义对我们的影响就集中地表现为，拜物教持续对我们实施影响，反对资本主义也便相应地表现为持续的斗争过程，由此，解放才应该被指认为"裂缝斗争"，是资本对劳动、无产者身份对个人的同一化过程的反向运动，进而，主体不断否定工人阶级的身份，革命便从针对"资本"转向"自我解放"。

在《重读〈资本论〉》一书中，詹姆逊曾提示过这样一个信息，"通过《资本论》，甚至纵览马克思的整个文本，乃至知晓其经济学或哲学文献的前历史，追踪动词'分离'（separate）是单调乏味却富有教益的"。① 依据西方学术文献来看，在关注分离而得到思想启示方面，当属居伊·德波给我们启示的更多，在对"景象社会"的研判中，他认为资本主义社会中所

① Fredric Jameson, *Representing Capital*：*A Reading of Volume One*, London and New York：Verso, 2011, p. 110.

发生景象的所有根源不过就是"分离","工人与产品的普遍分离已经终结了劳动结果的任何全面的看法，以及生产者之间个人的直接的交往"。① 就现代世界的整个图景来讲，富足的资本主义西方欲望与思想之间的断裂，几乎是每个人生活的组成部分，② 不过，如何弥合这种"分离"，无论是詹姆逊还是德波都未能在对《资本论》的阐释中描绘出真正称得上激进变革的可能图景。就这一点来讲，霍洛威的革命理念总是想与传统的，即他所认为的教义式、简化版的革命理念区分开来，"以阶级革命的方式重新打破资本霸权"的流行看法，也正是他所极力反对的，因为，这一革命的方式依然在"如何消除分离"的道路上为人们所争论不休。针对分离社会展开的传统政治革命的设想遭到了质疑，这也是当今西方激进左翼讨论的重要方向。但是，激进左翼始终在三个问题上纠结：革命的主体；革命的时机；反权力的权力连接。无论各种派别多么卖力地阐释，反权力没有实现，革命主体也未见真正地建构起来，打不完的口水仗遮蔽了一个核心的问题，"围绕权力的反抗"永远沉浸在分离的社会中。因为一旦从权力、资本这些否定人的、分离人的"关系物"出发，人作为分离社会的产物（被否定的、异化的人）即成为理论分析的前提。这一理论的前提是作为事实还是作为结果的存在，在马克思主义研究中是值得严肃地思考的，开放马克思主义代表人物约翰·霍洛威秉持"拜物教是马克思有关权力及改变世界的所有讨论的核心"的理念，并试图以"拜物教化"（fetishisation）重构马克思在《资本论》中的政治设想，倡导在"反拜物教"基础之上对传统的革命政治理念进行重构，从而革新了消除分离社会的理论尝试。

一 拜物教：封闭了"行动与行动结果分离"的同一化运动

从文本这一表面层次来看，在《无须掌权改变世界》这部成名作中，霍洛威用了近 80 页的篇幅讨论拜物教问题，同样，在《裂解资本主义》

---

① Guy Debord, *The Society of the Spectacle*, New York：Zone Books, 1995, p. 20.
② 张一兵主编《社会批判理论纪事》第 7 辑，南京大学出版社，2014，第 15 页。

《身在其中、反抗与超越资本主义》《我们就是资本的危机》等著作、论文中，均可看到其借助拜物教批判传统革命政治理念并寻求出路的种种构想。在目前学术界，对拜物教这样一个术语的研究不要说在政治哲学中是缺乏的，就是在传统的马克思主义经济学，乃至当前的《资本论》研究中受重视程度依然不够。人们往往将拜物教批判视为哲学或文化批判的方法，由此，拜物教批判的革命力量便丧失了。但是，依照霍洛威的看法，拜物教概念的力量就在于它挑明了"行动的自我否定"。①

> 《资本论》的研究对象是行动的自我否定。从商品开始，马克思逐渐进入价值、货币、利润、地租、利息——行动形式越来越隐匿，对制宪权的压制越来越精心。行动（人类活动）从视野中逐渐消失。这是物统治的世界，在这个世界中人类的创造性活动从视野中消失，这是一个"迷离的、歪曲的、颠倒的世界"，它成为"资本主义发展规律"的谈资。对这种颠倒状态的批判是马克思批判（资产阶级）政治经济学家的基础，是对政治经济学家歪曲世界的非理性和原则分析的批判。②

我们知道，马克思在《资本论》中所讨论的"拜物教"这个概念，与黑格尔在《精神现象学》中使用的"Entfremdung"和"Entäusserung"两个术语相关，这也是"青年黑格尔派"，特别是费尔巴哈在《基督教的本质》中关于宗教异化论述的直接框架，③ 不过，诚如默斯托所说，《资本论》中的拜物教与早期如《1844 年经济学哲学手稿》中的异化、疏离（Entfremdung）等概念显著的区分在于：第一，拜物教不再是一个个人问题，而是社会问题，不是思想的事情，而是一种真实的权力、一种统治的独特形式，这种权力在市场经济中作为客体翻转为主体从而成就自身；第二，马克思

---

① John Holloway, *Change the World Without Taking Power*, London：Pluto Press, 2010, p. 43.

② John Holloway, *Change the World Without Taking Power*, London：Pluto Press, 2010, p. 43.

③ Marcello Musto, *Marx for Today*, New York：Routledge, 2012, p. 92. 中译本参见〔意〕马塞罗·默斯托主编《今日马克思》，孙亮等译，中国人民大学出版社，2019。

所说的拜物教在一种严格的历史性生产真实中显示自身，是雇佣劳动的真实的体现。① 这两个判断极为准确，但不够精细。霍洛威则从《1844 年经济学哲学手稿》中的异化分析开始，然后进入《资本论》对拜物教加以详细分析。依他之见，《资本论》一开始就描述了资本主义的"分离"，核心则是"行动"（Doing）与"行动结果"（Done）的分离。②

> 这种分离内在于商品，并在资本中获得充分的发展，过去行动结果（以及行动方式）的所有者所实现的行动结果的增值、资本的积累增强了这种分离的趋势。"积累！积累！那是摩西和先知们！"积累仅仅是一个行动结果与行动的贪婪的、无情的分离过程，是行动结果（作为行动手段）为了实现进一步积累的单一目标（把这一目标作为他们未来努力的方向）而反抗行动者的过程。这个再生的过程赋予了行动（作为抽象劳动，从具体内容抽离出来的劳动、价值生产、剩余价值生产）和行动结果（价值、商品、货币、资本）以具体形式：社会行动流不断裂解的方方面面。③

这体现在商品首先是一个外界的对象（Gegenständ）、一个物（Ding），④ 虽然由我们所生产，却在我们之外"独立"存在。商品逐渐地远离其产生的"根源"，行动结果已经否定了与自己相关的"行动"。

因而，霍洛威认为，《资本论》正是围绕这种"行动的自我否定"（self-negation of doing）展开研究的。但是，马克思不再以异化来阐述这种"分离"，而是将这种"分离"视为拜物教。在论述拜物教的一节中，马克思在描述商品的神秘性质时，指明其并非来自使用价值，而是来自商品形式自身，即来自这样一个事实：生产劳动采取了商品的形式。显然，霍洛威触及马克思在《资本论》中最深层的方法论，即对劳动为何采取此种表现形

---

① Marcello Musto, *Marx for Today*, New York：Routledge, 2012, p. 113.
② 要注意的是，这里虽然更多地指向劳动和劳动结果之间的分离关系，但是，为了从更一般的意义上进行理解，笔者直接将这两个词翻译为行动与行动结果。
③ John Holloway, *Change the World Without Taking Power*, London：Pluto Press, 2010, p. 43.
④ Karl Marx, *Das Kapital*, Erster Band, Berlin：Dietz, 2008, S. 49.

式进行追问。① 也正是基于这个看法，霍洛威在对价值形式的理解方面，给予了导向革命主题化的方案。具体来说，霍洛威从我们思想的起点入手，认为这是建构我们的拜物教化的世界的起点，我们一出生就被抛进劳资分离的世界中，"行动"与"行动结果"的分离渗透到世界的所有领域，我们的世界观在我们开始批判性地反思之前已经形成，因此，"商品拜物教是资本主义控制权渗透到我们的存在、渗透进我们的思想习惯以及与其他人的全部关系的核心"。② 正如马克思从价值出发给予的说明，"价值还把每个劳动产品转化为社会的象形文字。后来，人们竭力要猜出这种象形文字的涵义，要了解他们自己的社会产品的秘密，因为把使用物品规定为价值，正像语言一样，是人们的社会产物。后来科学发现，劳动产品作为价值，只是生产它们时所耗费的人类劳动的物的表现，这一发现在人类发展史上划了一个时代，但它决没有消除劳动的社会性质的物的外观。彼此独立的私人劳动的独特的社会性质在于它们作为人类劳动而彼此相等，并且采取劳动产品的价值性质的形式"。③

这样一来，资本主义思想意识的生产当然只能是去极力维护这种分离，资本主义的社会组织形式显然也就不可能被看作短暂的，批判不可避免地无视批判对象的历史。鲁宾在《马克思价值理论论集》（1928 年出版）一书中所作的"价值形式分析"认为，人们已经被拜物教思维侵染，对形式问题往往熟视无睹，因为形式具有了客观的对象形式。诚如卢卡奇所看到的，"经济范畴，以对象性形式直接地和必然地呈现在他的面前，对象性形式掩盖了他们是人和人之间的关系的范畴这一事实"。④ 只有当一个人注意到资产阶级社会关系的历史性，即资产阶级社会关系属于社会的"特定形式"，并且将资产阶级社会关系看作一种人与人之间社会关系的特殊历史形式时，作为资产阶级社会关系的价值、货币或资本这些形式才成为问题。⑤

---

① 孙亮：《〈资本论〉与"景象社会"——基于"表现"到"景象"逻辑生成的批判性考察》，《天津社会科学》2015 年第 6 期。

② John Holloway, *Change the World Without Taking Power*, London：Pluto Press，2010，p. 50.

③ 《马克思恩格斯文集》第 5 卷，人民出版社，2009，第 91~92 页。

④ 〔匈〕卢卡奇：《历史与阶级意识》，杜章智等译，商务印书馆，1992，第 63 页。

⑤ John Holloway, *Change the World Without Taking Power*, London：Pluto Press，2010，p. 50.

这种对形式问题的重视，也反证了为什么马克思在《资本论》中反复讨论"形式范畴"，诸如货币形式、商品形式、资本形式。此种意义上的形式问题本来就应该成为对马克思思想展开研究时重点关注的对象，这一研究无疑会推动和加深我们对马克思的资本主义批判理论的理解。

如今，我们正生活在这样的世界中：人们的日常语言，乃至人的存在本身都驻守在商品形式等各种在资本原则主导下的形式之内，"这些形式冻结或僵化了人们之间存在关系的模式"，因而，霍洛威认为，我们需要从形式出发，形式是呐喊的回音、是希望的讯息。我们抵抗性的呐喊指向"是其所是"之物，它并非永恒，而仅是历史性凝固的社会关系形式。"资本主义永恒性的设想被'构架'为资本主义社会的人的日常思维和实践活动。作为物与物之间的碎片化关系的社会关系的表现和真实存在掩盖了那些基本的对抗关系和改变世界的可能性。"①

进一步看，霍洛威还认为拜物教是人们对形势误判导致的，这一误判也使我们与资本主义生产方式及其所制造的生存模式形成了共谋，革命则变得异常困难。同时，资产阶级也采取主客体颠倒的辩护方式，其理论基础正是社会关系的拜物教形式。因而，资产阶级思想不仅是资本主义行动的支持方，其更在行动与行动结果之间的断裂关系中生产新的思想形式，资本主义的永恒性也就顺理成章地被建构为资本主义社会中人的基本意识。②

> 拜物教的概念（而非"意识形态"或"霸权"理论）为古老问题的解答奠定了基础，即"为何人们要接受资本主义的折磨、暴力和剥削呢？"通过揭示人们不仅接受资本主义折磨还主动参加其再生产活动，拜物教概念同时蕴含着反资本主义革命的艰难或表面上的不可能性。拜物教是所有革命理论面临的核心理论问题。革命者的思想和实践必定是反拜物教的。任何一种思想或实践都旨在把人类从去人性化的资本主义中解放出来，这一目标注定是反对拜物教的。③

---

① John Holloway, *Change the World Without Taking Power*, London：Pluto Press, 2010, pp. 52 – 53.
② John Holloway, *Change the World Without Taking Power*, London：Pluto Press, 2010, pp. 52 – 53.
③ John Holloway, *Change the World Without Taking Power*, London：Pluto Press, 2010, pp. 52 – 53.

　　这样一来，霍洛威点明了当下时代的困境：一方面急切地需要改变现存世界；另一方面改变的可能性仿佛不再存在。这也是马克思之后思想家们努力去破解的难题，在笔者看来，它也恰恰构成了对拜物教的理解史，一个从卢卡奇的物化到当代后马克思思潮反复讨论的主题。不过，阶级斗争始终是传统马克思主义内部的核心观点，之所以阶级及阶级斗争受到西方学者的质疑，其中一个原因是资本主义社会的意识形态、霸权或者虚假意识多重交织：现实社会的"主体"之所以没有起来抗争是因为他们深陷于市场意识形态之中，统治阶级的观念是霸权式的、工人阶级充满了虚假意识，而虚假意识等已经与"行动与行动结果分离"这一现实相割裂了，人们已经不再去看物象背后这一分离的历史过程。在这样的观念中，工人阶级所拥有的是错误的意识，我们的任务就是为"他们"启蒙。①

　　这只是对拜物教思考的一个方面，也是目前主流的看法；另外一个层面是对拜物教的思考并非一种"启蒙"，其始终是与资本、商品形式等"同一化"相反的现实运动联系在一起的，这是霍洛威的创新之处。这种同一性体现在劳动结果对劳动行动的"同一化"上，换言之，就是死劳动对活劳动的剥夺。活的劳作被限制在一定的同一性中，诸如医生群体并非基于他们的劳作而被编织在一起，资本以医生这样的身份去约束其主体意识。因而，"在这个意义上说，阶级概念总是专断的：任何身份都能够被打包在一个小包之中，整合起来放进大的容器内，等等"。②

　　　　从行动的视角看来，人们同时是或不是医生、犹太人、妇女等，仅仅是因为行动包含了一种反对－超越的持续运动（不管我们是什么）。从行动的视角来看，定义不过是一种即将被超越的转瞬即逝的身份定位。一个人是什么和一个人不是什么的界限、集体的自我和集体的他者之间的界限不能被视为一种固定的绝对关系。只要一个人把身份视为他的立场，只要他以接受行动裂变为出发点，那么"黑人""犹太人""爱尔兰"这样的标签就会成为某件固有物的特性。以"身份"

---

① John Holloway, *Change the World Without Taking Power*, London：Pluto Press, 2010, p. 55.
② John Holloway, *Change the World Without Taking Power*, London：Pluto Press, 2010, p. 63.

为标签的政治观构成同一性的固有形态。呼吁对某人的存在和身份的认同通常涉及同一性的固化形态，增强趋势，行动的裂变，简言之，就是资本的再壮大。①

这种身份的同一性原则不仅构成资本主义组织化的形式，也成为传统革命政治理论构建自身的组织化的原则，这个看似矛盾的地方，在霍洛威看来，恰恰反证了传统革命政治理论的革命原则需要不断的反省，因为：

> 同一性是相互承认、共同体、友谊和仁爱的反题。如果我说"我是 X"，那么这意味着我的存在并不依赖其他人而存在，意味着我并不依赖他人的认可而存在。②

要知道，我们在同一化过程中的行动，是不能够从黑格尔总体性原则出发去理解的，那样我们每个人被导向一个同一性的原则之中，因为，我们在生产劳动中出现的悖论是，劳动结果转而构成压制我们劳动的力量来源。那么总体性原则、同一性原则实质上并不能够作为思维的前提，原因在于它们也是人在行动中创造出来的。

二 拜物教的"过程化"：以范畴的内在否定维度弥合分离

当霍洛威将传统革命政治理论自身的视野设定为拜物教之后，如何解决拜物教的问题便成为重思革命理论的首要环节。在他看来，存在两种不同的理解拜物教的方法，一是可以称之为"固化的拜物教"（hard fetishism），另一个则是作为"过程的拜物教"（fetishisation as process）。所谓固化的拜物教就是将拜物教看作成熟的资本主义稳定的、强化的、"已经完成了"的事实，而过程的拜物教则将拜物教理解为一个持续的斗争过程。这

---

① John Holloway, *Change the World Without Taking Power*, London: Pluto Press, 2010, p. 63.

② John Holloway, *Change the World Without Taking Power*, London: Pluto Press, 2010, p. 68.

样的区分显然带来不同的理论与政治影响。

实质上，"固化的拜物教"这种理解方式一直在马克思主义阐释史上占据主流地位，这主要受到卢卡奇在《历史与阶级意识》中阐述的影响。霍洛威通过指认卢卡奇对阶级意识论述的前后矛盾告知人们，这种拜物教所基于的阶级意识依然是"非解放"的革命观念。我们知道，在卢卡奇看来，"无产阶级是作为资本主义社会制度的产物出现的，他的存在形式竟是这样的……以至于物化（Reification）在这些形式中必然表现得最明确，最强烈，造成着最深刻的去人性化（Dehumanisation）。因此，无产阶级就和资产阶级一样，在生活的各个方面都物化了"。① 但是，当无产阶级作为"纯粹的、赤裸裸的客体进入生产过程"的时候，"工人被迫违背他的整个人格而把他的劳动力客体化，并把它作为属于自己的商品而出卖。然而，因为主体性和客体性之间的分裂恰恰是发生在把自己客体化为商品的人的身上，正因此，他的这种地位就变得可以被意识到了"，② 为了给予说明，卢卡奇还以"奴隶制与农奴制"这种"更自然的形式"为例加以对比，在这些形式中，"统治形式表现为生产过程的直接的动力，处于这种关系中的劳动者，因为他们的全部人格没有分裂，因此就不可能意识到他们的社会地位"。③ 由此，"当工人意识到他自己是商品时，他才能意识到他的社会存在"，由于工人正是以赤裸裸的被商品化这种"直接性为前提的"，"商品结构的拜物教形式也就自然崩溃了：工人认识了自身，认识了在商品中，他自己和资本的关系"。④ 不过，按照霍洛威的看法，这里虽然卢卡奇在为工人的自我解放寻找理论根基，然而，其理论建构并不充分。卢卡奇自己在上述讨论之后，紧接着表达了这种疑虑，"如果有人试图在这儿把一种直接的存在形式赋予阶级意识的话，那就不可避免地会陷入神秘之中：一种神秘的类意识"，同时，"对共同的地位和利益的认识而觉醒和成长的阶级意识，抽象地说，绝不是无产阶级专有的"。⑤

---

① 〔匈〕卢卡奇：《历史与阶级意识》，杜章智等译，商务印书馆，1992，第 228~229 页。
② 〔匈〕卢卡奇：《历史与阶级意识》，杜章智等译，商务印书馆，1992，第 251~252 页。
③ 〔匈〕卢卡奇：《历史与阶级意识》，杜章智等译，商务印书馆，1992，第 252 页。
④ 〔匈〕卢卡奇：《历史与阶级意识》，杜章智等译，商务印书馆，1992，第 252 页。
⑤ 〔匈〕卢卡奇：《历史与阶级意识》，杜章智等译，商务印书馆，1992，第 258~259 页。

那么，阶级意识或者说真正突破拜物教的可能性是什么呢？在卢卡奇看来，阶级意识"不是组成阶级的单个个人所思想、所感觉的东西的总和，也不是他们的平均值"，"这一规定从一开始就建立了把阶级意识同经验实际的、从心理学的角度可以描述、解释的人们关于自己的生活状况的思想区别开来的差异"。① 显然，卢卡奇并非认为人们通过实际生活的经验便能够突破拜物教，因而，霍洛威"走进"反思卢卡奇最为重要的一个判断中，即卢卡奇所说的"党担当着崇高的角色，它是无产阶级阶级意识的支柱，是无产阶级历史使命的良知"，因为，"党把自己所拥有的真理深播到自发的群众运动中，……按照口号行动的群众越来越强烈地、自觉地和坚定地加入有组织的先锋队行列"。② 显然，卢卡奇所阐述的克服拜物教的路径与传统马克思主义的革命理念并无差异，霍洛威认为，通过卢卡奇，我们能看到这种"固化的拜物教"及其导致的观念都限定在特定的范畴之内，而这些范畴，诸如先锋派、无产阶级、经济学、马克思主义、夺取权力从来没有被质疑过，③ 他将这些范畴及其他类似的拜物教产物看作一种事实，卢卡奇本身已经被"拜物教化"了，这种拜物教必然导致如下的结果，"反拜物教的唯一可能存在于日常生活的外部——无论卢卡奇借助党派、霍克海默的知识分子优先性还是马尔库塞的局外人与遗弃者（结果都是如此）。拜物教意味着反拜物教，但两者是分离的，拜物教统治日常生活，反拜物教则在另外一方，在边缘"。④

如果人们低估了卢卡奇对党的信仰，认为它在历史上充其量是无关紧要的，那么结果就是对拜物教（或资本主义权力的深度）的强调往往会导致一种深深的悲观情绪，从而加重革命不可能之感。为了打破这种悲观情绪，我们需要一个将拜物教和反拜物教结合在一起的概念。为了发展拜物教概念，至少在整合概念的方面，就必然意味着要

---

① 〔匈〕卢卡奇：《历史与阶级意识》，杜章智等译，商务印书馆，1992，第105页。
② 〔匈〕卢卡奇：《历史与阶级意识》，杜章智等译，商务印书馆，1992，第94页。
③ John Holloway, *Change the World Without Taking Power*, London：Pluto Press, 2010, p. 84.
④ John Holloway, *Change the World Without Taking Power*, London：Pluto Press, 2010, p. 88.

试图超越讨论拜物教的经典作者。①

此种思路，在霍洛威看来，依然无法解释反拜物教的阶级意识优先性的来源，任何试图将无产者作为"他们"，并对其进行灌输的意识本身也需要进行来源勘察，况且，这种"非平等"的阶级意识灌输结构违背了解放的本意。

霍洛威由于担心落入拜物教陷阱而加以重新理解的"过程的拜物教"，是将拜物教从名词转化为动词，这是基于阿多诺辩证法的理论创新。如果我们从阿多诺思想的非同一性的视角出发，那将对以往的思考方式产生颠覆式的影响：

> 传统马克思主义，实际上几乎所有的左翼话语，都是从资本或统治开始的，工人主义则坚持从下层开始，从工人阶级的斗争，或者更广泛地说，从反资本主义的斗争开始。这是一种根本性的颠倒，因为从统治开始，就意味着把自己封闭在统治的范畴之内。因此，摆脱统治的唯一可能的方法是借助外部力量的干预。②

之所以要提出过程的拜物教这一概念，事实上源自霍洛威反复提到的问题，"如果资本主义使得主体完全对象化并且拜物教成为固定的、事实的，那么，作为普通人的我们如何可能批判拜物教？"③

因而，霍洛威主张，对资本主义的批判没有什么特别之处，我们的呐喊、批判完全是日常的、普通的事情。原因在于，拜物教的反面并非作为一种本质上非异化的"家"扎根在我们心灵深处，而是在日常实践中对异化的抵抗、拒绝与反驳，由此，仅仅在非（或更好的反）异化，或非（反）拜物教的基础上，才能够构想异化或拜物教真正的内涵。很明显，霍洛威

---

① John Holloway, *Change the World Without Taking Power*, London: Pluto Press, 2010, p. 88.

② John Holloway, Fernando Matamoros and Sergio Tischler eds., *Negativity and Revolution: Adorno and Political Activism*, London: Pluto Press, 2009, p. 95.

③ John Holloway, *Change the World Without Taking Power*, London: Pluto Press, 2010, p. 88.

对拜物教的理解是在资本－劳动的"同一性"的道路上做逆反运动，将拜物教看作对"同一性"的拒斥。如果拜物教与反拜物教是并存的，那么，拜物教仅能作为对抗的过程，拜物教就是拜物教化的过程，一种主体与客体、行动与行动结果分离的过程，在这个过程中人们也总是为弥合这种分离，重新聚合主客体、行动与行动结果而斗争。显然抵抗拜物教不再需要一种"先锋队"或先进派给予灌输，而仅仅表现为对资本主义社会生活中不可分离的日常的呐喊，如此一来，固化的拜物教便"溶解"了，拜物教变成了日常的抵抗、呐喊，日常的范畴（如商品、价值、货币、国家）也表现为一个可以抵抗的过程，这些范畴内部就蕴含着斗争，固定的范畴被打开了。① 霍洛威如此设想的原因在于，他认为我们不能仅仅作为资本主义牺牲的客体而存在，我们也不能在资本主义形式之外存在，没有脱离资本主义的领域，没有非拜物教化的生活的特权地带，我们选择抵抗、拒绝资本主义并非一个阶级意识的问题，拜物教是我们生活在一个压迫、异化的社会中不可避免的状况。我们抵抗资本的存在方式，就是我们在资本中存在并对其不断地否定。为了说明这一点，霍洛威做了如下的说明：②

> 一切从表面上看起来似乎是固化的现象，我们视为理所应当的东西（货币、国家、权力：它们在那里，一直在那里，也将继续存在下去，这就是人的本性，难道不是吗？）现在被视为猛烈的、血腥的战场。这就好比面对一粒尘埃，通过显微镜观察，发现这粒尘埃的"无害性"掩盖了整个微观世界，在这个世界中成千上万的微观有机体生生死死，为了生存而每天斗争。③

当然，从货币的表面来看，它其实并不沾染价值的污点，一旦透过货币对其背后作为特殊历史形式的社会关系进行考察的时候，关于货币的斗争也便成了这种社会关系撕裂的重要指向。

---

① John Holloway, *Change the World Without Taking Power*, London：Pluto Press, 2010, p. 89.
② John Holloway, *Change the World Without Taking Power*, London：Pluto Press, 2010, p. 90.
③ John Holloway, *Change the World Without Taking Power*, London：Pluto Press, 2010, pp. 89 - 90.

制宪权以货币的形式而存在，这带来了无尽的苦难、疾病和死亡，总是伴随着问题、争议和强制，并且通常与暴力同在。货币处在一场激烈的货币化与反货币化的战役中。①

毫无疑问，这种作为过程的拜物教试图摆脱固化的拜物教所带来的"先锋主义"的阶级意识困境，结果使得反拜物教成为支撑日常生活的一个基础。诸如，在现实生活中，人们并非对所有的行动都按照"交易"这一标准进行思考，而是力图在工作之外，让自己的行动温暖家庭、滋养自身，否则，根本没有什么生活可言，这恐怕就是叔本华发出如下呐喊的缘由，"我们看到许多人像蚂蚁一样，整天劳劳碌碌，忙着不停以聚集财产。除了只知搞钱外，其他便一无所知，这种人的心灵空白一片"。② 正是基于这种生活的信念，霍洛威后来在解读《资本论》中的术语时关注到人的自身丰富性（reichtum）这一概念：

> 财富并不一定要这样想。对于讲英语的人来说，如果我们回到马克思使用的德语术语"reichtum"，这也许更容易理解，也可以将之翻译为"丰富"：在资本主义社会，丰富表现为大量商品的集合。在英语中，"丰富"和"财富"的概念当然没有明显的区别，但"丰富"给我们的印象是有更广泛的含义：丰富的挂毯，丰富的对话，丰富的生活或经历，丰富的色彩。③

我们看到，在日常生活中人们赖以存在的基础，也被我们习惯性地看作既定的事实，如货币、国家、价值、权力等，现在都被揭示为"财富"肆虐的血腥战场。在此意义上，每一个原先被拜物教化的范畴现在都"过程化了"，譬如霍洛威特别强调，货币开始货币化、价值变得价值化、商品

---

① John Holloway, *Change the World Without Taking Power*, London：Pluto Press, 2010, pp. 89 – 90.
② 〔德〕叔本华：《人生的智慧》，张尚德译，黑龙江人民出版社，1987，第 7 页。
③ John Holloway, "Read Capital：The First Sentence", *Historical Materialism*, Volume 23, Issue 3, 2015, p. 1.

则商品化、资本也资本化、权力变得权力化、国家也国家化，就是说，要
突出运动的过程，因为，每一个过程都意味着它的反面。由此，社会关系
的货币化除非被视为同时存在着非货币化的一面，即基于非货币的社会关
系的不断再生过程，否则没有任何意义。要理解这一点，有必要一起审视
一下货币所主导的社会现实：

> 就货币而言，它所隐藏的战争的不可见性与物理大小无关，其是
> 我们看待它的概念的结果。我们手中握着的钞票似乎是无害的，但更
> 仔细地考察它，我们看到了全世界的人为生存而战，有些人一生执着
> 于追求金钱，有些（许多）人拼命地获取金钱作为生存手段，有些
> 人不付钱就得到他们想要的东西，或者采取不通过市场以及货币形式
> 的手段来逃避金钱，有些人为钱杀人，而每天都有许多人由于缺钱
> 而死。①

也就是说，资本主义社会关系的各种形式、范畴，不再被理解为事实，
而是被理解为这些社会关系的形成过程，譬如，如果价值不被理解为一个
经济范畴，不是作为统治人的日常生活的形式，而是作为斗争的形式，那
么，范畴（社会形式）的意义就取决于斗争的方面，即它们"不是作为客
体化社会关系的表达，而是对客体化社会关系的斗争"。但是，要记住的
是，所谓同一性意义上的"拜物教是确定的，反拜物教却是非确定的"，这
是霍洛威基于阿多诺对黑格尔的"正－反－合"的辩证法批判的指认，当
然，这一指认直接朝向的是对传统马克思主义"斗争与解放的必然性"的
批判。在霍洛威看来，人类的宿命就是不断地斗争，这种斗争与任何否定
之否定的美好终点的承诺是不一致的。② 如果更明确地指认霍洛威在此表达
的思想，即是作为过程的拜物教坚决抵制从资本社会的外部进行批判，而
主张基于人本身的丰富性、人性之上的社会关系进行重新建构。由此，批
判就不再是等待，而是一种日常生活的转变，批判与日常生活融为一体：

---

① John Holloway, *Change the World Without Taking Power*, London：Pluto Press, 2010, p. 91.
② John Holloway, *Change the World Without Taking Power*, London：Pluto Press, 2010, p. 98.

批判不是骑在白马上，抱着亲吻世界进入生活的希望，而是世界的生活。批判只能是从我们自己向外传播。就像一只困在蜘蛛网里的苍蝇，我们切断了囚禁我们的物化的网线。我们不可能站在蜘蛛网之外冷静地看待事情。困在蜘蛛网里，我们不可能无所不知。我们不可能知道现实，也不可能知道总体。我们不能像卢卡奇所希望的那样，采用总体观点；我们最多只能追求总体。①

三　"阶级的过程化"与"反拜物教"：革命对象的逆转

霍洛威所说的拜物教"过程化"是指，拜物教构成了人的存在的基本规定，无论你做什么，如何行动，拜物教贯穿始终。反拜物教则是对原先拜物教所内含的"同一化"做相反运动，即倡导"非同一化"。那么，这一过程对主体来讲意味着怎样的变化，又给革命带来怎样的影响呢？

显然，霍洛威所勾勒的主体解放是主体的"非同一化"运动。按照霍洛威的指认，传统的马克思主义关于革命主体的看法，往往基于"预先构成的拜物教的形式"的假设，依此看法，资本与劳动，或者说资本家与工人阶级之间被看作一种从属关系，并且后者依附前者。因而，反抗的主体便被首先定义为从属于资本的人，或者进一步说，主体从属于拜物教的各种形式，诸如价值、资本、国家、政治等。世界已经被资本广泛地支配着，工人阶级不过就是人们中间的一个具有特殊身份的群体。对社会主义者来讲，工人阶级被看作一个肯定的概念，并且这一身份也格外重要，该身份的联合正是阶级斗争的一个重要部分。② 但是，这种身份的同一化无法触及并不在资本家与工人阶级关系中的一部分人，"定义或者阶级化的过程是基于阶级与非阶级运动、阶级与斗争的其他形式、工人阶级与其他群体的联

---

① John Holloway, *Change the World Without Taking Power*, London: Pluto Press, 2010, p. 98.

② John Holloway, *Change the World Without Taking Power*, London: Pluto Press, 2010, p. 141.

合等无休止的讨论"，因而，问题都产生于阶级身份"同一化"的定义方法。① 在这一理解下，阶级的概念并非积极的，而是否定的、消极的，它成为自身的身份（同一性）的围城——类似于将主体置放到假定为封闭的世界中。霍洛威认为，如果我们不从这种预先构成的社会关系出发，那么，我们如何改变我们的阶级观念呢？他的方法与上述处理"拜物教化"的方法一致：②

> 阶级，像国家一样，像货币一样，像资本一样，必须被理解为过程。资本主义是新一代的阶级，是不断更新的人的阶级化。马克思在他的《资本论》关于积累的讨论中，很清楚地说明了这一点："可见，资本主义生产过程，在联系中加以考察，或作为再生产过程加以考察时，不仅生产商品，不仅生产剩余价值，而且还生产和再生产资本关系本身：一方面是资本家，另一方面是雇佣工人。"③ 换句话说，阶级的存在和工人的构成是不能分开的，阶级的存在意味着他们处在被建构的过程中。④

阶级化的过程是资本主义生产所造成的分离在主体领域的体现，即阶级构成被视为主体与客体的分离，资本主义就是主体与客体分离的日常重复和普遍化的集合装置，作为产品的客体从创造者中抽象出来，从行动者那里获得的支配权不仅针对行动结果，而且包含行动本身、人的创造力、主体性以及人的意识，这种分离的暴力并不仅仅是资本主义最早时期的特征：它是资本主义的核心。换言之，"原始积累"不只是过去时代的一个特征，它是资本主义存在的核心。⑤ 这种分离就是资本主义的核心，阶级作为一个过程相应地承载资本主义自身分离这一特征。不过，在传统的马克思主义阶级斗争理论看来，阶级被"预先制定"（pre-constituted），马克思主

---

① John Holloway, *Change the World Without Taking Power*, London：Pluto Press, 2010, p. 141.
② John Holloway, *Change the World Without Taking Power*, London：Pluto Press, 2010, p. 142.
③ 《马克思恩格斯全集》第 42 卷，人民出版社，2016，第 595 页。
④ John Holloway, *Change the World Without Taking Power*, London：Pluto Press, 2010, p. 142.
⑤ John Holloway, *Change the World Without Taking Power*, London：Pluto Press, 2010, p. 143.

义从工人阶级从属于资本主义社会形式这一事实出发分析阶级斗争的可能性。然而，"冲突不是在已经建立从属关系或社会关系的拜物教化形式形成之后开始的"，阶级斗争并不发生在"资本主义社会关系已经构成的形式之中"，实际上这些形式的构成自身就是阶级斗争，所有的社会实践都表现为不断地对抗。

由此，阶级斗争便是异化与非异化、定义与反定义、拜物教与去拜物教之间的一种无休止的日常重复对抗，即一方面主体被拜物教化了的、不正当的资本主义形式"同一化"，另一方面主体又试图反抗并超越这些资本主义形式。这一重复对抗的核心就是主体反对被定义、反对被资本"同一化"，"只有我们生产资本、崇拜货币，只有我们参与到主体与客体分离的创造中，我们才被同一化为阶级，只要我们作为人本身，我们同时反对我们的阶级化"。① 因而，它不再像传统马克思主义理解的那样，是无产者与资产者之间的对抗，无产者要对抗的是他本身，这是反拜物教的核心。由此，霍洛威的政治理念表现为，我们不是作为工人阶级进行斗争，我们是反对作为工人阶级、反抗被阶级范畴化，我们的斗争不是朝向抽象劳动的斗争，而是反对抽象劳动的斗争。斗争并非源自我们是工人阶级这样一个事实，而是源于我们既是又不是工人阶级，我们作为工人阶级存在，但是对抗并超越这一存在的过程中，资本想规训我们，而我们并不想被规训。由此，我们可以看到，在霍洛威那里，工人阶级并非一个"好"的、值得珍视的身份，而是一个"坏"的，需要我们不断加以反对的"归类"，工人阶级的"同一化"应该被看作"非同一化"：

> 我们既是又不是工人阶级（无论我们是大学教授还是汽车工人）。也就是说，阶级应该被理解为分类，分类意味着阶级斗争（将我们分类的斗争和我们反对被分类的斗争）是囊括我们个人和集体的。只有当我们完全被分类的时候，我们才能毫不避讳地说"我们是工人阶级"（但阶级斗争是不可能的）。②

---

① John Holloway, *Change the World Without Taking Power*, London：Pluto Press, 2010, p. 144.

② John Holloway, *Change the World Without Taking Power*, London：Pluto Press, 2010, p. 144.

　　基于上述理由，主体否定了工人阶级的身份，革命便从针对外在的"资本"转向内在的主体自身。在以往的马克思主义研究中，人们过于重视"工人的劳动受资本支配、资本吸吮工人的劳动"，但是，却没有重视这句话的前提，"死劳动"即过去劳动"似乎是自动的、不依赖于［活］劳动的；它不受［活］劳动支配，而是使［活］劳动受它支配"，[①] 这里的"似乎"一词毫无疑问表达的是，"死劳动"是依赖"活劳动"的，作为资本的"死劳动"的支点正是"活劳动"本身。这样的理解有何意义呢？

　　在霍洛威看来，关于"死劳动"与"活劳动"的讨论其实蕴含着马克思对权力社会不稳定机制的重大秘密的思考，其中"死劳动"是权力的主要来源，而"活劳动"当然是无权的一方面，这显然是对马克思主义有关资本是一种权力关系论断的自然推演。由此，霍洛威认为，"任何阶级社会中的不稳定都来自统治者对被统治者的依赖，在任何的'宪定权'体制中，都存在着有权者与无权者之间的相互依赖关系"。

　　　　在任何一个阶级社会中，剥削阶级和被剥削阶级之间都是一种不对等的关系：虽然明显的是每个阶级都依赖其他阶级而存在，但是被剥削阶级依赖剥削阶级只是为了自身作为被剥削关系的一部分的再生产，而剥削阶级依赖被剥削阶级是为了自身的存在。[②]

　　可是因为拜物教视野的局限，这种实质的状态"似乎"表现为被统治者依赖统治者的单一向度。因此，统治阶级的地位取决于被剥削者，正如拉博埃西在《自愿奴役论》一文中所述，"所有这些降临到你们身上的浩劫、灾祸和毁灭不是来自异国的仇寇，而是来自这样一个敌人：他的强大是你们自己给予的"，"他拥有的权力只不过是你们赋予的用来毁灭你们的权力"。[③] 霍洛威的意图已经十分明显，他就是要人们牢记，在我们咒骂资本主义、咒骂资本所建构起来的各种权力的时候，不能忽视的是，这些异

① 《马克思恩格斯文集》第 8 卷，人民出版社，2009，第 354 页。

② John Holloway, *Change the World Without Taking Power*, London：Pluto Press, 2010, p. 178.

③ 〔法〕拉博埃西、〔法〕布鲁图斯：《反暴君论》，曹帅译，译林出版社，2012，第 37 页。

己之物正是我们自己亲手制造的。相应的，革命便不是针对"异己力量"，而是朝向自己本身。当然，霍洛威的这一判断并非书斋式的推论，这是他对以往针对资本、针对抽象劳动的革命的现实给予的详细的分析。他认为，从过往的历史来看，没有任何一种革命结果最终不是再次被卷入资本逻辑之中，如今依然是资本的世界。与那些认为马克思已经进入历史的故纸堆中的学者不同的是，霍洛威认为这不是马克思政治理念的失败，而是由误判阶级斗争的对象所引起的，"因为建立在抽象劳动基础上的劳工运动只是在劳动反对资本的过程中失败了，它将有可能开启反对劳动被抽象化的行动。如果情况真是这样，那么这就不是阶级运动的失败，而是一个走进更深层的阶级斗争的转向"①。

这种"转向"体现了霍洛威对待资本世界的策略，那就是告诉人们要针对资本对劳动的"抽象化"或"同一化"做反向运动，同时"无产者"对自身的身份做"非同一化"的运动。从某种意义上讲，霍洛威的整个阶级斗争理论或者说使革命发生转向是对"非同一性"的运用，由此，他提出了"裂缝"的概念。裂缝即资本逻辑"同一化"运动的断裂，以及统治的组织过程的断裂。由于统治是一种活动过程，因此，裂缝便不可能静止不动。不管这种裂缝是否与其他的裂缝运动一起，也不管它们是否填充或拆解其他的裂缝运动，总之，裂缝总是不断地在"同一化"之中实现断裂。裂缝理论始终保持批判、反认同和不断否定。其中，每个人在日常生活中应该对资本持有自觉断裂的意识，诸如，"我们不应该屈从于资本，我们应该干些别的事情"。因而，这个世界不能被悲观地看作被资本封堵的世界，世界图景指的不仅仅是统治图景，还指裂缝扩张、抵抗、运动、参与、愈合，是多元化的反抗图景。我们越发关注裂缝，别样的世界图景将越发明晰，一种反抗地理学的图景越发容易呈现。依照这一看法，"资本主义统治到处都有裂缝。今天我不去上班，因为我想待在家里和孩子们玩。这一决定可能不会产生类似萨帕塔起义的影响，但二者的核心是一样的：'不，我们不应该屈从于资本，我们应该干些别的事情，做我们认为必要或

---

① 参见 John Holloway, "Cracks and the Crisis of Abstract Labour", *Antipode*, 2010, No. 4。

可取的事'"。①

　　只有从这里开始，我们才能思考如何从根本上改变世界。革命只能是认识、创造、扩大和增加这些裂缝：很难想象还有其他任何方式能从根本上改变世界。② 由此看来，霍洛威批判了传统马克思主义的"外在"革命的方式，转向了内在主体的自我革命、自我身份的瓦解。

---

① 参见 John Holloway, "Cracks and the Crisis of Abstract Labour", *Antipode*, 2010, No. 4。
② John Holloway, "Cracks and the Crisis of Abstract Labour", *Antipode*, 2010, No. 4.

第三章
辩证法的重构与"非同一性"的政治化

　　以黑格尔的思维框架来理解马克思，学术界已经对这种理解方式进行了反思。在霍洛威看来，将异质性的社会生活关系还原为"二元对立"的劳动与资本、无产者与资产者的斗争关系，并最终实现对立的消解，未来那种"好社会"借助"资本自否定"得以实现等观念，是典型的"黑格尔式"的解读马克思的方式，它遗忘了社会本身要丰富得多。将社会的矛盾理解为二元对立的展开过程，在西方左翼那里得到了充分的讨论，譬如，意大利自治主义者哈特、奈格里将这些问题的成因"铆钉"在黑格尔辩证法上，开放马克思主义代表人物约翰·霍洛威则试图以阿多诺的否定辩证法介入这场讨论，他分析了黑格尔辩证法是我们思维的"紧身衣"并导致实践偏离，所以，如何对待黑格尔的辩证法成为分析这一论题的首要问题，霍洛威正是在这个层面上，重提了阿多诺的"非同一性"的政治哲学意义，并倡导从资本的生产力到"劳动的社会生产力"的转型，以此去寻求资本主义批判与解放的可能。

　　西方的学术界反复讨论马克思与黑格尔之间的关系，当然这一讨论的根本旨趣在于将马克思从传统形象中"激活"，转而以新建构的马克思的理念去积极地回应当下时代的生存处境，并建构对未来图景具有说服力的阐释体系。而这一切的理论冲动无非基于两个现状。一方面，资本主义依然活跃于这个时代，不仅没有死去，而且越发呈现"不可撼动的假象"，它不仅没有改变生产中资本追求剩余价值的问题，如今，它还以更隐秘的方式在人的日常生活中进行拜物教意识的生产。由此，我们才会看到"在知识分子中间，对那些信奉马克思主义的人加以冷嘲热讽已经成为一种时尚"。①
另一方面，无论传统马克思主义者还是当今激进左翼学者都意识到，社会
主义运动中的曲折历程，要求人们必须重审辩证法的真实意义，以及它在
革命、解放理论和实践中的作用。因而，谴责辩证法并放弃传统意义上那
种单纯将目标朝向资本而展开的反抗运动成为左翼的当务之急。② 他们认
为，之所以如此是因为"传统的革命理论"侵染着黑格尔辩证法的幽灵，
人类社会的生存矛盾被导向资本的矛盾，并最终得到了和解，未来那种
"好社会"借助"资本自否定"将得以实现。这不仅表现在阿尔都塞、德勒
兹、瓜塔里、福柯、马舍雷等人的思想中，也同样成为哈特、奈格里、维
尔尼诺等人的逻辑主线，"他们认为'辩证唯物主义'扎根于黑格尔的辩证
法，从而批判传统马克思主义采取了黑格尔的还原论，并声明选择斯宾诺
莎"。③ 对此，正如我们在上文中提到的，作为开放马克思主义代表人物的
约翰·霍洛威试图以阿多诺的否定辩证法介入这场讨论，并指认哈特、奈
格里等人在批判黑格尔辩证法的过程中错误地理解了辩证法，因而他们再
次陷入"传统的革命理论"的"局限"之中。为此，他将马克思放到否定
辩证法的语境下，重新启动了对《资本论》的解释，描绘出一条崭新的批
判资本主义道路。

一 黑格尔辩证法：思维的"紧身衣"及其实践导向

从思想本身来看，霍洛威整个思路建立在阿多诺的否定辩证法基础之
上是毋庸置疑的。对此，他试图在《为什么是阿多诺》一文中给我们详细
地展示其中缘由。在他看来，选择阿多诺的根本原因是可以借助阿多诺的
思想达到反对黑格尔辩证法的目的，这是一条与哈特、奈格里等人拒斥辩
证法不同的道路。在霍洛威看来，之所以拒斥辩证法主要是因为，流行的

① Georg Lukács, *History and Class Consciousness*, Cambridge: MIT Press, 1972, p. 1.
② John Holloway, Fernando Matamoros and Sergio Tischler eds., *Negativity and Revolution: Adorno and Political Activism*, London: Pluto Press, 2009, p. 3.
③ John Holloway, Fernando Matamoros and Sergio Tischler eds., *Negativity and Revolution: Adorno and Political Activism*, London: Pluto Press, 2009, p. 4.

辩证法思想导致思维是封闭而不是开放的，典型的黑格尔主义的正-反-合的三段论将思维终结在封闭的"综合"中，这为历史作为一系列阶段或步骤的观点奠定基础。在黑格尔的意义上，综合就是对立面的一种和解。由此，共产主义被理解为劳动与资本之间矛盾的妥协或和解的社会形态。①

　　与此相关的是，矛盾的辩证概念意味着抑制差异，减少多样性，仅仅面向劳动和资本的单一矛盾。"黑格尔的辩证法在两方面损坏了差异性：首先，他将所有的差异推到矛盾一方，掩盖它们的具体性；其次，正是因为差异被清空了，就矛盾而言，有可能将它们纳入一个统一体。"②

在此种辩证法思维方式之下，在资本原则主导下人们那种丰富多元、易变的现实生活必然被消解、还原为劳动反对资本的单一的矛盾形式。对此，霍洛威大致认可奈格里等人的看法：黑格尔的辩证法问题在于，它推动这种繁多成为单一的矛盾，因为这种矛盾是没有内容的，因而，很容易将它归入单一的综合体中，这同样体现在工人阶级这个概念上，"由于它是从实际斗争的丰富性中被抽象出来的，因而没有意义"。③

　　拒绝辩证法，因为它包含了对否定的拒绝，导致了综合体思维，这是一种寻求在主导范式下把一切都安排到位的思维。这不仅造成了理论影响，也造成了政治影响。④

为此，人们在综合体思维之下，困守在一个巨大的围城之中，即资本主

① John Holloway, Fernando Matamoros and Sergio Tischler eds. , *Negativity and Revolution*：*Adorno and Political Activism*, London：Pluto Press, 2009, pp. 4 – 5.

② John Holloway, Fernando Matamoros and Sergio Tischler eds. , *Negativity and Revolution*：*Adorno and Political Activism*, London：Pluto Press, 2009, p. 4.

③ John Holloway, Fernando Matamoros and Sergio Tischler eds. , *Negativity and Revolution*：*Adorno and Political Activism*, London：Pluto Press, 2009, p. 5.

④ John Holloway, Fernando Matamoros and Sergio Tischler eds. , *Negativity and Revolution*：*Adorno and Political Activism*, London：Pluto Press, 2009, p. 6.

义的围城之中。不过，辩证法应该被理解为针对这种围城的"逃逸方案"。

> 抛开矛盾的辩证意识（不是创造）使忘记我们在围城中，忘记我们生活在一种社会组织的形式中，它每天都把我们的个人创造力限制在生产利润的单调过程中。事实上，就是这样的想法：资本和资本主义的概念逐渐淡出，这种斗争不被视为反对资本的斗争，而是为"真正的民主"的斗争。这就忽略了任何变革斗争的核心问题：我们日常行动的组织，行动与劳动的斗争。我们的行动造就差异，我们渴望一个没有矛盾的世界，但此刻它被夹在矛盾之中，夹在一个由金钱强制执行的世界之中。可以断言差异就是矛盾，但只有当我们把它理解为矛盾的运动时，才能理解这种断言反对的可能性和运动。[1]

也就是说，假如斗争被单一地指向某个具体的点，其便很容易再次被整合进一个新的资本主义体系之中。拒斥与黑格尔相联系的"和解"辩证法真实的意图，显然就是强调社会斗争自身不能单一化，从而进一步强调差异、不可还原性，这已经产生了广泛的影响，诸如拉克劳在确立自身领导权理念时，便指明了"黑格尔的否定性思想是必然的否定性，它被视为决定性的否定，也就是说，否定是概念内在展开阶段中的一个阶段，它注定在扬弃或更高的统一中被吸收"。[2] 这种差异的斗争概念更多地被引向了对斗争者身份的强调，例如弥漫在激进左翼理论中的尊严、妇女、同性恋者、生态主义、黑人等相关的身份斗争概念。这些边缘群体始终在捍卫自己的"身份"，借此去对抗"宰制者"。哈特、奈格里的"诸众"概念同样基于拒斥黑格尔辩证法的身份政治，"虽然这个意义上的诸众被明确地排斥在主导的政治体之外，代表社会上地位最低且身无分文的那些人，但这又是一个开放的、具有包容性的社会群体，其典型特征是社会等级和群

---

① John Holloway, Fernando Matamoros and Sergio Tischler eds. , *Negativity and Revolution*：*Adorno and Political Activism*, London：Pluto Press, 2009, p. 6.

② 〔英〕恩斯特·拉克劳：《我们时代革命的新反思》，孔明安等译，黑龙江人民出版社，2006，第 33 页。

体的无限混杂"。① 不过，在霍洛威看来，哈特、奈格里等人的上述分析虽然具有吸引力，但也存在问题，这主要是由于其在抛弃黑格尔辩证法的过程中，不仅和解的"综合体"被抛弃了，而且借助否定的运动这一核心概念也一同被拒斥。

当然，黑格尔的辩证法之所以被拒斥，主要是它已经在现实层面产生负面影响，这一辩证法往往将一切异质性的因素、不同的话语，或者说，将异质性的一切都整合进主流的教条之中，由此，这个辩证法成为我们思考的"紧身衣"，现实生活与斗争的无限丰富性在此种辩证法视域下成了"二元论"。这种二分法式的"黑格尔幽灵"当今依然十分流行，譬如，我们常听到这样一些见解，称马克思始终坚守着二分的理念，马克思文本中普遍存在着"生产力与生产关系""资本家与无产者""国家与市民社会"等对立的表述。但是，这并非说现实生活本身真的只是二分的，这些二分不过是现实的特定社会结构所表现出来的历史"现象"，这也是为什么当今众多西方学者不满意人们对马克思所理解的资本主义社会作"二元化"处理，因为对于马克思来说，这种"二元化"并非逻辑给予的，而是社会本身在"现实抽象"中被建构起来的，马克思只是指认了这个社会的本质维度。但是，这些西方左翼学者将这个判断看作马克思自身理解问题的视角，而遗忘了马克思还有超越这一"二元化"社会的维度。所以，当霍洛威等人进一步指认马克思未能抓住社会问题、社会结构以及解决方案的复杂性的原因时，对这一判断的误解是显而易见的。其实，仅就文本来说，"二元化"的分析也不仅仅如此，马克思说过，"社会决不仅仅是由工人阶级和产业资本家阶级组成的"②。进而，霍洛威认为，"黑格尔幽灵"产生的更为严重的影响是，这种二元论最终必然被导向"一元论"，即通过辩证法必然走向单一的"综合体"，这便与本质主义连接起来。因为，对丰富的现实进行"综合"便是强行对不可通约的丰富生活予以暴力性的"化约"。由此，霍洛威从"资本不是物而是一种社会关系"这一判断出发，指认资本也是将

---

① 〔美〕迈克尔·哈特、〔意〕安东尼奥·奈格里：《大同世界》，王行坤译，中国人民大学出版社，2016，第31页。

② 《马克思恩格斯全集》第34卷，人民出版社，2008，第559页。

人们的活动强行转换成抽象劳动的权力，这种抽象劳动便是由生产利润推动而形塑的异化的活动。因而，在现有的《资本论》或对现实生活的理解中，人们虽然不再提及辩证法的上述暴力本质，却反复提及"资本逻辑"，意在指明辩证法肉身化为资本，资本成了生活的"紧身衣"。这一套理解机制被霍洛威概括为"大量的、丰富多彩的、有用的、创造性的行动被强迫地还原为抽象的价值生产劳动"，在这里作为差异的各种创造行动是被"资本"所通约的，其成了具有绝对暴力倾向的"权力意志"。

可是，如果我们从这个"资本"出发来理解我们的生活和斗争的话，正如我们从黑格尔的辩证法出发一样，将抹杀现实的差异性、丰富性，最终被封闭在一个设想出来的"和解"的状态内部。正如霍洛威描述的那样，资本主义犹如一个监狱，人们被困在其中。现在的问题是，现实的生活与斗争不能够全部被"资本"所通约，正如辩证法构想的"二元论"丢失了差异性一样，人自身的行动决不都是为"资本"吸纳所做的准备。譬如，在人们指责学者的学术创作完全被金钱迷惑了方向的时候，也要相信，依然还有坚守理想的人默默地站在这场游戏之外耕耘着。但是，将资本主义看作一个封闭的围城，始终存在着，这一理论思维框架是由黑格尔辩证法给予的，就此而言，霍洛威的批判是有道理的。具体而言，在当代对《资本论》的研究中，在黑格尔辩证法视野下理解马克思的方式甚为流行，分析的结果是一切社会问题最终都是资本逻辑使然。由此，解决的方法便是开展瓦解资本的斗争，瓦解资本与人类解放被看作同一个过程，但是，正如奈格里等西方激进左翼学者一再强调的，解放是多方面的，决不仅仅是资本剥削这样"单一"的方面。

进一步来讲，传统马克思主义设想的解放路径是更多地去分析资本的内在否定，即我们通常所思考的资本主义内在不可克服的危机，这个危机时期被看作向更高阶段发展的一个"艰难时期"，对历史整个的理解是基于以下的认识：历史的发展是线性的、进步的，一定有"幸福的结局"（Happy Ending）。如果抛开从资本的视角来重释人类解放或者说改变社会的可能性，转而尝试寻找革命的主体去抵抗压制人的资本，则情况又分为两类。一类是列宁式的马克思阐释，依他之见，需要通过一种先锋理论，即"我知道路在哪里，跟着我吧"来建构革命的主体，按照霍洛威的看法，这个主体依然是在资本与劳动这对矛盾下来思考的，主体始终在资本逻辑的通约原则下进行设想，这便是原先的资本主义批判与革命的理念。另一类则是哈特、奈格里等人的思想，他们拆解了这对矛盾，直接"给予"劳动主体自治能力，他们摆脱了黑格尔的辩证法、列宁式的先锋理论，革命主体在日常生活中各自"习得"民主力量，各自为创造"共同财富"而努力，最终诸众自身去实现"大同世界"。不过，这里也有一些细节上的区分，即按照霍洛威的看法，哈特、奈格里在拒斥二元论的辩证法的同时，也一同拒斥了"否定运动"这一辩证法的核心，这里的意思是，辩证法的否定性维度暗含着否定的、无尽的运动，它并不会导向幸福的结局，根本不可能存在"大同世界"，辩证法是一种"逃离计划"，它"思考抵抗坏世界"，而并非始终瞄向"真实的民主"，同时，就革命主体来讲，否定的辩证法也将使哈特、奈格里有关诸众的"同一化"思考陷入困境。

二　否定的辩证法：找寻开放马克思主义的灵感

由上，阿多诺的重要性显然在于，他最直接地发展了辩证法的"否定"向度。征用阿多诺不仅是要走出黑格尔"和解"的辩证法，也是为了反思结构主义路径。正如我们所知，在《否定的辩证法》中，阿多诺集中地批判了黑格尔的辩证法，在他看来，"最初，它（辩证法）的名称就意味着所有的对象物不会完全进入它的概念中，它是同充分相符的传统形式相矛盾的"，这表明，"同一性是不真实的（Unwahrheit），即被概念化的事物也不能完全处在概念之中"。① 因而，有什么东西一旦不能够满足同一性概念的要求，便被称为是"矛盾"的，概念直接拒绝了非同一性的表达物，即阿多诺所说的，矛盾就是同一性角度的非同一性。因而，当黑格尔的辩证法将所有异质性的生活与斗争还原为绝对精神的自我和解时，他坚守的正是这种"排除第三种形象"（ausgeschlossen dritten bilder）的原则②，这正是哈特、

---

① Theodor W. Adorno, *Negative Dialektik*, Berlin：Suhrkamp Verlag, 2015, SS. 16 – 17.
② Theodor W. Adorno, *Negative Dialektik*, Berlin：Suhrkamp Verlag, 2015, S. 17.

奈格里等人极力反对的"A 要么是 B，要么不是 B"的排中律，努力去揭示同一性无法涵纳的剩余是当代激进抵抗思路中随处可见的用力方向。他们试图论述，不仅是 A，而且也有 B，以及万千个"其他"的剩余的存在，这是对黑格尔矛盾观念的突破，所以，辩证法在阿多诺之后被揭示为关于"非同一性"的意识。① 霍洛威认为，上述正是阿多诺思想的中心论题，"非同一性"便是不合适（不满足），它既是自由的，也是革命的意识。就前者来讲，是因为"不可还原的特殊性、不能容忍的非同一性以及不屈从于政党纪律的反叛性"，后者是说，"如果不是同一性，而是同一性被非同一性所决定的话，那么，根本不可能存在稳定性"。所以，"所有的同一性都是虚假的、矛盾的，取决于它所压制的、寻求压制却不能完成的那种非同一性的否定"，当然，这并非偶然性的原因，真正的原因在于，"同一性总是在非同一性流动之后运行的，永远都不会固定下来"。②

这种对非同一性永恒的流动性、否定性的揭示，是霍洛威与哈特、奈格里等人批判黑格尔辩证法时最大的不同点。具体一点来讲，哈特、奈格里将诸众这种"非同一性"的主体揭示出来之后，依然渴望着"大同世界"。但霍洛威认为"非同一性"永远都在对抗着"同一性"，这是一个永不会"固定"的过程。在后来的《裂解资本主义》等文本中，在对拜物教的拜物教化、价值形式的价值形式化等理解中，霍洛威始终将"非同一性"的流动性作为建构批判理论的基本原则。因而，他会说，"非同一性是英雄、中心与动力"。不过，到底如何理解这种"非同一性"呢？它难道仅仅是一个哲学的概念？或者说，霍洛威在这里仅仅是重复地搬运阿多诺的这一概念？当然不是。对于霍洛威来讲，他需要做的工作是将"非同一性"与当代资本主义批判，乃至资本主义批判的主体关联起来。因而，他才会认为我们就是"非同一性"，我们就是不适应的、违背所有同一性的、溢出的力量。这里的意思已经非常清楚，"我们能够说我们是工人阶级，但是，只有我们将工人阶级视为一个推翻其自身、突破其自身边界的概念时，我

---

① Theodor W. Adorno, *Negative Dialektik*, Berlin: Suhrkamp Verlag, 2015, S. 18.

② John Holloway, Fernando Matamoros and Sergio Tischler eds., *Negativity and Revolution: Adorno and Political Activism*, London: Pluto Press, 2009, p. 13.

们才能真正理解”。①

　　阿多诺真的说过我们是非同一性吗？据我所知，目前还没有。也
许我是在以一种非同一性的方式读他的书，反对或超越阿多诺。但我
们还能如何理解非同一性呢？非同一性只能是一种改变自己的力量，
它超越自己，创造自己。我们在哪里可以找到一种具有创造性和自我创
造力的力量呢？不是动物，不是上帝，不是自然，只有人类，我们。我
们不是同一性的我们，而是脱节的、有创造力的我们。②

　　用阿多诺自己的话来说，即“主体是主体的对手”（Subjekt als Feind
des Subjekts）。③ 这里，霍洛威的观点与传统马克思主义以及当代激进左翼
学者试图建构抵抗主体的想法完全不同。

　　这种不同正是霍洛威对马克思近阿多诺阐释的关键。在他看来，传统
的马克思主义以及全部的左派话语都从资本开始、从工人的斗争开始讨论，
或从更广泛的意义上讲，从反资本主义的斗争开始构想资本主义的批判，
这意味着从一种封闭的范畴出发思考人的解放。为什么如此呢？对于这一
点，我们可以从他在《裂解资本主义》中对抽象劳动的“围城功能”的分
析加以认识，例如，货币、国家或资本，它们不是被视作由我们创造的，
作为人们之间社会关系的存在，货币和国家似乎是不可避免的生活事实，
我们很难想象没有它们的生活。这些范畴显然被视为永恒的东西，它们监
禁着我们的思想，限制了我们对生活真实处境的思考。因而，这些范畴如
资本完成了对现实世界的“同一化”的封闭。④

　　劳动以明显的方式囚禁我们的身体：在我们大部分的清醒时间里，

　　① John Holloway, Fernando Matamoros and Sergio Tischler eds., *Negativity and Revolution*: *Adorno and Political Activism*, London: Pluto Press, 2009, p. 14.

　　② John Holloway, Fernando Matamoros and Sergio Tischler eds., *Negativity and Revolution*: *Adorno and Political Activism*, London: Pluto Press, 2009, p. 14.

　　③ Theodor W. Adorno, *Negative Dialektik*, Berlin: Suhrkamp Verlag, 2015, S. 22.

　　④ John Holloway, *Crack Capitalism*, London: Pluto Press, 2010, pp. 110 – 111.

劳动把我们关在工厂、办公室、学校，或者把我们束缚在电脑和手机上。但是还有一种不太明显的方式，资本主义劳动所涉及的抽象也创造了一个同样深刻的监狱，一个包围着我们思想的监狱——我们的思维方式，我们使用的概念。我们存在的核心是分裂，我们自己与我们所做的决定分离。这种分离影响着我们生活的方方面面。[①]

整个日常生活陷入巨大的抽象劳动织成的封闭体系中，如此一来，日常生活和自我极端平庸化，人们生活的整个希望维度被搜刮干净，没有了美好的想象，无论是神性的向往，还是对现实世界的追求。这种封闭的体系在思维上的体现当然就是《资本论》所批判的中心主题：拜物教。

当我们生产一种商品时，我们就生产一些在市场上出售的东西。我们生产什么（例如我们的蛋糕）和用什么方式生产是由市场决定的。市场是对自决权的否定。当我在市场上卖出我的产品并买到别人的产品时，我在我们两种不同的创造性活动之间建立了一种关系，但我并没有直接建立这种关系。这种关系是通过物建立起来的，作为物物之间的关系。[②]

因而，霍洛威认为，当人们从同一性开始，如从"我们是"或者"他们是妇女、工人、爱尔兰人、墨西哥人、同性恋者、犹太人、资本家"的想法开始，并以此建立一个世界的时候，我们也就是给我们的抗议一个名字、一个标签或者一种限制——我们的斗争是妇女、同性恋者、工人和失业者的斗争。但是，这是一条自我封闭的道路，打破这种封闭只能依靠来自外部的力量，让一种"先锋的力量"介入。很明显，霍洛威担忧这种解放被引导到先锋权力的建构中，所以他一直认为"无须掌权改变世界"。由此出发，霍洛威认为，真正的解放不是无产者成为无产者，而是无产者否认自身为无产者，取消这种同一性，而不是要在"先锋的力量"下确认自

---

① John Holloway, *Crack Capitalism*, London：Pluto Press, 2010, pp. 109 - 110.

② John Holloway, *Crack Capitalism*, London：Pluto Press, 2010, pp. 109 - 110.

身的"身份"，霍洛威甚至认为：

> 　　正统的马克思主义和几乎所有的左翼话语都是从资本或统治开始
> 的，而工人主义则坚持从底层开始，从工人阶级的斗争开始，或者更
> 广泛地说，从反资本主义的斗争开始。这是一种根本性的颠倒，因为
> 从统治开始意味着将自己封闭在统治的范畴内，因此摆脱统治的唯一
> 可能途径是通过外部力量的干预。①

　　由此，我们才能够明白，为什么霍洛威反复说，阿多诺的同一性批判
具有革命的意义，也正是基于这一点，霍洛威坚持的辩证法与黑格尔的辩
证法必然是"不能和好"的，它不再倾向于对象物与其概念之间的同一性，
而是怀疑这种同一性，其逻辑是一种"崩溃的逻辑"（Zerfalls Logik）。②

　　我们知道，阿多诺心目中的交换是将人类劳动还原为社会平均劳动时
间的抽象规则——从本质上讲就是同一化原则。商品交换就是哲学上的同
一化原则的"社会样态"（Gesellschaftliches Modell）。③ 霍洛威由此认为，抽
象化是资本主义社会关系的特征，也是特殊性转化为普遍性的资本主义构
成过程的体现，这是一个似自然性的过程，它不仅是对人的自决权的否定，
而且导致我们走向自我的毁灭。同时，这种抽象化的社会关系独立在人之
外，显得无人能够控制它，同时，在主观上，人们认为这一社会关系是很
难被推翻的，因为它在我们面前展现出的是一张天衣无缝的网。这种由抽
象劳动所构成的社会关系，正是不断出现在我们面前的现实存在，它也为
我们提供了构想"裂缝"（非同一性）的可能性，这种现实不断地将我们带
回到实践的同一性，以及我们意图打破的体制的再生产之中。④

　　与这种同一性的过程相反，近阿多诺阐释的霍洛威坚守着非同一性，这
集中展现在他的"裂缝"理念中。在《裂解资本主义》中，他作了如下说明：

---

①　John Holloway, Fernando Matamoros and Sergio Tischler eds., *Negativity and Revolution*: *Adorno and Political Activism*, London：Pluto Press, 2009, p. 95.

②　Theodor W. Adorno, *Negative Dialektik*, Berlin：Suhrkamp Verlag, 2015, S. 148.

③　Theodor W. Adorno, *Negative Dialektik*, Berlin：Suhrkamp Verlag, 2015, S. 149.

④　John Holloway, *Crack Capitalism*, London：Pluto Press, 2010, p. 95.

　　裂缝的方法是危机的方法：我们希望从墙壁的裂缝，而不是它的稳固层面来理解墙壁；我们希望从资本主义的危机、矛盾、弱点的角度来了解它，而不是从一种统治手段来了解它，并且我们想知道，为什么我们自己就是那些矛盾。这是危机理论、批判理论。危机和批判理论是不迎合的理论。①

　　这是因为，我们从裂缝、分裂、租金、反抗的空间开始，从特殊性开始，而不是从普遍性开始。我们从世界的不迎合（misfitting）开始，从特定的抵抗、尊严、裂缝的多样性开始，不是从根本不存在的大一统的斗争开始，也不是从统治体制开始。我们从愤怒和失落开始，并试图创造别的东西，因为这是我们生活的地方。也许这是一个奇怪的开始，但我们正在寻找这种奇怪的东西，也就是说，我们是在黑暗中寻找另一种生存方式的希望。② 显然，霍洛威将思考出发点定在非同一性的一面，认为这才是摆脱同一性的真正起点。

　　由拒绝产生的裂缝被尊严充满，"不"不是封闭，而是对不同的活动的开放，是通向不同逻辑、不同世界的入口……尊严是对"不"力量的展开……尊严是否定和创造的活动，掌控我们的生活，它不仅仅是一个问题：如我们所说的，是一个充满可能性的湖中冒出的黑色液体……裂缝是问题，而不是回答。③

三　重申自我：从资本的生产力到"劳动的社会生产力"

　　一般来讲，传统的马克思主义认为，资本主义的危机是一种经济的危

---

① John Holloway, *Crack Capitalism*, London：Pluto Press, 2010, p. 9.
② John Holloway, *Crack Capitalism*, London：Pluto Press, 2010, p. 20.
③ John Holloway, *Crack Capitalism*, London：Pluto Press, 2010, p. 19.

机，进而导致整个秩序的崩溃，并以此衍生新的社会秩序。由此，资本及其垄断成了一个外在于我们的"自然规律"，这种规律就是资本主义发展的历史趋势。这一看法的文本依据是《资本论》及其手稿中的相关讨论，比如第一卷"所谓原始积累"一章。在马克思看来，"资本的垄断成了与这种垄断一起并在这种垄断之下繁盛起来的生产方式的桎梏。生产资料的集中和劳动的社会化，达到了同它们的资本主义外壳不能相容的地步。这个外壳就要炸毁了。资本主义私有制的丧钟就要响了。剥夺者就要被剥夺了"。①这一解释得到了查尔斯·塔克的进一步强调，"《资本论》的整个矛头指向无产阶级革命的'丧钟'，《资本论》在结论中敲响了无产阶级革命的'丧钟'"。② 那么，这个论断在约翰·霍洛威那里意味着什么呢？通过上文对黑格尔的辩证法的批判，我们能够猜想他一定认为，生产力发展冲破生产关系桎梏的看法中隐匿着"生产力"的"神秘原则"，这与绝对精神的辩证法是"同构"的。实质上就资本主义来讲，生产力便是指"资本的生产力"，但是由于拜物教的原因，人们却将其看作人类社会的根本动力。正如马克思所认为的，"协作这种社会劳动生产力，表现为资本的生产力，而不是表现为劳动的生产力"。③ 实际上我们需要认识到，有关"生产力"的传统解释的困境在于，"生产力"被看作一种独立于社会关系的动态的外部力量（技术发展的力量）。

　　这与我们的争论的中心点背道而驰：第一，我们人类是社会的创造性力量，第二，我们的创造力不是脱离社会背景而独立发展，而是在一个对抗和超越的关系中发展。内容与形式的关系既不是独立关系（生产的自主力量与生产关系发生冲突），也不是完全包容关系（生产的力量完全包含在生产关系中并由生产关系所决定），而是一种静态关系，一种相对包容关系，一种对抗和超越的关系。因此，行动（有用

① 《马克思恩格斯文集》第5卷，人民出版社，2009，第874页。
② 〔美〕罗伯特·查尔斯·塔克：《马克思主义革命观》，高岸起译，人民出版社，2012，第48页。
③ 《马克思恩格斯全集》第32卷，人民出版社，1998，第295页。

劳动）存在于抽象劳动的对立和超越中；使用价值存在于价值的对立和超越中；生产力存在于生产关系的对立和超越中。①

由此，这一转换是要提示人们注意"人自身的创造力量、行动的力量、我们能够如何存在的力量"，因而，"在资本主义社会里，我们的行动力量与我们自己分离了，表现为某种异化，表现为资本的力量、资本主义技术的权力"。② 为此，"批判就是恢复社会生产力，把社会生产力理解为我们的行动权，那么我们就是生产力量了。我们是'社会劳动生产力'，'社会劳动生产力'在资本主义条件下，标志着我们行动权的存在，我们拥有从事反对－超越劳动的力量"。③

霍洛威所重视的是"劳动的生产力"而不是"资本的生产力"，这一点显然在国内学术界没有得到应有的重视，学界需要对生产力作更为细致的研究。"劳动的生产力"的意思是，"我们身处其中、反对并超越资本的创造力量"，它是人类社会发展的根本力量。但是，传统的观点认为，在资本社会中的生产力与生产关系之矛盾对立的爆发点达到之前，生产力是在资本内部和谐发展的，对立之后导致破裂，于是便导向了超越资本主义社会关系的拥有新的创造力（生产力）的世界。不过，霍洛威认为，事实并非如此，"从一开始资本就对人们说，你的创造力仅仅在价值生产的界域内是有效的，如果你不生产价值，你的创造便是毫无价值的，从一开始人们就已经处在服从和反叛中"。人类行动的生产力在这种服从与反抗之间不断发展。我们当然不想拒绝我们逐渐增强的行动权、能动性（Being-able-to），因为这是一种完全不同的做事的能动性，换句话说，我们已经挖掘出的对抗和超越资本的技术能力是一种真正不同的行动能力。这不是空洞的口号，而是能够在现实层面真正加以应用的能力，即许多人使用他们的技术从不同的方向推动世界，开发替代性技术，以不同的方式使用他们的技术，表

---

① John Holloway, *Crack Capitalism*, London：Pluto Press, 2010, pp. 245 – 246.

② John Holloway, *Crack Capitalism*, London：Pluto Press, 2010, p. 246.

③ John Holloway, *Crack Capitalism*, London：Pluto Press, 2010, p. 246.

现自己的创造力。① 在"维基式生产"的今天——也可以称为"共享时代",这种劳动行动能力在摆脱资本式生产模式之后所激发的巨大生产力更能体现出来,因为,在共享生产的过程中,人民的行动权得到增强,这在一些西方学者的思考中,成为摆脱资本生产力的一个崭新的探索方向。

从另外一个角度来看,人们对社会的理解依然处于传统的框架之内,在这种框架中,社会被看作一个越来越大的生产单位,从而具有生产社会化的特征,它将我们每个人生活中自我决定的问题还原为计划这种完全抽象的概念,而不是实际的行动过程。在资本社会中,人们很容易发现,行动始终是"被计划"的,即使到了后资本主义时代依然如此。但是,真正应该思考的是这个社会发展的真实力量是什么?霍洛威当然反对资本的生产力,并按照马克思的意思告诫人们要持守尊重劳动的信念,在行动中发挥人自身的力量。不过,人们行动的力量、人的劳动创造力的真正发挥与人们的社会化的实际状况息息相关。共事的人越多,我们的创造力就越强大。正如我们所看到的,问题是在资本主义制度下,社会化是以抽象的形式存在的:它是通过社会不同行动汇合而成抽象劳动才形成的。由此,可以确定的是,对抽象劳动应该采取社会化反抗的形式:做我们自己的事,表达自己的想法,操办微小的事务。②

> 我们行动力的发展不能被理解为对社会化的排斥。相反,挑战在于通过裂缝形成不同的社会化,一种比资本主义的社会综合更松散的社会化——在充分认识到个人和集体活动的特殊性及其对自决的推动的基础上。③

这里的意思是说,行动的力量的发展不能被理解为对社会化的排斥。在资本主义社会中,这种社会化已经被资本掏空了,人与人之间的关系表现为物与物之间的关系,整个资本主义的生产力的发展就是建立在排斥社

---

① John Holloway, *Crack Capitalism*, London：Pluto Press, 2010, p. 247.

② John Holloway, *Crack Capitalism*, London：Pluto Press, 2010, p. 248.

③ John Holloway, *Crack Capitalism*, London：Pluto Press, 2010, p. 248.

会化基础之上的。在霍洛威看来，对新的社会化的探索在当今逐渐活跃，如人们提出均衡经济、尊严经济、替代经济，进行这些设想当然不是为了返回孤立的个体社会。①

这些设想通过对自我与社会化之间关系的再次反思，带来对改变资本主义社会这个问题的崭新理解。如我们所知，在传统的马克思主义理解中，抽象的社会化是需要通过革命加以打破并重新建构的，目的当然是"拯救生产力"（经济层面）。对于这一点，通过霍洛威的文本提示，我们知道这样的理解可能与人的自身发展要求存在偏差。霍洛威认为，资本主义社会表现为一种动态的建构过程，资本就是一个资本家不断地在手里周转增殖的"关系物"，借助的是"行动"到"抽象劳动"不断地转变，抽象是我们的行动从属于社会必要劳动时间的"铁律"，随着生产任何商品所需的劳动时间一天天地、一分钟一分钟地减少，每一时刻，行动在抽象的过程中转变为"抽象劳动"，我们的活动和价值生产的节奏将具有更紧密的从属关系：如果抽象转化没有实现，那么从资本的角度来说，劳动将被证明对社会而言是不必要的和无用的，是一种不恰当的从属（subordination）。因而，人们将在"快点生产，快！快！"的驱使下生活，新机器的不断引进会增强这种逼迫性，但这不代表资本是迫切的，由于在机器上的投资相对增加，资本需要让剥削率也相应提升从而有利于资本主义扩大再生产以维持资本增殖的基本需要，这就是马克思所阐发的利润率趋向下降的规律，这种必然下降的过程就包括我们拒绝从属于资本及其运转规则。

"哦，资本不能再推动我们了，我们是人类而不是机器，我们是拥有生活和爱的人，我们有孩子、朋友和父母"。从而，我们需要"尝试着做人，和朋友聊天、恋爱，在资本的动态过程中不停地转动，转而进入不服从的状态。反过来说，正是这种努力成为人类也即我们革命的希望，是对另一个世界、另一种行动、另一种联系方式的潜在突破"。②

---

① John Holloway, *Crack Capitalism*, London: Pluto Press, 2010, p. 248.
② John Holloway, *Crack Capitalism*, London: Pluto Press, 2010, p. 251.

　　从我们自身出发，整个生活的目的只是成就自身特别是满足相关的情感、尊严需要，而非成就一个外在于我们的抽象化的资本关系，所以，突破现有资本世界的关系网，试图去寻找另一种行动、另一种社会关系是有希望的。这种突破进一步体现为霍洛威的核心概念——"裂缝"，正如他自己所说，"当他们谈论自己的时候，实质上他们谈论的是断裂的力量；我们谈论行动反对被'抽象劳动'化的力量"，在这样的谈论中，"我们时刻认识到我们自己人生的丰富性、尊严、我们的创造力量、我们的行动，以此去反思整个资本生产力的范畴、反思注入马克思主义传统中的生产力与生产关系的冲突"①，由此我们便能够看到诸多资本主义的裂缝，主体自觉地从外在的资本链条中"裂解"，回归自身生命的丰富性。霍洛威在这里对资本主义批判与改造的构想显然消解了传统马克思主义的革命观念。

　　从以上分析可以看到，霍洛威意图使人们从一种"黑格尔式"的马克思主义传统理解中走出来，走向阿多诺式的马克思，这有其深刻性。不过，当他踩着这个"脚手架"朝着人的解放攀爬的时候，他剔除了普通人出于生存必须适应资本的需要这一同一性的法则，片面地强调朝向自己生命与资本进行"非同一化"的裂解，这种攀爬显得过于理想，他没有看到资本主义所建构的同一性植根于资本主义生产方式，而要解决同一性带来的问题，只能通过对生产方式的革命。

---

① John Holloway, *In, Against, and Beyond Capitalism: The San Francisco Lectures*, Oakland: PM Press, 2016, p. 37.

第四章
"劳动尊严"与抵抗政治学

从上一章，我们已经看到霍洛威表达了对寻找另一种行动、另一种社会关系的向往，从而主张抵抗现有的社会关系，特别是抵抗资本逻辑造成的同一性。现在我们再聚焦到霍洛威所主张的重新深化"劳动解放"的论题，以此为个案来呈现他独特的抵抗政治学。在霍洛威看来，当今人类的行动（Doing）被抽象化为"劳动"（Labour），这已经成为封堵人类走向"类本质"世界的围城，体现为封闭人们的身体与心灵、"抽象劳动"的人格化、残暴与血腥的厌女症、自我劳作权的"颠倒"等问题。为此，他以"劳动尊严"为核心构想一种消除权力关系的"裂缝式的革命"。但是，一旦深入劳动自身便可以确证霍洛威思想的限度，"劳动解放"不能偏于"积极的劳动"之一极来寻求，而应该是基于克服"消极的劳动"的一方面，并辅以对"积极的劳动"的倡导，从而在两者具有一定张力的实践中逐渐展开。他所谓的"消极的劳动"便是被资本所奴役的劳动形式，之所以要朝向这一方面，是因为他的抵抗理论认为，劳动的积极形式只能是通过抵抗"消极的劳动"形成的。

我们知道，"劳动解放"（Die Emanzipation der Arbeit）是马克思思想中的一个核心概念，在思想史上，存在一种似乎占据主流的阐释方式：从"雇佣劳动"走向"自由劳动"、从"奴役劳动"走向"自主活动"便是"劳动解放"。这种理解在当下的国内学术界，进一步关涉如何在社会主义制度下积极倡导超越谋生劳动从而走向真正的人的自由自觉的活动，并且以劳动为自由与平等建构的原点来倡导劳动解放的观念。毫无疑问，这与一直倡导以瓦解"资本逻辑"强化马克思思想力量的路数并非一致。表面看来,其似乎是十分必要的视域,之所以说其"必要"倒不是说现有的"劳动解放"阐释者已经把这一问题说得多么清楚,而是说,它重新以"劳动"为核心来建构人类解放,或者说建构一种有别于以交换为主导的人类存在方式,无疑具有新的意义。但是,国内部分研究在理解"劳动"时并未将其与"抽象劳动"形成的社会机制关联起来加以深刻把握,从而可能陷入一种空洞的道德吁求。在霍洛威的文本中,我们看到了与此路径相似,并走向政治实践思考的阐释方式,这位开放马克思主义学派的开创者为我们提供了如下思考:人们已经深陷抽象劳动这座人类自己创造的"围城"之中,谩骂、责难资本给人类带来的灾难,仿佛资本逻辑是外在于人而存在的,实则应该反其道思之,瓦解资本逻辑是指每个人放弃以抽象劳动为主导的"劳动",转而以"否定""呐喊"的姿态面对现实存在的非人化的"事物化"与"物化"交融的世界,并在此基础上,建构一种有关劳动的"尊严的抵抗政治学"(Anti-Politics of Dignity)。下面我们将通过展示霍洛威的相关思考,并通过"积极的劳动"与"消极的劳动"的辩证关系对"劳动解放"的重构理论进行反思,从而指明"劳动解放"概念至少包括两种向度,在这个意义上,霍洛威的理解偏离人的生存现实境遇,终究在人本主义的思维中兜圈子。

一 立足"抽象劳动"是重申劳动者尊严的"现实根基"

1938 年,海德格尔在《世界图像的时代》(*Die Zeit des Weltbildes*)中的"诊断",鼓励人们对表现本质的"现象"(Erscheinungen)进行足够的反思,而形而上学是这个时代所有现象的支撑点,在他列举的当下时代的根本现象的五个例证即科学、机械技术、艺术、文化政治、脱神(Entgötter-ung)[①]中,找寻不到对资本、劳动的判断。但是,我们从海德格尔重返马克思,或再往前深入到 1801~1806 年耶拿时期的黑格尔,便能够更明晰地看到

---

① Martin Heidegger, *Holzwege*, Frankfurt am Main: Klostermann, 1977, SS. 75 - 76.

一个不断出现的概念："抽象劳动"（Abstrakte Arbeit）。① 但是，在当今阐述劳动尊严或者倡导社会主义劳动观的时候，人们并未能更真切地揭示已经成为社会"教化"原则的"抽象劳动"的内涵。在《裂解资本主义》一书中，如果我们关注一下第十四到第二十二节，就会看到霍洛威用这九节内容专门论述了"教化"的普遍性。首先，他认为，抽象劳动已经封闭了我们的身体与心灵：

> 劳动以明显的方式囚禁我们的身体：在我们大部分的清醒时间里，劳动把我们关在工厂、办公室、学校，或者把我们束缚在电脑和手机上。但是还有一种不太明显的方式，资本主义劳动所涉及的抽象也创造了一个同样深刻的监狱，一个包围着我们思想的监狱——我们的思维方式，我们使用的概念。我们存在的核心是分裂，我们自己与我们所做的决定分离。这种分离影响着我们生活的方方面面。②

当然，从整个文化氛围看，抽象劳动的规则已经深深地影响到每个人的日常生活，诸如抽象劳动时代下的"房子"几乎成为网络与日常生活中最热的词，即便是多年未见的朋友叙旧，最后也会触及"房子"的话题，这个概念已经被赋予太多的文化意义，至少与"幸福""成功"勾连在一起，诸如此类的概念已经构成对人们生活的严重束缚。劳动必须朝向资本，背后有强硬的教化原则作为支撑，而这种教化原则在马克思那里进一步转化为"拜物教批判"，这是至今依然需要进一步深化的论域。③

其次，霍洛威认为，"人类的行动被抽象化为'劳动'是一种人格化、角色化，以及工人阶级形成的过程"④：

---

① 关于耶拿时期黑格尔对抽象劳动与资本主义批判的论述，可参见 Giorgio Cesarale，*Hegel's Notion of Abstract Labor in the Elements of the Philosophy of Right*；Andrew Buchwalter，*Hegel and Capitalism*，SUNY Press，2015，pp. 87 – 100。

② John Holloway，*Crack Capitalism*，London：Pluto Press，2010，p. 109 – 110.

③ 参见孙亮《重审〈资本论〉中的"正义"概念》，《学术月刊》2015 年第 3 期。

④ John Holloway，*Crack Capitalism*，London：Pluto Press，2010，p. 114.

　　想一想火地岛的亚玛纳人，只要行动费些精力，他们便会躺在那里很久，什么都不做。他们没有形成劳动，因为他们不是工人。尽管在 19 世纪的时候，一群英国人教他们说英语、喝茶、衣着得体、让他们市民化，最后仍不会产生任何效果。因为当他们回到本土的时候，就会脱掉衣服，重新恢复他们野蛮的习俗。①

　　其实，这种抽象化劳动的"人格化"便是分工所带来的对劳动者的规训结果，在现代社会中，无论如何，我们都将被训练为一个符合"抽象劳动"原则的工具，以便迎合围绕交换所建构起来的"市场规则"，每个人要戴上市场需要的"人才面罩"生活，也就是说，这不是一种表面看来的个体意志的结果，而是社会关系结构塑造的结果。例如，"这些'人格化'限制了我们。只要我是大学教师，我就要做某些事情，而不能做别的事情。我们的身份是有限的，也是可以分阶层的。在我作为大学教师的范围内，我属于某一阶层，大学教师的阶层。'人格化'的世界是一个有秩序的世界，一个可以分阶层的世界，一个人们践行社会功能的世界，一个可以以功能主义理解的世界。一个无处革命的世界"。②

　　针对这一点，霍洛威的分析至少让人们看到一点，那就是当人们在思考资本主义乃至社会主义的劳动时，必须将之置放到"抽象劳动"所建构的关系之中，这样方能准确地理解。那些推崇人在劳动中应当享有尊严或者据有劳动本身的自由维度的看法，也必须以认识这种抽象劳动的教化原则为基础。

　　抽象劳动或者说资本主义是建立在残暴与血腥的"厌女症"之上的，当霍洛威这么表述的时候，着实令人有些不适与惊异。不过，依照他的解释，在货币经济的时代，男人的工作决定了家庭的生活条件，而家庭再生产的工作越来越被视为不重要的事务，女性的劳动从各种付酬的劳动中排除出来，但女性依然被限制在各种服务、再生产的劳动之中。从而，整个资本主义的生产毋宁说是"拟男性"这样一种"人格化"的再生产，这是

---

① John Holloway, *Crack Capitalism*, London：Pluto Press, 2010, p. 114.
② John Holloway, *Crack Capitalism*, London：Pluto Press, 2010, p. 115.

一种对女性的消解（mutilation），因为，"进入工资劳动中的女性，便进入到一个男性逻辑与资本逻辑常常难以区分的世界"①：

> 这也是一个禁锢：不仅是女性的身体，也包括她们的行动。女性/家庭主妇的活动没有直接包含在雇佣劳动中，但是它却在服务和再生产的雇佣劳动的限制范围内。原始积累涉及双重人格化：劳动的人格化和劳动者助手的人格化。这种双重限制曾是（现在也是）一种双重迫害，是两种人格、两种身份（被接受或反对）的创造。②

这一点，实际上无论是马克思还是卢卡奇都曾揭示过。随着现代机器化生产的铺展，其必然对劳动者本身进行全方位的吸纳，儿童甚至也被吸纳到资本主义的生产过程之中。当然，霍洛威比他们更进一步的是，他指出这种"厌女症"进一步导致"性双型"（Dimorphism）的扭曲样态。"女性与男性不应该被看作一种超越历史的范畴，而是资本主义社会关系的具体形式，类似于价值、货币与国家"，也就是说，性别只是社会实践的结果，它也是整个社会关系之网所建构的世界的一部分，性别的规定来自社会，并非个人的选择。霍洛威这么说，是因为他认为不管性别问题多么复杂，核心在于我们要行动。当我们无法驾驭自己所创造的世界、当被创造出来的世界反过来消解我们，这个时候我们唯一的选择是停止创造它，而尝试去做别的事情。

> 然而，统治的特定模式不是发生在我们身上的事情，也不是他们（男人、资本家、任何人）强加给我们的东西，而是我们通过我们的活动和组织方式所创造的。这就是人类批判的重要性：只有将一切追溯到我们自己的行动、我们自己的创造力，我们才能回答如何不同地行动的问题。③

---

① John Holloway, *Crack Capitalism*, London：Pluto Press, 2010, p. 121.
② John Holloway, *Crack Capitalism*, London：Pluto Press, 2010, p. 120.
③ John Holloway, *Crack Capitalism*, London：Pluto Press, 2010, pp. 123－124.

于是，"性"在以抽象劳动为主导的交换社会中，逐渐变异。人类的行动被抽象化为"劳动"，这同时是人们逐渐从自然的生存环境中分离出来的过程。一方面，这不仅仅是马克思在原始积累意义上所批判的"明显的阶级掠夺"的方式，它将人们从原有的"土地"中驱赶出来，这一点，诚如哈维等城市研究领域的学者所言，在现代城市化意义上，则表现为人们被迫从原有的空间中走出，进入另一个预定的"空间"，后一个"空间"是地地道道的商品化关系的产物。换句话说，原先以"权力"的方式赤裸裸地呈现出"驱赶"，而如今在城市化的过程中，社会以商品化的"自觉自愿"的表现形式完成了"分离"。另一方面，这种人与生存环境的"分离"也打破了人类生存必要的平衡，"这便创造了人类与我们生存其中的自然之间的代谢的断裂，这种断裂如今日益显著地威胁到我们每个人的生存，这与行动被抽象化不可分离。因为，对于离开生存环境（空间）的人们来讲，只能向生产资料所有者出卖自己的劳动力以求在新空间生存，除此之外，别无选择"，[①] 原先的生存空间或者说自然环境便成了人们的"改造客体"，一种意欲商品化的对象物，自然与人同时"事物化"（Versachlichung），成为资本增殖的"基地"。

最后，劳动的抽象化除了带来时间的同质化等问题之外，更为严重的是，这种抽象还伴随着对自我行动权的"颠倒"。当我们说有尊严的劳动，准确地说应该是行动时，首先是指我有一种选择权，但是，在商品化的抽象劳动建构起来的社会中，任何一个人的劳作都有一个衡量的标准，它决定了你必须做什么、做的方式、做的速度等，甚至是有没有机会做。"我的行动已经转变成了劳动（Labour），同时，我行动的权力（Power-to-do）也转变成宰制我们的权力（Power-over us）"，因为，原先，我们的权力是一个动词，现在已经成为一个名词，它成为外在于我们的一个物（thing）。"当我们面对我们所做的一切，我们哀叹并咬牙切齿，但是，令人讨厌的事情依然需要继续去做，我们重复外化我们的权力，将我们创造的权力颠倒为一个宰制我们的淡漠的、异化的权力"。[②]

---

① John Holloway, *Crack Capitalism*, London：Pluto Press, 2010, p. 126.
② John Holloway, *Crack Capitalism*, London：Pluto Press, 2010, p. 130.

我们觉得我们的权力是一个动词，具有能动性。然后，正如我们所看到的，我决定做可以在市场上出售的蛋糕。一段时间之后，我意识到，为了生活，我需要以一定的方式和一定的速度生产。市场衡量我的烘焙，并且这种衡量反馈到我的活动中。可以看到，我的行动已经转变为劳动，同时我的行动权已经转变成别的东西：在我们之上的客观力量。我们对我们自己的活动不再有决定权。①

毫无疑问，从这个意义上讲，霍洛威对权力的分析是基于"死劳动"对"活劳动"的宰制权来讲的，这是其深刻的一面。至少在现有的权力研究中，这种接近马克思式的权力批判路径依旧是处于遮蔽状态的，或者严格一点而言，对权力的反思与批判还处于政治经济学批判视野之外。霍洛威作为当代激进思潮中的少数学者之一，反复强调要将权力置放到劳动成为"抽象劳动"这个基本背景中加以阐释，这一方面与反权力中心化的福柯及受福柯影响的诸多学者看法是不同的，另一方面，也与将权力完全置放在纯粹政治领域中的理解截然有别。

二　在"裂缝"中寻求"自我解放"

以暴力革命变革生产资料所有权方式，从而改变整个"抽象劳动"所建构的交换社会，这是传统的革命政治的理解方式。与此完全不同的是，霍洛威在其整个思想建构中，力图从原有的"资本逻辑"这种他律的路径中走出来，转而从"行动"的自我决定视野出发思考劳动解放问题。基于此种转变，他阐释了一种重新理解权力关系的"裂缝式的革命"（Interstitial Revolution）。依照他的理解，传统的马克思主义在对革命的理解中，往往集中思考对"权力"的革命，但是问题在于，革命的目的并非要取得权力，而是要自我解放，因而，应当从权力的根源着手切断权力，这种来源表明"破裂始于拒绝，始于'不'——不，我们不会帮你放羊，帮你耕地，帮你

_____

① John Holloway, *Crack Capitalism*, London：Pluto Press，2010, p. 130.

造车，帮你考试。权力关系的真相被揭示出来：强者依赖弱者。上帝依靠他的奴隶，资本家依赖创造他的资本的工人"。① 换句话说，现有的权力架构正是由无权之人建构起来的，上帝的力量也不过是无权的奴隶所赋予的。

因而，不再是去取得权力，而是停止制造权力。人们在批判权力对人的宰制的时候，更多地遗忘了我们每个人都是权力的制造者，"我们就是资本的危机，并生产它们"②，将宰制力量的来源归于我们自身，革命的方向便随之改变，"我所建议的是，革命的方式正在发生变化。二十世纪占主导地位的革命概念集中在征服国家权力的问题上。其目标是征服国家权力，并由此带来社会的重大变革"。③ 所以，对我们每个人来讲，在面对"行动"被抽象为"劳动"时，要寻求一种尊严，那么首先得是作为力量来源的我们学会"否定"或者是"拒绝"。"尊严能够填充由拒绝所创造的裂缝，否定并非封闭的，而是向不同行动的开放，是另一个与不同逻辑与语言相对应的世界的门槛。因而，否定打开了一个时空，在其中我们以主体而非客体生活"。④ 借助此种否定而寻求到的尊严，实质上是一种自我能够决定做什么，而不再是完全将自身的行动交付于商品交换的规则。所以当劳动者有了说"No"的权力并享有尊严——"我们从愤怒、失落以及试图创造另外的东西开始，这才是我们生活的地方、我们的归宿感所在之处。也许开始时，这是一个陌生的地方，但是，我们正在寻求一个陌生的东西，我们正在黑夜中寻找希望，试图理论化这唯一的希望"，改变便随之而来。⑤

为了具体阐释这种裂缝如何真正带来劳动尊严，霍洛威又从三个方面给予了说明。首先，裂缝是一种在对资本主义说"No"的过程中，想象完美而平凡的另类生存方式，"我们呐喊并非因为我们知道落入蜘蛛网中后确定性的死亡，而是我们梦想着解放自己"⑥：

---

① John Holloway, *Crack Capitalism*, London：Pluto Press, 2010, p. 17.

② John Holloway, *In, Against, and Beyond Capitalism：The San Francisco Lectures*, Oakland：PM Press, 2016, p. 50.

③ John Holloway, *In, Against, and Beyond Capitalism：The San Francisco Lectures*, Oakland：PM Press, 2016, p. 50.

④ John Holloway, *Crack Capitalism*, London：Pluto Press, 2010, p. 19.

⑤ John Holloway, *Crack Capitalism*, London：Pluto Press, 2010, p. 20.

⑥ John Holloway, *Change the World Without Taking Power*, London：Pluto Press, 2010, p. 6.

我们的呐喊是二维的：因当下愤怒发出的呐喊本身孕育着希望，它预示着一种可能的差异。这种呐喊是令人欣喜的，在它自身凸显的字面意义上指向开放的未来。我们狂喜地呐喊着。我们超越了自己，存在于两个维度中。呐喊意味着存在和可能存在之间、陈述语气（存在）和虚拟语气（可能存在）之间具有张力。我们生活在一个不公正的社会，但我们希望它不是这样：这句话的两个部分是不可分割的，并且存在于彼此的持续张力中。呐喊不要求被未来的实践证明是合理的：它仅仅承认了现实的双重维度。①

正是从说"No"的那一刹那起，我们不打算做资本主义社会期望我们做的事情，而是要做我们认为是必要的和想做的事情，我们将这种否定的空间与时刻握在自己的手中，并试图让它成为一个自我决定的空间和时间，拒绝让金钱（或其他异化的力量）主宰我们去做什么。② 因而，这种裂缝可以被我们想象为一种自觉地与资本主义拉开的"距离"，它可能"产生于拒绝资本主义限制的一群人的有意识的决定，也可能是人们不愿意使他们的生活屈从于资本需求，并尽可能找寻一种抵抗与超越现有体系的生存方式。或者各种群体聚在一起建立一个社会的中心，作为一个抵抗资本主义的活动中心与发展其他社会关系的空间"。③

这样一来，虽然松散的"拒绝"也可能形成一种对资本主义核心逻辑的共同拒绝，并试图做另外的事情，实质上，霍洛威在这里不过是强调两个逻辑：一个是自我决定的抵抗逻辑；另一个则是资本逻辑。他意图以主体对资本逻辑的"否定"来建构另类生存方式，而任何一次拒绝都是新的合乎生命的生存方式的起点。日常生活的每一次否定所展示出来的是，"在大多数看起来无害的例子中，总是存在一个不服从或非隶属的姿态，尊严是等不来的，裂缝是此时此地的不服从，不是一个对未来的规划，它不是在革命之后，我们的生活将不再服从于资本，而是此时此地，我们的活动拒绝服从资本

---

① John Holloway, *Change the World Without Taking Power*, London：Pluto Press, 2010, p. 6.

② John Holloway, *Crack Capitalism*, London：Pluto Press, 2010, p. 21.

③ John Holloway, *Crack Capitalism*, London：Pluto Press, 2010, p. 23.

的规则"。①

其次，也即"裂缝"第二个维度的意思是，它是等级制度的不平等关系被废除，而非简单的"颠倒"。对于这一"废除"，霍洛威从两个方面给予刻画，其一是游行，其二是大灾难。关于游行，他引用巴赫金（Bakhtin）的话来陈述游行是一种过渡性解放的胜利，它假定了等级关系、特权、规则以及禁令的暂时性废除，从而，游行是一种对永恒、完美、常规的挑战。在游行中，这种裂缝才能够显现出来，"在这一时刻，统治关系被打破，其他关系则被创造出来"。② 实际上要理解霍洛威的陈述并不困难，例如公路、广场这种基本的"公共性资源"，也只有在游行队伍进入的那一时刻，才真正地属于游行者自身，而在平时，这些公路、广场也不过是有利于社会治理的"基础设施"。更何况，游行吁求的是更多的、更为急迫的"公共性资源"。但是，需要注意的是，在霍洛威的主张中，游行者并非要将现有的权力关系加以颠倒，而是要以游行的方式来彰显权力被废除的可能性，这便是裂缝式革命的本意。除了游行，能够呈现废除权力关系的情况便是"大灾难"。依照他的看法，诸如地震、飓风、海啸以及战争这样的大灾难，给人类带来的不仅是痛苦，也会带来原有社会关系的崩溃，一种完全不同的人与人之间的关系、支持与团结的关系便会突然出现。③

之所以作如此思考，根由在于，霍洛威认为，人们只有将现有的抽象劳动所建立起来的社会关系消除掉，才能够真正回到生命本身的存在方式，而在大灾难面前，这些关系必然是短暂地消除了，譬如在地震的那一刻，人与人之间的生命与情感维度才"迸发"出来，此时，资本所建构的社会关系真的断裂了。不过，要注意的是，"尽管裂缝并非是通往革命道路的一个阶段，但它是一个方向，是照射进黑夜的尊严的灯塔"，所以，这种裂缝应该一直在心中持有，"它永远不会封闭，即便它受到暴力的压制"。在当今反对从劳作到抽象劳动所建构的世界中，"需要去消除资本主义，需要一个社会的持久而激进的转变，这比以往更加急迫，但是，完成这些任务的

---

① John Holloway, *Crack Capitalism*, London：Pluto Press, 2010, p. 26.

② John Holloway, *Crack Capitalism*, London：Pluto Press, 2010, p. 31.

③ John Holloway, *Crack Capitalism*, London：Pluto Press, 2010, p. 31.

唯一路径是，在现有的统治结构中，承认、创造、扩展、繁殖各种此时此地的裂缝"。①

具体而言，需要"重新收复行动，以及推动'行动的权力'的发展"②：

> 资本的断裂不足以让我们逃离，不足以让我们呐喊。不管是理论上还是政治上，否定性，我们对资本的拒斥，都是关键的起点。但仅有拒斥容易被资本再套牢，原因很简单，因为这种拒斥反对的只是资本对生产方式、行动方式和生活方式的控制。对于进一步壮大的呐喊而言，必定存在着行动的复原，制宪权的发展。这意味着要重新获取行动方式。我们必须将革命理解为社会关系脱节的加剧。③

这当然更涉及制宪权的问题，因为从自我的劳动出发，将行动权收回到主体手中，展现在一次次的呐喊之中。"逃离不仅仅是逃离，'不'也不仅仅是'否定'。至少，呐喊是令人兴奋的：在拒斥现存时，它能够规划出已经存在于现实中的某种理念。斗争很少是纯粹的斗争。斗争的经验已经涉及人与人之间的关系的发展，这种关系与资本主义的社会关系是不同的。"④

最后，也即"裂缝"的第三个维度是一种对尚未存在的"不对称"（a-symmetry）世界的探索性创造。裂缝拒绝以乌托邦的形式实现对未来的构想，因为，"对乌托邦的详细描绘可能是振奋人心的，但是，如果将它作为一个社会应该如何组织的一种模板，它立刻变为压制性的东西"。所以，不应该考虑裂缝或一个与现存对立的世界其具体内容是什么样的（what），而应该更多地关注它是如何（how）组织起来的。换句话说，裂缝中的"自我决定"并不是一个内容的问题，而是一个应当不断被理解为社会过程的推动方式。在这个视角下，我们将看到，霍洛威从来不认为存在一个"具体

---

① John Holloway, *Crack Capitalism*, London：Pluto Press, 2010, p. 35.

② John Holloway, *Change the World Without Taking Power*, London：Pluto Press, 2010, p. 208.

③ John Holloway, *Change the World Without Taking Power*, London：Pluto Press, 2010, p. 208.

④ John Holloway, *Change the World Without Taking Power*, London：Pluto Press, 2010, p. 208.

的模板"拥有能被直接运用的革命内容，而是不断地指明这仅仅是一个方式，裂缝首先是指与资本主义关系的破裂。"它并非可以应用的模板，仅存在一个与资本主义关系不对称的原则。如果资本主义是对自我决定的否定，那么，对自决或自治的推动必须从根本上不同于资本的组织形式。如果我们的斗争与资本的形式不是'不对称的'，那么，它便只是简单地再生产资本主义的社会关系，无论其内容具体是什么。"①

这种对"不对称"世界的探索，正是霍洛威所说的"尊严的抵抗政治学"的本意，因为，尊严是对否定的主体重新给予肯定，抵抗那些将我们视作客体、否定我们决定自己生活的能力的世界。当然，尊严不仅意味着肯定我们自己的尊严，也意味着承认别人的尊严。这是无须继续等待的，而是当下即可行动。所以，要不断地与那些否定我们作为人而相互承认的关系展开搏斗，这意味着，"拒绝接受性别主义、种族主义、老年歧视，以及所有那些不把人当作人来对待，而只是作为标签、定义和分类的体现来对待的行动"。②

很显然，"不对称"体现在尊严与资本之间，"不对称"的世界是一个充满爱的、相互承认的、有尊严的世界，这个世界并非具有某种超越历史的品质而高高在上，尊严不过就是抵抗和超越现实种种压制性而展现出否定性的斗争。也因此，霍洛威认为裂缝是抵抗政治的探索，在探索中我们以尊严为依托，并不意味着我们希望有一天到达一个预先存在的尊严世界，而是"这种尊严本身就是一种探索，一个创造抵抗资本和超越资本的社会关系的转变过程"。③

三 "劳动解放"何以可能的前提追问

通过上述讨论不难发现，霍洛威虽然对人类生存的异化状态在于"抽象劳动"过程给予了"诊断"——毫无疑问这是一个正确的理解方向，但

---

① John Holloway, *Crack Capitalism*, London：Pluto Press, 2010, p. 39.
② John Holloway, *Crack Capitalism*, London：Pluto Press, 2010, p. 40.
③ John Holloway, *Crack Capitalism*, London：Pluto Press, 2010, p. 43.

是，其解决方案仅限定在"尊严的抵抗政治学"这一点上则值得进一步讨论。至少应当追问的是，他所谓在"尊严"意义上的"劳动解放"是否真正地触及解放的本意？按照早期马克思对解放的理解，"任何解放都是人的世界，即各种关系返回到人本身"（Alle Emanzipation ist Zurückführung der menschlichen Welt, der Verhältnisse, auf den Menschen selbst），[①] 其条件则在于，"只有当现实的个人把抽象的公民复归于自身，并且作为个人，在自己的经验生活、自己的个体劳动、自己的个体关系中间，成为类存在物（Gattungswesen）的时候，……人的解放才能完成"。[②] 仅仅依靠尊严这一个维度，是否能够使人成为"类存在物"？深入一点看，霍洛威的逻辑实质是"同义反复"，因为人以在"裂缝"中捍卫尊严的方式对待自身的活动，所以，人的活动是"有意识的自主活动"。

但问题并非霍洛威想象的那么单一，劳动本身除了尊严还有逼迫与无奈。实质上，将人的解放或者说劳动解放置放到"社会存在"维度看问题的马克思，已经明确地阐述了劳动的双重向度，特别是以社会形式分析的方法去理解劳动。一个是积极的劳动，即有意识的自主活动，这是从人的自我生成意义上来讲，人在劳动中，以人的方式改造外在世界，外在世界作为人本质力量的"表现物"，"正是在改造对象世界中，人才真正地证明自己是类存在物"。[③] 所以，自主的活动就是人作为类存在物的活动，而且这种劳动必须打破人与人之间的隔离，走向联合，这是劳动的精神层面。另一个层面是消极的劳动，对这个方面的讨论，黑格尔对"抽象劳动"的分析是值得注意的。耶拿时期的黑格尔给予"消极的劳动"（抽象劳动）很多的讨论，例如尼古拉斯·莫瓦德（Nicholas Mowad）在《黑格尔的抽象劳动与资本主义批判》一文中指出，早期的黑格尔反复强调以"抽象劳动"为中介建立起人与人之间的普遍联系，人们各自的劳动并非人对人本质力量的占有，而是自我本质力量的毁灭，"市民社会的动力生产不是普遍的享有，而是部分的占有，沿着其他人的苦难的财富被集中在少数人的手里，

---

① Marx, Zur Judenfrage, *Marx Engels Werke*, Bd. 1, Berlin: Dietz Verlag, 1976, S. 370.

② Marx, Zur Judenfrage, *Marx Engels Werke*, Bd. 1, Berlin: Dietz Verlag, 1976, S. 370.

③ 《马克思恩格斯全集》第 3 卷，人民出版社，2002，第 274 页。

同时，许多人被迫成为贫穷与被排除者，永久隶属一个下层阶级，这个阶级遭受的不仅是身体更是道义上的痛苦。即使由福利机构所维持着，其成员依然缺乏荣誉与由他们自己所提供的自尊"。① 这是劳动的物质层面，或者说是现实的层面，也是无奈的一面。马克思更是从资本主义社会生产关系这一劳动的前置条件出发，分析了劳动在与生产资料分离之后，所面临的被资本吸纳的命运。

由此，讨论"劳动解放"就不能仅仅在"积极的劳动"的"类存在"这一层面来讲人的解放，虽然，诚如阿甘本所说，作为类存在的个人"不会觉得其他个体与自身是疏离的"，但是，每个人都在一个现实的"消极的劳动"层面展开自己的生活，这是一个"表现为"人人相互依存、人人劳动为他人的社会，实质上这个社会处于完全疏离的状态。在当下，人们普遍感受的并非情感的日益增加，而是陌生甚至是冷漠。因而，"消极的劳动"便是人作为类存在的相反的运行方向。于是，"消极的劳动"便成为理解"劳动解放"的关键所在，这一点，霍洛威虽然比一些学者对"劳动"所作的人道主义理解更加深刻，毕竟他大篇幅地阐述抽象劳动以及拜物教等问题，但是，他并没有将"抽象劳动"背后的资本主义社会生产关系的结构性变革作为"劳动解放"的根本点，而只是告知人们需要转向"积极的劳动"，这无法达成改变劳动处境的目的。我们需要将"消极的劳动"再向前推进，作一些"激进的"阐释，以便勾勒出劳动自身所具有的"消极"与"积极"的张力。

我们不再赘述"消极的劳动"给人带来的恶果。问题在于，这种劳动偏离类本质而存在的原因是什么？如果只是从劳动本身来说，马克思在《资本论》中的理解也能够提供文本的佐证，"资本是死劳动，它像吸血鬼一样，只有吮吸活劳动才有生命，吮吸的活劳动越多，它的生命就越旺盛"②，"死劳动"压制"活劳动"已经成为残酷的现实生活原则。任何"消极的劳动"均受着"死劳动"的纠缠，从历史发展的角度来看，"如果

---

① 转引自 Andrew Buchwalter, *Hegel and Capitalism*, New York: State University of New York Press, 2016, p. 73。
② 《马克思恩格斯文集》第 5 卷，人民出版社，2009，第 269 页。

在一个经济的社会形态中占优势的不是产品的交换价值，而是产品的使用价值，剩余劳动就受到或大或小的需求范围的限制，而生产本身的性质就不会造成对剩余劳动的无限制的需求"。[1] 但是，资本在原初积累之后，便以"抽象劳动"的"教化"作用，使得一切都被裹挟进资本增殖的世界之中，关于此，马克思已经通过揭示商品的价值概念，以及"物权"的交换条件等，一一展示了交换社会逐步建立的画面。不止于此，马克思的《资本论》想拆解这个交换主导的社会经济形态，显然，解决方案是通过两个层面的连接点来构想的，那便是资本生产的内在矛盾与无产阶级革命的聚焦。毋庸置疑，这种设想并未使人类历史真正迎来一个将"剩余劳动"控制在最小范围乃至使其消失的局面，事实是"剩余劳动"不断地延长。原先马克思讨论的是绝对剩余价值依靠延长劳动时间，相对剩余价值依靠技术更新，如今，人们的生存方式深受数据化了的新技术影响，资本主义生产、交换、分配、消费各个领域都在发生全方位的变革，资本主义进入对劳动时间全方位占有的时代。乔纳森·克拉里（Jonathan Crary）在讨论"晚期资本主义与睡眠"这一论题时讲得再清楚不过了，资本增殖吸纳时间的要求必然伴随着睡眠的不断缩减，"今天到处对睡眠的侵蚀并不惊奇，基本都是由于经济的原因"。[2] 而且资本的生产伴随一般智能时代的来临，资本开始裹挟人的意识即精神世界，这直接突破了生产资料的有限性，于是，"消极的劳动"越陷越深，而劳动向"类本质"展开的维度却被堵得毫无出口，因而，在马克思的思路中，他要求以重新配置生产资料的方式颠覆现存的财产权结构，从而塑造一种新的生存方式。

但是，马克思这一设想的"现实遭遇"并不能说明霍洛威沿着"积极的劳动"这一维度所寻求的解放道路就是可行的。今天，人们的生存方式依然深陷"消极的劳动"之中，为了生存，大多数人根本没有选择生存方式的机会。要以"尊严"的名义来看待劳动，将这种"积极的劳动"看作生命本质的塑造，恰恰遗忘了生活本身所面临的"现实的统治关系"。摆脱

---

① 《马克思恩格斯文集》第5卷，人民出版社，2009，第272页。

② Jonathan Crary, 24/7: *Late Capitalism and the Ends of Sleep*, London and New York: Verso Press, 2013, p. 11.

贫困的艰难岂是仅仅呼唤尊严便能破解的，在权力、资本面前，尊严的力量甚至不值一提，这一点无须理论，仅凭生存经验便可识破。更为严重的是，资本一方不断地吸纳劳动者一方，劳动者一方已经失去了拒绝吸纳的任何可能，被吸纳的既包括身体，也包括意识。"资本主义生产比其他任何一种生产方式都更加浪费人和活劳动，它不仅浪费人的血和肉，而且浪费人的智慧和神经。"① 实现这一切的可能需要"权力"的介入。也正是在这个意义上讲，西方的学者并不赞同马克思所谓的"权力"不过是经济附属品的观念，恰恰相反，他们认为资本的市场往往最终流向了权力的一方。因而，批判权力，弱化权力，甚至像霍洛威这样的开放马克思主义代表主张彻底"消解权力"，不要再试图颠覆什么权力了。无政府主义者便是将此作为其核心理念，在他们看来，权力是社会最大的病毒，"生命的世界已经关闭，生命被关在权力之中。这个世界已经缩减为一个系统"。② 因而，霍洛威主张，只有彻底远离这一点来组织社会，人类新的生存方式才有可能。不过，不管哪一种理论探讨，都难以找寻行动的革命主体，商品化越深入，人们越缺乏历史意识、越发没有历史的担当，一切现在表现为未来，眼前的就是我们终了的世界。拜物教意识的遮蔽不在于我们看不清现实而无法"苟且"地生活，恰恰相反，拜物教意识"帮助"人们安然地如此"苟且"下去，仿佛再坏的世界也只能如此这般地坏下去，霍洛威的这种担忧是现实的，主体如何重新突破现有的商品化的权力关系成为难点。

基于上述反思，我们至少可以肯定的是，"劳动解放"不能偏于"积极的劳动"之一极来寻求，而应该是基于对"消极的劳动"这一方面的克服，并辅以"积极的劳动"的倡导，从而在两者存在张力的实践中逐渐展开。为此，霍洛威这样的无政府主义的权力批判也有其现实意义，前提是需要以历史唯物主义的方式对资本主义生产方式的内在矛盾展开批判。

---

① 《马克思恩格斯全集》第 32 卷，人民出版社，1998，第 405 页。
② 〔意〕安东尼奥·内格里：《超越帝国》，李琨等译，北京大学出版社，2016，第 188 页。

第五章
"劳动时间"：从"名词"到"动词"

　　借助对政治经济学批判从"名词"到"动词"转换的分析，约翰·霍洛威进一步将时间区分为"时钟时间"与"行动时间"，前者作为一种"同一性"的力量，它的持续性封闭了每一个时刻。而"行动时间"正好颠倒过来，它将每一时刻作为可能性时刻。行动时间作为一种守护人自身尊严的时间，要求人们必须从以抽象劳动时间为法则的资本世界中撤离。但是，这种激进政治方案显然遮蔽了资本主义客观基础，进而错误地颠倒了两种历史发生的顺序，也遗忘了经济关系无声的强制所暗含的资本对工人的统治关系。

　　在西方学术界，影响深远的"开放马克思主义"试图重新激活阿多诺的"非同一性"的否定辩证法理念，并将之渗透到价值形式的批判中，据此重构政治经济学批判。约翰·霍洛威在知名著作《裂解资本主义》《无须掌权改变世界》中，一直是以《资本论》为"底本"，并辅以阿多诺的视角，试图以一种既不同于传统马克思主义也不同于亚瑟（Christopher Arthur）等人的系统的逻辑对《资本论》进行解读，因为前者有关革命的诸多概念，如先锋队、无产阶级，以及对政治经济学的分析、对抽象劳动的颠覆等，都还是从"同一性"的角度看问题的，加之苏联、东欧传统社会主义后来所发生的状况，霍洛威反驳了此一路向。以黑格尔的辩证法来解读马克思会造成封闭性，这与开放马克思主义的政治旨趣相违背。我们从霍洛威对"行动"（Doing）与"行动结果"（Done）的区分出发，并按照他的看法，不固守在"行动结果"（资本）上，而是要将革命的道路还原到"行动"

自身之中，由此，有一个向度自然出现，这便是"时间政治"的问题，霍洛威在《裂解资本主义》的"第七部分"以及一些相关的文献中论证了这一问题。那么，他是怎样将时间与"非同一性"勾连在一起的，又是借助怎样的理论加以铺垫与论证的呢？相信沿着这一思路进行追问，有助于我们深入认识以霍洛威为代表的政治经济学批判研究中的一些误区，从而加深我们对马克思的人类解放学说的理解。

一　时间政治的分析路径

关于政治经济学与政治经济学批判的差异，可以从马克思如下的追问加以分析，"政治经济学曾经分析了价值和价值量（虽然不充分），揭示了这些形式所掩盖的内容。但它甚至从来也没有提出过这样的问题：为什么这一内容采取这种形式呢？为什么劳动表现为价值，用劳动时间计算的劳动量表现为劳动产品的价值量呢？"① 这里，价值形式被摆放到两者差异的核心位置，沿着这一思路学术界已经注意到除了齐泽克在《意识形态的崇高客体》中予以解读之外，霍洛威借助博纳菲尔德这一中介的力量，接续德国新马克思阅读学派进行的价值形式分析则是又一经典。在霍洛威看来，斯密与李嘉图把价值形式看作无关紧要的东西，这不仅仅是因为他们的注意力被价值量分析完全吸引了，更重要的是，劳动产品的价值形式不仅是资产阶级生产方式中最抽象的，而且也是一般的形式（universal form），这就使得资产阶级生产方式成为一种特殊的社会生产类型，被赋予具体的历史特质②：

　　　　这里的"形式"有多种含义。正如马克思在论及斯密和李嘉图的局限性时所指出的那样，将事物理解为形式意味着它们的时间性，理解它们（至少）潜在的历史超越性。从社会形式的角度来分析资本主

---

① 《马克思恩格斯文集》第 5 卷，人民出版社，2009，第 98 页。
② Werner Bonefeld, Richard Gunn, John Holloway and Kosmas Psychopedis eds., *Open Marxism*, *Volume 3*, London：Pluto Press, 1995, p.165.

义社会，就是要从历史无常的角度来看待它，把那些看似永久的当成暂时的，把那些看似积极的看成消极的。引入形式的概念，就是从摄影版画转移到底片。例如，从价值到价值形式的转变是整个讨论视角的颠倒，从政治经济学转向对政治经济学批判。这就是为什么形式的范畴，也许是马克思讨论的中心范畴，如果假定资本主义社会关系具有永久性（如在资产阶级社会科学中），那么它在字面上是毫无意义的。[①]

但是，这一点却被斯密与李嘉图忽视了，他们显然无法理解社会形式，而是将此种生产方式看作社会生产的自然状态，当然，有关价值形式进一步发展的货币、资本，乃至延伸的国家形式、法律形式也被一一忽略了。

那么，对价值形式的重视意味着什么？在霍洛威看来，当我们只是迷恋"价值"这种人的行动的结果的时候，根本忘记去追问这种结果何以会如此呈现，因而批判始终朝向客体进行，这是完全错误的。但是我们可以看到，时至今日，西方激进理论家依然如此理解马克思主义的批判内涵，"穷人对抗富人""无产阶级对抗资产阶级""无权者对抗有权者"，"总之，激进理论趋向于关注压迫和被压迫的斗争，而并非关注压迫的脆弱性与运动"。[②] 不过，"开放马克思主义"所理解的马克思对资本主义批判的理论特质是什么呢？

马克思主义与其他激进理论的本质区别是，它要求消除一切外部性。它攻击"他们"的核心是表明"他们"依赖我们，因为"他们"是由我们不断地创造出来的。我们，这些无能为力的人，都是全能的。对激进理论的"他们反对我们"外部性的批判，并不是一些抽象的理论观点，而是马克思主义对社会革命变革可能性理解的核心。只有通

① Werner Bonefeld, Richard Gunn, John Holloway and Kosmas Psychopedis eds. , *Open Marxism*, Volume 3, London: Pluto Press, 1995, p. 165.

② Werner Bonefeld, Richard Gunn, John Holloway and Kosmas Psychopedis eds. , *Open Marxism*, Volume 3, London: Pluto Press, 1995, p. 158.

过理解"他们"对我们来说不是外部的，资本不是外部的，我们才能理解资本主义统治的脆弱性。超越"他们反对我们"的外部性，也就超越了激进的压迫理论，转向了对马克思主义的关注：压迫的脆弱性。[①]

但是，依据霍洛威对马克思文本的解读，并不存在"他们"，"他们"只是我们创造的，我们才是唯一的现实力量，因而，当今激进政治批判理论必须重新审视"批判"，使得批判从关注"客体"转向以"主体"为中心。关注客体的政治抗争与政治经济学关注价值或其他政治经济学范畴在逻辑上是一致的，而对主体的观照也绝不仅仅是对"我"的重视，还涉及对客体从哪里来的本源性的开掘，这是一个生成性的考察。由此，霍洛威说批判理论的当务之急就是实现动词的恢复。理由在于，在普遍拜物教化的世界，诚如人们在对商品的祛除历史性的解读中所看到的那样，这个世界是以各种名词如行动结果呈现的，诸如货币、国家、汽车、法律、文化产品等，但把产生的行动，包括创造、组织、科研、颁布等遗忘了，这意味着，"每个名词都是对动词的压制"，"每一个名词都赋予了一个行动结果的自治性的外观，分离了行动与作为名词的行动结果"。[②] 显然，从这里我们可以看到阿多诺对同一性的批判与马克思对商品自治性分析的双重影子的叠加。

对价值形式的追问就是重新对动词予以观照，而以往的政治经济学倾向于将目光朝向名词，所以对结果的迷恋必然是一种隐瞒了太多真实内容的研究，因为每一个名词背后都隐藏着行动本身，换句话说，政治经济学的理论出发点本身就是拜物教的，这种视野决定了名词是不变动的，是没有历史的、是自然而然的。马克思向"价值形式"发问也就是由名词转向动词去理解经济范畴，"反资本主义的文本就应该放弃名词，仅使用动词"[③]：

① Werner Bonefeld, Richard Gunn, John Holloway and Kosmas Psychopedis eds. , *Open Marxism*, Volume 3, London：Pluto Press, 1995, p. 159.

② John Holloway, *Crack Capitalism*, London：Pluto Press, 2010, p. 232.

③ John Holloway, *Crack Capitalism*, London：Pluto Press, 2010, p. 232.

在一个动词的世界里，持续时间完全失去了它的力量（就像本体论一样）。如果每一件事（每一件社会性事情）都是行动结果，如果每一件事的存在都被理解为行动者之间的一种联系，那么每一时刻都具有一种特殊性，在这种特殊性中，每一件事都是有争议的。我们口袋里有一张纸，已经通过社会实践货币化（转换为货币）。它并不是金钱的问题：它是通过实践货币化的一张纸。我们已经参与了它的货币化。①

当然，这似乎非常奇怪，一个只有动词的文本不仅难写，也是难以理解的，这当然也是霍洛威思想中最难以被人们理解的地方，但是，只要我们转换一个视角便能够明白，对未来不可能有一个"同一性"的文本叙事结构，这恰恰是霍洛威对否定辩证法延续运用的明证。关于这一点，我们可以举一例加以说明，在《为什么是阿多诺》一文中，他曾表明，黑格尔辩证法内在的"正－反－合"之"合"主要旨趣在于与对立面做一种积极的、乐观的"和解"，因而，以此来解读马克思时，资本主义的"劳动与资本对立"这一核心矛盾，最终可以在这种纯粹形式的辩证法推演下实现"和解"，人们从而到达一个美好的共产主义世界，而这是霍洛威绝不接受的，在其看来：

> 斗争被看作为了什么，而不是首先抵抗什么，危机的核心（一个否定概念）已经被强调重构（一个积极概念）所丢失或置换了，拒绝在运动中是被边缘化的（通过不否定），从自治主义的起源（特隆蒂和他的首部著作《拒绝策略》）到近年来的后自治主义（尤其以哈特和奈格里为代表）。②

这种非同一性的叙事风格意在以动词性思维审视人的行动与世界的关系，实质上，马克思在理解资本主义的时候，也告诉我们，不能够仅仅停

---

① John Holloway, *Crack Capitalism*, London：Pluto Press, 2010, pp. 232 – 233.

② John Holloway, Fernando Matamoros and Sergio Tischler eds., *Negativity and Revolution*：*Adorno and Political Activism*, London：Pluto Press, 2009, p. 5.

留在经验的层面，而且应该考虑该行动与世界是如何形成的：

> 一个动词的世界将打开一个可能性的空间，我们行动的结果不再有固定的模式，世界变得更加开放，通过恢复主体被客体压抑的状态，批判将我们的"行动权"和"非行动权"置于中心。它挑战了名词，恢复了动词，即包含在名词中的行动（和不包含在名词中的行动），超越了名词。动词是一种非同一性的语言，是超越其本体的一种爆发。同一性"创立"了一种连续的时间，一种持续的时间，一个延长的存在，但是我们行动的力量说："不，没有连续性，没有持续，每个时刻都有它的特殊性，每个时刻都是一个创造的时刻。"我们的时间，行动的时间，是与持续时间对抗的每时每刻开放的时间。[1]

于是，名词对动词的遮蔽，被解读为一种拜物教的文法学的表达，"商品拜物教的产生源自这样一种事实：行动人之间的关系通过物加以呈现，名词在我们语言中的力量表现为我们生活中的事物，真正主宰我们行动的表达"[2]，为了恢复人自身的行动及其力量，要突破这种名词的拜物教。将名词动词化便是对这种名词拜物教的批判：

> 从逻辑上讲，马克思对政治经济学的批判应该导向对名词的批判：政治经济学只是对拜物教思想的一种表达，名词则是对同样的拜物教过程的一种更为普遍的表达。当然，批判名词不会让名词消失……换句话说，名词，如价值、金钱、国家，是指代社会关系。名词，如价值，是"人与人之间的关系，表现为事物之间的关系"，或者，更好的说法是，名词是行动之间的联系，表现为事物之间的联系。[3]

这就是说不应该以名词言说物，而是要通过对动词的思考，以动词去

---

[1] John Holloway, *Crack Capitalism*, London：Pluto Press，2010，p. 232.

[2] John Holloway, *Crack Capitalism*, London：Pluto Press，2010，p. 233.

[3] John Holloway, *Crack Capitalism*, London：Pluto Press，2010，p. 233.

理解社会关系，资本、国家、法律等不过是社会关系的体现，不能够停留在对资本、国家这样的名词的思考上。这样一来，我们将面对一个动词的世界，一个将行动作为中心思考的世界时间的持续性在动词的世界里面变得不再可能，它只能存留在同一性的名词世界之中，按此推论，持续性的时间就是将一切事物都以名词对待的必然结果，这也是拜物教批判要与之划清界限的重要方面，与之对应，便是重新回到主体的行动的世界，这是动词世界的时间观念，是"非持续""非同一性"的。

这与传统批判理论显然不同，因为传统批判理论认为，"每一个时刻的效用都在于构建一个未来，对反叛行动的评价是看它们是否有助于推动一场持久的革命。但如果我们打破了持续性时间，每个时刻都是截然不同的，那么，就没有必要让反叛行动站在工具时间的法庭上。每个时刻都有自己的理由：每个反叛时刻都以自己的尊严为荣"。① 显然，时间的持续性一旦被切断，解放的大门就会被打开。因为，一方面持续性时间暗含的未来向度不存在了；另一方面抽象劳动时间对人的行动规训也会发生断裂，因为我们会相信我们自己的时间是非同一性的，拒绝一切对时间的同一化，这是对自身生命行动的单一性的尊重，这也是政治经济学批判引入动词化分析的必然结果。

二 在时间裂缝中的阶级斗争

进入数字化的"认知资本主义"时代，我们进一步感受到生活与生产之间的界限日趋模糊，整个生活都被抽象劳动时间所统治、调节着，"人类生命大体上已经被裹挟进了没有间歇的时间状态，不停地运行就是其准则"。② 这一点正如哈特穆特·罗萨（Hartmut Rosa）在对社会加速逻辑悖论的分析中所揭示的那样，虽然技术已经渗透进生活的各个方面，并以提高速度为人们赢得了大量的时间，但是，事实是"虽然我们拥有丰富的

---

① John Holloway, *Crack Capitalism*, London：Pluto Press, 2010, p.233.
② 〔美〕乔纳森·克拉里：《24/7：晚期资本主义与睡眠的终结》，许多、沈清译，中信出版集团，2015，第12页。

(überfluss) 时间，我们却没有时间"。① 显然，前后的"时间"是不同的，不过罗萨的兴趣点在于这种加速（Beschleunigung）对人的影响（异化），他没有深入以"时间"来构建政治学的可能性维度，与此不同，约翰·霍洛威区分了"时钟时间"（clock-time）与"行动时间"（doing-time），前者就是罗萨说的我们拥有的丰富的时间，后者则是我们所缺乏的，现在我们来进一步看霍洛威如何将这一区分予以"激进化"。

我们一般认为，资本主义最大的秘密便是抽象劳动对具体劳动的统治，也就是通常所说的资本对劳动的压制，从而革命便是资本与劳动的二元对抗。在传统马克思主义的观点中，这种对抗消解了一个重要的向度，即资本自身的积累及其所导致的尖锐的危机。实质上，在 1857 年，经济危机与预期革命并没有到来，马克思在写作《资本论》第一卷的时候已经开始将这种危机与资本主义的长期积累趋势结合起来，正如克拉克所认为的，"危机不再是一种大灾变的结果，而是资本主义积累正常方式的一个方面"。② 对此，霍洛威持另外一种思路，在他看来，资本、抽象劳动、抽象劳动时间作为同一性的力量，对我们的行动不断地压制，使得越来越多的行动转变为符合抽象劳动原则的行动结果，这是人们自身行动权的丧失，也是人们行动的时间被强行"推入"抽象劳动时间的过程，抽象劳动时间即是"时钟时间"，这种时间具有"同质化"（homogenisation）的特征。"时钟不仅代表劳动纪律，代表守时，更是一种生活和理解世界的方式。时钟时间，持续时间，是主体与客体、构成与存在、行动结果和行动分离的时间。我们创造的东西却与我们分离。它采取一种新的存在形式，其中我们的构成或事物的创造被否定，我们的行动时间消失"。③ 劳动置放在什么样的生产方式之中，与我们新的生活向度的展开是直接关联在一起的，不同的生产方式导致不同的生活样式，譬如：

① Hartmut Rosa, *Beschleunigung*, Frankfurt am Main：Suhrkamp Verlag, 2005, S. 11.

② 〔英〕克拉克：《经济危机理论：马克思的视角》，杨健生译，北京师范大学出版社，2011，第 304 页。

③ John Holloway, *Crack Capitalism*, London：Pluto Press, 2010, p. 138.

我们怀着爱和奉献做了一把椅子，椅子作为一种商品在那里被出售，我们的爱的创造力被遗忘，它的价格把我们的创造时间抹杀。构成时间被遗忘，存在的时间占据地位：椅子是两岁、十岁、一百岁。这是从事物构成上分离出来的存在的时间、事物的时间，第一把椅子与下一把或最后一把都拥有相同的时间。椅子没有创造，没有爱，不会愤怒和呐喊。椅子的时间是时钟时间、事物时间、对象时间。事物时间是对个人时间的否定，对象时间是对主体时间的否定。时钟时间是我们无助的时间，是我们对事物的从属时间。这不是生活的时间，而是生存的，日复一日的单调、沉闷的时间。①

对于具有同一性特质的"时钟时间""资本"，我们不能够再以同一性的力量加以摧毁，因为霍洛威认为，"同一性"意味着"奴役"，有关解放的任何思考都是拒绝同一性的，我们不应该去打破同一性，因为一旦我们思考如何去打破，我们就会想到如何依靠"组织化"的方式，在"先锋队"的指引下去集合力量等，这将解放再次塞入同一性的循环之中。所以，我们才会在霍洛威的各个文本中看到——包括他在对哈特、奈格里的批判中坚持认为的，辩证法就是逃逸同一性的力量。按此思考，从"时钟时间"（抽象劳动时间）逃离便是霍洛威的激进政治化解放理念的构思路径。可是，如今人们生活中的状况是，"行动时间"以"时钟时间"的形式存在，资本主义的一个重要方面就是占有工人的时间。诚如马克思所说，"工人终生不外就是劳动力，因此他的全部可供支配的时间，按照自然和法律都是劳动时间，也就是说，应当用于资本的自行增殖。至于个人受教育的时间，发展智力的时间，履行社会职能的时间，进行社交活动的时间，自由运用体力和智力的时间，以至于星期日休息……这全部都是废话"。② 哈特、奈格里在阐释生命政治劳动理论时对这个看法表示认可，他们给予了进一步的延展分析，诸众的劳动时间与非劳动时间之间的区分已经被消除了，这是抽象劳动时间对"行动时间"的全面占有。

---

① John Holloway, *Crack Capitalism*, London: Pluto Press, 2010, p. 139.
② 《马克思恩格斯文集》第 5 卷，人民出版社，2009，第 306 页。

按照政治经济学的动词化的分析，批判不再是朝向抽象劳动时间，而是借助我们自身的"行动时间"来重构设想，也就是说，霍洛威的论证是抽象劳动始终依靠抽象的时间，那么，我们要抵制劳动的抽象化，让抽象劳动发生断裂与危机，这样就必须改变我们自身的时间，让其不要成为抽象时间。具体方式便是，以我们的拒绝、我们的激情和我们的努力来反对、抵抗抽象时间，从而让抽象的劳动时间发生断裂、发生持久性的危机。

> 那些为了别的事情而花时间工作的人总是设法找到把控自己的节奏的方法，为了梦想、为了能和他们的朋友聊天、为了有烟抽或有食物吃等积极创造空间。这里的一部分问题在工会争论（例如，喝茶或喝咖啡休息时间的长度）中反映出来。资本主义管理的一个重要方面是"关闭"工人创造的这些时刻。当然，时钟时间的永久性危机不仅限于工作场所。我们的生活，我们的激情，我们与朋友联系的方式，所有这些都与生活的时间、行动时间，以及每天为其他生活方式、其他行动方式和与人交往的方式而默默奋斗息息相关。①

这种"行动时间"被霍洛威看作一种打破持续性的"同一性"的"时钟时间"的可能方向，它的特质是单一性（singularity）。"行动时间"是朝向自身、塑造自我的"可能时刻"。

> 不像时钟时间，每一时刻都与下一时刻难以区分，我们的时间（行动时间——引者注）在每一时刻都具有独特性。每时每刻都在塑造自己，并使其与众不同。每个时刻并不是与其他时刻分离的，而是与其他时刻截然不同的。在时钟时间内，每一时刻都是相同的；在我们的时代，每一刻都是不同的。②

所以，依照霍洛威的看法，马克思主义作为一种抵抗的激进政治学，

---

① John Holloway, *Crack Capitalism*, London：Pluto Press, 2010, p. 227.
② John Holloway, *Crack Capitalism*, London：Pluto Press, 2010, p. 234.

它应当集中反抗的就是持续性的"时钟时间"，持续性"关闭"每一个时刻，告诉我们每一个时刻仅仅是后者的延续，我们的时间正好颠倒过来，要使每一个时刻作为可能性的时刻，作为可能实现或可能发生灾难的时刻。"反抗就是让每一时刻从持续的时间中逃逸，并将其颠倒，使得它成为一个行动的时刻，而不是约束行动的框架"，因此，每一个时刻"都充满好奇、惊异与可能性"①：

> 这是孩童的时代，在这个时代里，每一刻都与过去不同，每一刻都充满了惊奇、惊喜和可能性。我们看到人们被（暴力、饥饿）杀害，人们被（无聊、压抑）窒息，我们看到这一切时感到惊讶，并说："这是不可能的！"我们扔掉了帮助我们在这个充满恐惧的社会中生存下来的眼罩，像孩子一样天真地睁开眼睛，然后想，"不，这一刻不能再继续下去了，变革必须从现在开始，而不是在遥远的革命未来"。②

也就是说，"时钟时间"总是试图成为一种"名词"、制度，"时钟时间"是制度化的时间。这是我们创造出来的符合资本发展规律的"时间"，如今其已经独立于我们而存在，并对我们的"生命"形成了规训，成为我们所不能控制的东西。但是"行动时间"不同，它试图冻结使其成为名词、制度的各种关系，一旦我们整个人的生活都按照"时钟时间"来运行，那么，我们就是按照资本主义的社会关系而创造资本主义，我们将永远在这种制度下生活，并延续这种制度。"行动时间"则强调不断地去探索另一种社会关系。

> 我们一直生活在同一部电影里，资本主义的电影，这是一部非常糟糕的电影，一部非常无聊的电影，一部让所有看它的人失去人性的电影。现在我们必须生活在一部不同的电影中，或者更确切地说，我们将在生活的过程中创造出多种多样的电影。我们通过创造和重新创

---

① John Holloway, *Crack Capitalism*, London: Pluto Press, 2010, p. 234.
② John Holloway, *Crack Capitalism*, London: Pluto Press, 2010, p. 235.

造资本主义的社会关系来创造资本主义：我们必须停止这样做，我们必须做别的事情，生活在不同的社会关系中。革命很简单：停止制造资本主义，转而去做别的事情。斗争不是为了生存而进行（这是抽象劳动的真正斗争），而是为了生活而进行。[①]

这就是说，我们得停止对资本主义社会关系的创造，自觉地与抽象劳动时间分离，这样才能够将时间从资本主义的社会关系中拯救出来，"行动时间"不断地去超越那种抽象劳动时间对自身的限制。

进一步来看，当霍洛威认为"时钟时间"（抽象劳动时间）约束人的生活的时候，实质上，它已经为后来人设置了一个"未来"，这个未来就是在资本主义社会关系内继续创造、延续此种关系本身。不过，"任何伟大的反抗行动都是一个额外的压抑与社会行动被打破的时刻，是一道让我们以不同的方式看到历史和社会的光芒"；[②]"这是表演时间、舞蹈时间、全神贯注的时间，在这里，时间完全被我们所做的事情的节奏所吸引，时钟和日历失去了所有的意义"。[③]

我们对于革命的想象也不能再是规划性的、预见性的，这个时刻便是停止制造资本主义的"裂缝"，"裂缝是我们主张的一种不同类型的行动时间或一个完美的普通的创造空间。在这一刻，在这个空间里，我们不会去做资本主义社会期望我们做的事情。我们要做我们认为必要的或可取的事情。我们要把时间或空间掌握在自己的手中，努力使它成为一个自我决定的东西，拒绝让金钱（或任何其他外来力量）来决定我们做什么"。[④] 所有这些人都以一种或另一种方式拒绝由货币来控制他们的活动，并且反对另一种行动概念的逻辑，他们试图个别地或集体地确定自己的活动。他们努力做自己认为是值得的或必要的事。[⑤]

这种决定我们做什么的力量在于，生产商品所需的社会必要劳动时间

①　John Holloway, *Crack Capitalism*, London：Pluto Press, 2010, p. 236.
②　John Holloway, *Crack Capitalism*, London：Pluto Press, 2010, p. 238.
③　John Holloway, *Crack Capitalism*, London：Pluto Press, 2010, p. 238.
④　John Holloway, *Crack Capitalism*, London：Pluto Press, 2010, p. 21.
⑤　John Holloway, *Crack Capitalism*, London：Pluto Press, 2010, p. 21.

对商品生产者的强加，其结果便是具体行动的抽象化、具体行动时间的抽象化，以及由此导致的生活被广泛地资本化。我们已经生活在一个资本化了的时间世界里，由此，"时钟时间是进步性的时间，是用数量衡量、用国民生产总值的百分比增长来理解的发展的时间，进步就表现为外部力量，需要去建设高速公路、机场"，① 于是，在那些在"时钟时间"里生活的人看来，技术的进步性也会被随之放大。

从这个意义上说，行动时间不可避免地与进步背道而驰。面对"我们必须做事情，我们必须前进"的外部压力，它反对"我们必须聚在一起，讨论我们想走哪条路"。这是"要我们步行"的时间，而不是"我们必须迅速到达那里"的时间。推动自我决定可能意味着我们以更从容的步伐做事，只是因为我们花时间考虑我们想做什么，因为我们抵制价值生产的压力，抵制社会必要劳动时间的规则。②

不过，这与"行动时间"处于完全不同的方向上，"行动时间"不去设想这种外在的进步，其被霍洛威称为"自治空间，或离开或逃脱的空间"。所以，"行动时间"是一种守护人自身尊严的时间，它与资本主义的时间是冲突的。"行动时间"与资本时间（"时钟时间"）抗争是为了让人们自己设定议程。

这是不管资本怎样我们都将要做的。如果资本选择压制我们，笼络我们，模仿我们，那就由它去，但要明确一点，即我们占据主导地位。这当然并不意味着——不能意味着——我们停止了与资本主义的斗争，我们要尽可能地采取主动，设定议程，并且明确表示，是资本主义在与我们、与我们的生活、我们的计划和我们的人性作斗争。尊严是拒绝和创造：拒绝制造资本主义并且创造一个新的世界。③

---

① John Holloway, *Crack Capitalism*, London: Pluto Press, 2010, p. 240.
② John Holloway, *Crack Capitalism*, London: Pluto Press, 2010, p. 240.
③ John Holloway, *Crack Capitalism*, London: Pluto Press, 2010, p. 50.

这显然体现了与当代激进左派完全不同的政治路向，因为他们全都遗忘了主体自身，而"遵循由资本设置的议程"。这显然是激进政治理念的一次"哥白尼式的变革"：资本时间犹如一个暴君意欲占据我们所有的生命时间，但是，"暴君剥削我们，拥有了我们的一切：我们只有停止为他工作，他施行暴政的物质基础才会消失，从而他将不再是一个暴君。我们制造了暴君；为了自由，我们必须停止制造暴君。我们获得解放成为真正的人类的关键办法很简单：拒绝，不服从。不再服务暴君，你将立刻获得自由"。①

三 守护"行动时间"

当我们在日常生活中越来越觉得，滋养人自身丰富性的"行动时间"被同质化为抽象劳动时间（"时钟时间"）时，生活也越发被生产化了。如果人们认为人类行动天然要遭受抽象劳动时间制约，这便是典型的将特定时代的抽象劳动时间看作人类时间的全部表征。在此种抽象劳动时间拜物教的观念中，整个抽象劳动建立起来的社会关系被完全客观化、名词化。并且，这样一种社会关系会发展成为一种封闭式的体系，形成一个自洽的逻辑系统。好比在政治经济学之中，价值会被理解为经济学范畴、一种名词的既定事实，而不再是阶级斗争的形式、一种要抵抗的对象，同样货币被理解成客观的存在物，而不是阶级斗争本身的形式。"这些范畴被理解为'封闭的'，即按照自身包含的逻辑发展，"② 并且人在这一范畴之中，也要臣服于这一范畴所建构起来的围城。

同理，时间也被看作一种纯粹的经济学范畴："劳动时间，现在就是要将其扭转为一种阶级斗争的形式。"那么，坚守"行动时间"，并从同质化的抽象劳动时间中撤离，这样一种思路到底是否可行，或者说它的依据真的能站得住吗？

---

① John Holloway, *Crack Capitalism*, London：Pluto Press, 2010, pp. 6 – 7.

② Werner Bonefeld, Richard Gunn, John Holloway and Kosmas Psychopedis eds., *Open Marxism*, *Volume* 3, London：Pluto press, 1995, p. 174.

首先，霍洛威从名词向动词推演，去重塑政治经济学批判的力量，批判政治经济学的拜物教化的理解方式，以此促使人们在资本生活中从自在走向自为，成为自我决定主体，主体完全可以依凭自为意识，自觉地停止制造资本主义。这一点表面上看与马克思对无产阶级从自在阶级走向自为阶级的分析相似，两者都十分强调主体对拜物教的"穿透"，均看到了资本主义对人的生活的宰制。诚如马克思所说，资本主义的"一切发展生产的手段都转变为统治和剥削生产者的手段，都使工人畸形发展，成为局部的人，把工人贬低为机器的附属品，使工人受劳动的折磨，从而使劳动失去内容，并且随着科学作为独立的力量被并入劳动过程而使劳动过程的智力与工人相异化；这些手段使工人的劳动条件变得恶劣，使工人在劳动过程中屈服于最卑鄙的可恶的专制，把工人的生活时间转化为劳动时间"。① 但是，霍洛威认为只要追溯主体，让主体停止制造，另外一个新的生存方式、新的社会关系就可能被建立起来，这显然与历史唯物主义完全不同。在历史唯物主义看来，理解资本主义危机与革命的真正根源还是要抓住客观的物质基础，"社会的物质生产力发展到一定阶段，便同它们一直在其中运动的现存生产关系或财产关系（这只是生产关系的法律用语）发生矛盾。于是这些关系便由生产力的发展形式变成生产力的桎梏。那时社会革命的时代就到来了。随着经济基础的变更，全部庞大的上层建筑也或慢或快地发生变革"。② 显然，从 1845 ~ 1846 年《德意志意识形态》手稿到《资本论》，马克思始终坚持把资本主义发展内在的客观机制当作分析的前提，拒绝一切抽象的伦理批判。以此再来看霍洛威，当他让个人从抽象劳动时间撤回到"行动时间"时，他已经将人"抽象"为一个可以自由进出资本主义社会关系的人。但是，人的任何选择总是要遭遇物质生活条件的制约，"在这些条件下，生存于一定关系中的一定的个人独力生产自己的物质生活以及与这种物质生活有关的东西，因而这些条件是个人的自主活动的条件，并且是由这种自主活动产生出来的"。③ 霍洛威不懂得人正是在现代资本主

---

① 《马克思恩格斯文集》第 5 卷，人民出版社，2009，第 743 页。
② 《马克思恩格斯文集》第 2 卷，人民出版社，2009，第 591 ~ 592 页。
③ 《马克思恩格斯文集》第 1 卷，人民出版社，2009，第 575 页。

义社会关系中，才被建构成为"现代人"，人并不可以自主地从现代资本主义社会关系中撤退。霍洛威所谈论的从自在走向自为的条件是存在可以自由支配物质生活条件的人，这一看法注定只能是停留在"思想领域"的"纯粹概念游戏"。对于那些谋求基本的衣食住行的人来讲，这种从同质性抽象劳动时间中撤离的方案太过于遥远。

其次，当霍洛威强调要守护"行动时间"，不要迷失于资本世界的抽象劳动时间时，他是深刻的，至少触碰到马克思如下判断，"整个人类的发展，就其超出人的自然存在所直接需要的发展来说，无非是对这种自由时间的运用，并且整个人类发展的前提就是把这种自由时间作为必要的基础"。[①]但是，霍洛威颠倒了"行动时间"与"时钟时间"，仿佛先存在一个可以自由支配的"行动时间"，这是一种伦理式的分析策略。马克思早就批判了这种观点，"社会的自由时间的产生是靠非自由时间的产生，是靠工人超出维持他们本身的生存所需要的劳动时间而延长的劳动时间的产生"。[②]因而，"行动时间"不是先天就有的，而是靠人们在抽象劳动时间规训的"劳动"中创造出来的，途径只能是人们不断地将必要劳动降到最低程度，这样自由支配的时间，也就是霍洛威所说的"行动时间"才能够增加，"与此相适应，由于给所有的人腾出了时间和创造了手段，个人会在艺术、科学等等方面得到发展"。[③]由此才能够说，这种时间真正成为人的积极的存在的前提，成为人的生命尺度与发展的空间。正是这种颠倒使得霍洛威彻底地偏离了历史唯物主义对客观基础的强调。如果再细致一点看，当霍洛威将这种自由时间（"行动时间"）置于人的创造行动之前时，他已经对这一时间维度作了价值的预设，但是，这与他拒绝任何预设、任何关于未来的想象，并完全走向"非同一性"的逻辑思路是相矛盾的。之所以犯这样一个错误，原因在于，当他将政治经济学批判分析对象从客体转向主体的时候，忘记了主体是在改造客体、创造资本主义社会关系的过程中形成的，不对资本主义这一特定的社会关系进行分析就不可能有正确的主体观念，

---

① 《马克思恩格斯全集》第 32 卷，人民出版社，1998，第 215 页。
② 《马克思恩格斯全集》第 32 卷，人民出版社，1998，第 215 页。
③ 《马克思恩格斯文集》第 8 卷，人民出版社，2009，第 197 页。

这就是要关注起源与社会形式的根据：

> 这种对拜物教的理解倾向于对资本主义进行分析而非演变讨论。事实上，如果拜物教是完成的，目前还不清楚演变方法（或形式分析）具有什么意义，那么追踪其主观性的客观化又有什么意义呢？如果是价值规则，而不是工作，那么劳动的意义何在，由其产品的价值来表示，正如马克思所坚持的那样？马克思主义经济学的主要方法是简单地忽略起源和形式的问题。例如，在关于价值的讨论中，很少关注形式（与量所对立），而马克思对李嘉图的重要批评基本上被遗忘了。[1]

最后，如果生产资料的所有权结构没有改变，仅仅号召人们自行从抽象劳动时间中逃逸就注定是一种幻象。对此，马克思曾经说过，"凡是社会上一部分人享有生产资料垄断权的地方，劳动者，无论是自由的或不自由的，都必须在维持自身生活所必需的劳动时间以外，追加超额的劳动时间来为生产资料的所有者生产生活资料"。[2] 霍洛威所设想的主体单方面地选择逃离资本主义社会关系，根本改变不了生产资料私有制作为前提的事实，并且人只能臣服于资本，因为资本主义生产过程在自然地进行，会不断地"再生产出劳动力和劳动条件的分离"，"再生产出剥削工人的条件，并使之永久化。它不断迫使工人为了生活而出卖自己的劳动力，同时不断使资本家能够为了发财致富而购买劳动力。现在已经不再是偶然的事情使资本家和工人作为买者和卖者在商品市场上相对立。过程本身必定把工人不断地当做自己劳动力的卖者投回商品市场，并把工人自己的产品不断地转化为资本家的购买手段"。[3] 显而易见，马克思认为劳动者无法逃离资本的宰制，这正是资本主义所要生产的内容之一，进一步讲，工人的主体性在资本的社会关系再生产中会不断地丧失，使得"经济关系的无声的强制保证资本

---

① Werner Bonefeld, Richard Gunn, John Holloway and Kosmas Psychopedis eds., *Open Marxism*, Volume 3, London: Pluto press, 1995, p. 174.

② 《马克思恩格斯文集》第 9 卷，人民出版社，2009，第 162 页。

③ 《马克思恩格斯文集》第 5 卷，人民出版社，2009，第 665 ~ 666 页。

家对工人的统治"，这种资本对劳动的宰制正是由"生产条件本身产生，得到这些条件的保证并由它们永久维持下去"。① 正是以对经济关系或者说所有制关系的客观分析为基础，马克思分析了阶级及其革命的必然性，这一点与任何试图抽掉客观性分析，转而以"主体"路径思考的激进政治理念都不相同。

---

① 《马克思恩格斯文集》第5卷，人民出版社，2009，第846页。

第六章
抵抗"资本逻辑"的"同一性"

　　《共产党宣言》（以下简称《宣言》）中对"资本逻辑"的描述，强化了学术界对资本逻辑的"同一性"的研究。不过，从马克思的文本来看，一方面资本及其所导致的危机或难题的确成为历史唯物主义的基本内容，但另一方面，《宣言》也成了《1844 年经济学哲学手稿》与《资本论》及其手稿中倡导回到"劳动"寻求解放逻辑的中介。因此，《宣言》实质上也存在着思考劳动生产的重新组合，并认为劳动应该是面向不同于资本的另一个世界的创造活动。在 170 多年后的今天，重新阅读《宣言》还必须拒绝一切以"特殊替代普遍"的颠倒所造成的种种误解。

　　170 多年过去，今天人们纪念《宣言》，到底在纪念什么？就现有的纪念文章看来，似乎《宣言》要给予人们的答案是固定的，只要按照这一答案继续前行即可。这一观点在 1883 年德文版一直到 1893 年的意大利文版的序言中，从恩格斯的文字中均得以佐证。在 1883 年马克思去世的那一年，恩格斯在德文版再版的序言中写道，"宣言一贯的基本思想是，每一个历史时期的经济生产以及产生于它的社会的结构（Gesellschaftliche Gliederung），是这一时代政治和智性的历史（Intellektuelle Geschichte）基础，依此，（自从古代共同占有 'Gemeinbesitzes' 解体以来），全部历史都是阶级斗争的历史，剥削阶级与被剥削阶级之间（Ausgebeuteten und ausbeutenden）统治阶级与被统治阶级（Beherrschten und herrschenden Klas-

sen）之间的斗争"。① 但是，马克思在世时所写的 1872 年序言、1882 年序言的整体笔调并非要澄清《宣言》这一看似固定不变的法则，而是一再强调"今天的情况完全不同！"（Wie ganz anders heute）。② 同时，1872 年的序言表明自发表以来的 25 年间，这个纲领有些地方已经过时（Veraltet），提出的革命措施根本没有特别的意义了。那么，在 170 多年之后，我们除了领会恩格斯有关必然性的历史规律的论断之外，还要意识到，马克思曾指出要根据历史随时随地（überall und jederzeit von den geschichtlich）修订那些过时的东西，从而思考解放的可能性路径。后一点值得学术界加以深思。毫无疑问，在现时代，无论是资本逻辑的表现形式、斗争主体的变化还是革命理念的重新规划，在西方激进左翼的思想图景中都逐一得到梳辨，这些话语不断地倒逼我们返回到《宣言》中审视解放的可能性这一政治维度。这种重读不仅仅是为了迎接西方激进左翼的各种挑战，更重要的是，它着实成为我们思考人之解放事业再出发的起点。

一　革命的"非同一性"之可能性

　　恩格斯上述对历史规律的强调所造成的影响，在奈格里看来，表现在它使得"大量普通的马克思主义者不懂马克思，这些理论问题至少使我们为马克思主义思想中的客观主义（经济）立场和主观主义（政治）立场分裂感到遗憾，之后也使我们的批判缺少一个适当的足够政治的维度"。③ 按照现有的文献来看，持客观主义的方式诠释《宣言》的学者会认为，马克思在这里给人类社会发展描述了一个铁一般的规律，即随着资本主义"大工业的发展，资产阶级依赖的生产和占有产品（die Produkte sich aneignet）

---

① Karl Marx, *Kommunistisches Manifest*, www. spiegel. de, http：//gutenberg. spiegel. de/buch/man-ifest-der-kommunistischen-partei – 4975/2. 本章因对《共产党宣言》《资本论》等作一些文献方面的解读，涉及对一些文本的新理解，因而以翻译德文原著的方式进行。下文凡此，不再加以说明。

② Karl Marx, *Kommunistisches Manifest*, www. spiegel. de, http：//gutenberg. spiegel. de/buch/man-ifest-der-kommunistischen-partei – 4975/2.

③ 〔意〕安东尼奥·奈格里：《〈大纲〉：超越马克思的马克思》，张梧等译，北京师范大学出版社，2011，第 175~176 页。

的基础自身也就从其脚下被挖走了，它生产自身的掘墓人（Totengräber），它们的毁灭与无产者的胜利是同样不可避免的（Ihr Untergang und der Sieg des Proletariats sind gleich unvermeidlich）"。① 因而，在传统马克思主义的理解中，整个的"马克思的解读"被引向了一种目的（Zweck）、一种确定性，当然，还有更多的文本来支撑这个观念，从而使得这一观念被强化与流传开来。"乍一看"（Auf den ersten Blick）（这是马克思喜欢的用词），整个《宣言》呈现出来的意思的确如此。如马克思在这里明确地说，"现代的工人不是随着工业的进步而提升，反而是越来越降落到其阶级的生存条件之下，工人变成了一文不值的人（Pauper），贫困化（Pauperismus）超过了人口与财富的增长速度，由此，很明显，资产阶级已经没有能力再长久地保持它作为统治阶级了"。②

但是，就在这句话的后半句，马克思认为资产阶级统治的失效是因为，"它也再不能将自己的阶级的生存条件强加于（Aufzuzwingen）社会，并使之成为社会的一切统治法则了"。③ 这里很清楚地展现了只要资产阶级的生存条件失效，人类将自然地从资本主义的生存现状中出走。资产阶级生存所依赖的条件是什么呢？不过是依赖社会财富在私人手里的积累，依赖"资本的形成与增殖"。正是从这种"条件论"出发，《宣言》给予了更为详尽的"说明"，它是分两个层次来展开的，一方面叙述了资本形成与增殖的历史，也就是资产阶级的生存条件的确立史，或者称之为资本取得"同一性"主宰地位的过程。所谓资本的"同一性"，即是说，资本正在成为各个领域的真正主宰者，从而也成为现代世界展开的真正历史缘由。如马克思自己表达的，现代资产阶级是长期发展的产物，是生产与交换方式一系列变革的产物，单纯地从历史角度来讲，新兴资产阶级对商业贸易需要的增加，必然促使原先的生产方式瓦解。更重要的是，与这一确立过程相伴

---

① Karl Marx and Friedrich Engels, *Marx Engels Werke*, *Band* 4, Auflage 1972, Berlin：Dietz Verlag, S. 474.

② Karl Marx and Friedrich Engels, *Marx Engels Werke*, *Band* 4, Auflage 1972, Berlin：Dietz Verlag, S. 473.

③ Karl Marx and Friedrich Engels, *Marx Engels Werke*, *Band* 4, Auflage 1972, Berlin：Dietz Verlag, S. 473.

而生的是，原先那种只依靠等级来完成财富分配的权力结构被慢慢摧毁，在它获得统治地位的领域，它"把所有的封建的、宗法的和田园诗般的关系都破坏了，并无情地将人们受其束缚的天然的各色封建纽带切断，它使人与人之间除了赤裸裸的利益关系，除了冷酷无情的'露骨交易'（Bare Zahlung），就什么也没有了"。① 甚至连人类最尊崇的价值都逃脱不了资本的"同一性"，资本不断地开疆拓土，似乎无可阻挡。"它将人的尊严变成了交换价值，用一种没有良心的贸易自由代替了无数特许的和依靠自己挣来的自由，总而言之，它用公开的、无耻的、直接的、露骨的剥削代替了由宗教与政治幻想掩盖着的剥削"。② 按照马克思后来在《资本论》中对"拜物教"的分析来看，资本荡涤一切，意图将一切领域都收编在其门下，资本成为人与人行动关系的基本组织形式，"一切神圣的东西都被亵渎了"。但是，人们已经对此"习以为常"，仿佛离开了资本对生活的全面收编，世界将失去基本的动力。正因为如此，当我们重温《宣言》时，面对恩格斯如下观点要特别注意：资本所建构的生产方式与交换方式会对人们的经济生活、文化观念生活产生决定性影响，由此，政治与精神生活只有返回到前者才能加以说明，唯其如此，历史方能加以理解。恩格斯这一观点呈现了资本主义展开的历史，其是资本"同一性"的结果，但这个资本展开的逻辑仅仅是资本主义的发生学，如果我们的思考起点是解放，是走出资本逻辑，走出资本的"同一性"，我们决不能自相矛盾地又从资本"同一性"的结果出发，将资本"同一化"作为思考这个世界的起点。

另一方面，马克思也对资产阶级的生存条件如何消除陈述了"另一种可能"。如上所述，我们不能再从这种"同一性"出发，从对人予以否定的资本逻辑出发，而是从一开始就沿着"非同一性"、沿着对资本作否定理解的人自身来思考解放。按照马克思的文本，对资产阶级的生存条件的思考，实质上就是对破解资本逻辑"同一性"的思考，即去追问资本"同一性"

---

① Karl Marx and Friedrich Engels, *Marx Engels Werke*, *Band* 4, Auflage 1972, Berlin: Dietz Verlag, S. 464.

② Karl Marx and Friedrich Engels, *Marx Engels Werke*, *Band* 4, Auflage 1972, Berlin: Dietz Verlag, S. 465.

形成的根源是什么，只有从根源上找寻到相反于"同一性"构成道路的可能空间，才算是找到解放的逻辑所在。这一点，《宣言》中分析现代资产阶级的私有财产时说，"可是雇佣劳动、无产者的劳动创造自己的财产（Eigentum）吗？完全不是，它创造（Schafft）资本，这意味着剥削雇佣劳动的财产，只有不断增加新的雇佣劳动的条件，才能增加新的剥削（Auszubeuten）"。① 马克思在这里讲得很清楚，资本不过是无产者的劳动所创造的，资本"同一性"在向全部世界延展的时候，我们需要从一种"非同一性"入手，这种可能就蕴含在制造资本的劳动本身之中。依照阿多诺的分析，"同一性"的外表是思想自身、思想的纯粹形式内在固有的，思维就意味着一定要有"同一性"，换句话说，这是人以思维的方式面对资本主义世界，并作出归纳的必然结果。但是，这不是真实的世界，真实的世界恰恰存在这种"同一性"所不能容纳的部分，存在着"非同一性"、存在着拒不同一的力量，② 沿着这一基本的"非同一性"方向，再回过头来看劳动时，《宣言》明确指出，只有人们的"劳动不再能变为资本、货币、地租，一句话，不再能变为可以垄断的社会力量的时候，就是说，个人财产不再能变为资产阶级财产的时候"，资本逻辑才算真正被瓦解。这里，显然马克思就是从劳动成为摆脱资本"同一性"的根本路径来谈论解放的，但是对这一维度依然重视不足。一旦懂得资本只是劳动的结果，却又对人的劳动构成了否定，我们便会明白，在资本逻辑的视野中，作为创造性活动的劳动被视为"不可见的"，人们看到资本这种死劳动，却看不到创造资本的活劳动，两者逐渐分离开来，资本的积累就是这样一种劳动与劳动结果无情分离的过程。无疑，在《宣言》发表170多年后的今天，我们面对的世界已经比马克思生活的时代物化得更为厉害了，这种行动与行动结果的分离已经延伸到生活的方方面面，劳动臣服于资本的力量更加强大了，人们更多以拜物教的方式认定资本逻辑所展现出来的决定力量，将其看作永恒性的存在。由此，《宣言》实质上已经提示人们，走出资本逻辑重启人类文明新形态，必须回到一

---

① Karl Marx and Friedrich Engels, *Marx Engels Werke*, *Band* 4, Auflage 1972, Berlin: Dietz Verlag, S. 475.

② Theodor W. Adorno, *Negative Dialektik*, Berlin: Suhrkamp Verlag, 2015, S. 17.

个新的"非同一性"的起点上去，立足劳动本身才是革命的崭新方向。

二 "支持一切革命运动"与劳动主体的反抗方式

依照上述讨论，在政治路径方面，《宣言》指出其实除了从外部消除资本逻辑之外，还存在着从内部的资产阶级的生存条件方面，即从"劳动"这一根源上消除资本逻辑的方案。前者的消除已经在以往的革命传统中出现过，诚如"开放马克思主义"的代表学者约翰·霍洛威的判断，"传统马克思主义是一种建立在抽象劳动基础上的劳工运动理论，对于拜物教和劳动二重性的问题则是视而不见的"①，霍洛威之所以得出这样的判断，原因在于，抵抗资本主义本身存在着如下两个冲突：

> （存在）两个层次的冲突。存在着有用的行动与其自身抽象化的斗争；也就是说，反对抽象劳动：这是反对劳动的斗争（因此也是反对资本的斗争，因为是劳动创造了资本）。然后是抽象劳动反对资本的斗争：这是劳工的斗争。后者是劳工运动的斗争；前者是有时被称为"其他劳工运动"（the other labour movement）的斗争，但它绝不局限于工作场所：反对劳动的斗争是反对劳动作为一种不同于一般行动的构成的斗争。把我们的裂缝当作反抗劳动的行动，我们显然是指前者——更深层次的反资本主义斗争，即反抗生产资本的劳动的斗争。②

由此，他将这一判断进一步延展为，"资本主义危机并非经济层面的，它表现为经济，危机表达的是资本主义社会关系结构的不稳定性，它表现为可能会对社会生活的其他领域产生影响的经济危机"。③

之所以如此理解，当然是基于对资本逻辑"无可奈何"的现状。对于

---

① John Holloway, "Cracks and the Crisis of Abstract Labour", *Antipode*, No. 4, 2010, pp. 915 –917.

② John Holloway, "Cracks and the Crisis of Abstract Labour", *Antipode*, No. 4, 2010, pp. 915 –917.

③ Bonefeld W., Gunn R. and Psychopedis K. eds., *Open Marxism*, *Vol. II*: *Theory and Practice*, London: Pluto Press, 1992, p. 159.

《宣言》的继承者来讲，当按照"经济基础决定上层建筑"，并进而重申"共产党人鄙视（Verschmähen）有意隐瞒自己的观点和目的，他们公开宣布，他们的目的只有通过暴力（gewaltsamen）颠覆（Umsturz）迄今为止的所有社会制度方能够取得"① 的时候，还应该看到在资本"同一性"推进中，种种现状依旧逼得人们喘不过气来，"我们看到、感受到我们周围所有的资本主义的不公正，甚至在最富有的城市也有睡在大街的人，数百万人生活在饥饿的边缘直到他们死去。我们看到我们的社会系统对自然世界的影响：巨大的垃圾堆积，可能没有补救措施的全球变暖。我们看到电视上那些强大的人，想向他们呐喊，并且一直在说：我们能做什么，我们能做什么，我们能做什么？"②

因而，在一些人的观念中，资本的强大使得我们个体什么也做不了，除了被资本同一化之外。别无选择，沃林·怀特（Erik Olin Wright）忧虑地表达了这种困境，"在不久以前，不管是在资本主义的批评者还是拥护者看来，'另一个世界是可能的'，一般都将它称为共产主义，右派会谴责这一主义违背了私有财产，同时展现出鬼魅般的国家压迫，但左派一方则认为，它能开辟一系列新的发展时代，引导人们奔向社会平等、拥有真实的自由，以及人的自由潜能得以发挥的未来，至少人们相信资本主义的替代选项是存在的"③，但是，在今天随着改变资本主义的可能性日渐式微，"大多数人——特别是经济发达区域的人——不再相信替代的可能了，对他们来讲，资本主义成为自然秩序的一部分，悲观主义已经替换了葛兰西所讲述的'如果改变世界则需要乐观主义'"。④

那么，怎么办？马克思说得很清楚，在暴力之外，"共产党人到处都支持每一个（Jede）反对现有的社会和政治状况（Zustände）的革命运动"。⑤

---

① Karl Marx and Friedrich Engels, *Marx Engels Werke*, Band 4, Auflage 1972, Berlin: Dietz Verlag, S. 493.

② John Holloway, *Crack Capitalism*, London: Pluto Press, 2010, p. 10.

③ Erik Olin Wright, *Envisioning Real Utopias*, London: Verso, 2010, p. 1.

④ Erik Olin Wright, *Envisioning Real Utopias*, London: Verso, 2010, p. 1.

⑤ Karl Marx and Friedrich Engels, *Marx Engels Werke*, Band 4, Auflage 1972, Berlin: Dietz Verlag, S. 493.

在更重要的方面，马克思在对所有的革命运动的支持中，也存在一个基本的条件，那就是"对所有制问题（Eigentumsfrage）的强调"。但是，什么样的解放道路才能说是触及所有制问题呢？我们知道，所有制是指生产过程中人与人之间在生产资料占有方面的经济关系，从劳动出发，不仅思考消除资本的方向，也思考消除所有制的方向，从劳动出发设想"非同一性"绝不是纯粹哲学的想象，而是在社会存在论的意义上的推进，也符合马克思所说的触及所有制问题。在此种意义上，"开放马克思主义"代表人物约翰·霍洛威的瓦解资本"同一性"逻辑的方案尤其值得重新被重视。在他看来，资本对劳动的"同一性"力量自身是一种"控制权"，同时它也表现为资本对世界的权力。当我们越来越被悲观的情绪笼罩时，设想的不过就是资本权力成为一种独立于人的力量，人无法操纵罢了。这也是马克思在《宣言》以及后来在《资本论》中反复强调的一个观念。与我们上面对资本与劳动关系的重新颠倒一样，霍洛威认为，要颠覆资本这种权力，得明白资本家依赖创造他的资本的工人。工人第一步需要反对这种资本的"同一性"的过程，那就是"拒绝"资本所实施的"同一性"。当然，这种拒绝不能被理解为一种对"同一性"的直接否定，如果是这样的话，我们只是将我们的手臂交叉，停止去做一切，那样我们很快就会面临饥饿问题。停止做事，如果它不导致一种其他的活动、另一种可代替的活动，那就很容易地转化为一个被奴役的条件。①

很明显，这不是要让人们在资本的面前停止自身的全部劳动，而是要将这一停止看作一个朝向不从属于资本的劳动的起点，拒绝本身就是朝向其他方面劳动的起点，诚如《宣言》中对劳动的描述，"在资产阶级的社会里，活劳动（Lebendige Arbeit）只是积累起来的价值增殖的一种手段，在共产主义社会里，劳动则是工人生命过程（Lebensprozeß）的扩展、充实与提升"。②

这意味着，一方面，人们停止朝着资本增殖的方向进行劳动，另一方

---

① John Holloway, *Crack Capitalism*, London: Pluto Press, 2010, p. 17.

② Karl Marx and Friedrich Engels, *Marx Engels Werke*, Band 4, Auflage 1972, Berlin: Dietz Verlag, S. 476.

面，它要求人们的并不是停止劳动，而只是改变劳动的着眼点，使劳动朝着充实、丰富工人自身生命的方向，在这一方向需要持续地用力，这是资本主义真正的断裂之处。我们应该明白，共产主义自身不是终点，而是一种运动。我们要进行另外一种劳动，它创造一种不同的逻辑和不同的语言，成为我们通向另一个全新的去资本化的世界的门槛。此时的劳动，使得我们以人之为人，而不是以客体对象化的方式去打开我们自己的生活。按照霍洛威的说法，这也将是我们获得自身生活制宪权的起点，我们改变了资本对我们的制宪权，从而我们拥有决定我们应该做什么的权力，无论是与我们的朋友聊天、与我们的孩子一起玩，还是以不同的方式去从事劳动，这些都是我们自己掌控自己的生活，掌握自己的时间，我们的时间不再是一味地被资本榨取的时间，而是向另一种生活敞开的起点。对此，他认为，也正是在这一刻，我们才发现资本的危机、资本主义的裂缝。由此，劳动有了另外的方向，人们开始拒绝让资本的逻辑塑造自身的劳动，决心把时间和空间掌握在自己的手中，按自己的决定来塑造生活。"朋友们形成一个合唱团，因为他们喜欢唱歌；成为真心帮助病人的护士……在这种情况下，拒绝让金钱决定我们的劳动是一种有意识地排斥资本主义的表现，并且被理解为反对资本主义的斗争的一部分"。[1]

如果仅仅强调拒绝，并提供不同的人类劳动的选择方向，显然还过于抽象，甚至说是假象，实质上，这必然涉及的一个核心问题是劳动在朝向生命的过程中何以可能。原因在于，在资本主义社会里，劳动被资本统治直接改变的一个重要内容是劳动结合方式，它使得人与人的关系展现为物与物之间的关系，它不是人的世界的真正展开，而共产主义便是消除这一物与物之间关系的中介，实现人与人之间全新的结合。霍洛威所说的全新方式也涉及这一点，自我拒绝资本是不现实的，在他看来，越来越多的人被迫失业或发现他们没有办法被雇用，或者，即使有工作，那也只是临时和不稳定的。

进一步说，人们要突破资本，使自身摆脱失业所导致的无法生存的困

---

[1] John Holloway, *Crack Capitalism*, London：Pluto Press, 2010, p. 21.

境，或者实现我们所谓的基本生存的满足，霍洛威设想了不同的劳动组织方式、社会的结合方式，从而助力克服这样的困难。必须承认货币和商品的力量仍然是巨大的，不过，也要相信不同于资本主义社会的人与人的关系，一种新的社会团结的形式将会产生迥异于资本逻辑的生活和组织方式。因为，还存在一种可能性，那就是，"如果世界上很大一部分人每天在（开销）不到一美元的境况下生存，那通常是因为他们已经建立了相互团结和支持的形式，这在世界上更为发达的地方并不存在"。①

　　为了为这种抽象的说法提供更为直接的经验基础，我们可以借助沃林·怀特所描述的"维基百科"与"蒙德拉贡工人合作社"来理解。我们知道，"维基百科"是一个开源系统，上面的词条是由提供未付酬劳动的人员编辑而成，世界各地的人无论是贫穷还是富有，都可以在网络上免费使用，每个人都可以不断地对词条进行完善，并且全球人人共享，这打破了私有制的占有方式。"维基百科从骨子里反对资本主义的生产与传播知识的方式，其是基于'各取所需、各尽所能'的原则进行生产，做编辑的人不拿钱，不收查阅人的任何费用，它是平等主义的，建立在互惠的而非垂直的基础上"。② 资本主义不应仅仅被看作一种经济剥削的生产方式，其更是一种针对控制权与制宪权的权力架构的重新选择，譬如维基百科真正将选择权交还给每个人，它并非资本的一方独占，这里的互惠、非垂直就是对人们劳动的结合方式的一种变革。再比如蒙德拉贡工人合作社，怀特向我们讲述了此种结合方式重组的例子，蒙德拉贡位于西班牙巴斯克地区，如今已经成为西班牙第七大产业集团，工人会员超过四万人，集团自身又有大约二百五十种独立的合作事业，每一个家庭成员都属于受雇者，没有所有者不是工人，生产范围涉及各种商品及服务，"最上层的管理者同样由工人选举出来，公司的主要决策也通过会员全体代表大会来决定"。③ 除此之外，他还举了其他的例子，总之，超越资本对劳动的"同一性"，设想与资本逻辑不同的生活和组织的方式，蕴含着全新的政治维度，

① John Holloway, *Crack Capitalism*, London：Pluto Press, 2010, p. 24.

② Erik Olin Wright, *Envisioning Real Utopias*, London：Verso, 2010, p. 4.

③ Erik Olin Wright, *Envisioning Real Utopias*, London：Verso, 2010, p. 4.

同样它也构成《宣言》中所支持的"革命运动"的理论支点，由此形成人类解放新的路径。

三 "特殊替代普遍"的颠倒与共产主义观念的内涵

资本所裹挟的劳动只是人的行动之一部分，后者作为"普遍"不能完全被当作前者的"特殊"来对待，重新塑造劳动的逻辑，从一定意义上说，就是再声明共产主义所追求的是普遍性，譬如共产主义劳动便是为了使"劳动作为劳动本身"。为了理解此种共产主义特质，我们需要进一步分析。《宣言》中说，"共产主义的突出特征不是要废除一般的（überhaupt）所有制（Eigentums），而是要废除资产阶级的所有制（bürgerlichen Eigentums）"。① 要理解这句话，我们得先从马克思后期特别重视的"拜物教批判"的方法论原则谈起。在《资本论》的第一章"商品的拜物教性质及其秘密"一节中，马克思在讨论商品形式的拜物教奥秘时说，"商品形式在人们面前把人们本身劳动的社会性质反映成劳动产品本身的物的性质，反映成这些物的天然的社会属性，从而把生产者同总劳动的社会关系反映成存在于生产者之外的物与物之间的社会关系"。② 这里至少为我们理解上述关于所有制废除问题提供了三个方法论的基础。第一，资本主义将人们本身劳动的社会性质颠倒为物的性质；第二，物的性质反而成了天然的社会属性，已经颠倒的世界具有了真实性；第三，人与人的社会关系也呈现为物与物之间的关系。当然，马克思认为，这种拜物教的神秘特质是可以消除的，因为，只有"对于历史上一定的社会生产方式即商品生产关系来说"，劳动者"把他们的私人劳动的社会有用性，反映在劳动产品必须有用，而且是对别人有用的形式中；把不同的劳动相等这种社会性质，反映在不同的物即劳动产品具有的共同价值性质的形式中"，这样拜物教才能够成立，马克思接着便指明，"一旦我们逃到其他的生产形式中，商品世界

---

① Karl Marx and Friedrich Engels, *Marx Engels Werke*, *Band* 4, Auflage 1972, Berlin: Dietz Verlag, S. 475.

② Karl Marx, *Das Kapital*, Erster Band, Berlin: Dietz, 2008, S. 86.

的全部神秘性，在商品生产的基础上笼罩着劳动产品的一切魔法妖术，就立刻消失了"。①

　　依据马克思有关拜物教批判的思考，资产阶级的所有制只是人类所有制形式（一般所有制）在特定社会形式中的"表现"，它是人们亲手缔造的，并非社会的天然属性。但是，人们由于将特殊当作普遍，从而认为资产阶级的所有制，即私人所有制形式是超越历史的。在这里人与人之间的关系表现为少数人的利益损害多数人的利益，整个社会分裂为两个部分，一部分人凌驾于另一部分人之上，因此，"整个历史运动都集中在资产阶级手里，在这样的状况下，赢得的每一个胜利都是资产阶级的胜利"。那么，共产主义的革命绝对要避免的就是这种拜物教的以"特殊替代普遍"的运作方式，"过去的一切运动都是少数人的或者为少数人谋利益的运动。无产阶级的运动是庞大的多数人的，为庞大的多数人谋取利益的自主的（Selbständige）运动"，② 这是与以往不同的革命运动，"所有先前的阶级，在取得统治地位之后，总是使社会总体从属于（unterwarfen）它们的获益的（Erwerbs）条件，试图巩固它们已经获得的生活地位"，无产者只有"废除全部现存的占有方式（Aneignungsweise），才能控制（erobern）社会的生产力"。③

　　之所以要提及拜物教式的"共产主义"的理解方式，以及那些对马克思的批判性做错误理解的看法，是因为在当代激进左翼政治哲学中，一些学者出于对共产主义运动的误解而发起挑战。依据拉克劳、墨菲的"后马克思主义"的观念，"从列宁到葛兰西，一直主张领导权力量的根本核心由基本的阶级构成。领导与被领导力量之间的差别作为本体论上所有结构层面上的差别被提出来"，但是，拉克劳与墨菲正是要否定这种差别，"很清楚，这不能作为我们的答案，因为正是那个层面上的差别是我们先前所有

---

① Karl Marx, *Das Kapital*, Erster Band, Berlin：Dietz, 2008, S. 90.

② Karl Marx and Friedrich Engels, *Marx Engels Werke*, Band 4, Auflage 1972, Berlin：Dietz Verlag, S. 472.

③ Karl Marx and Friedrich Engels, *Marx Engels Werke*, Band 4, Auflage 1972, Berlin：Dietz Verlag, S. 472.

的分析力图要瓦解的"。① 也就是说,共产主义的革命是要实现人的解放,但是,如果我们在革命的时候就存在领导与被领导之间的差别,而且这种差别被限定为本体论层面从而不可消除的话,解放与差别将形成鲜明的悖论。对此,拉克劳与墨菲极力指明这是传统左派观点的主要局限,"它试图先验地决定变革的代表、社会领域中有效性的层面、断裂因素和特权化的点"。② 这种挑战也同样来自约翰·霍洛威。依照他的看法,要坚持人类解放的革命理想,唯一的办法就是提高赌注。传统革命观的问题不在于目标太高,而在于目标太低。在一些阐述中,这种革命被理解为庸俗的掌权观,不管是掌握管理权还是分散的社会权力,都忽视了革命目标是要解构权力关系,构建一个承认彼此尊严的社会。但是,传统的革命观在其看来还是被人们误解了,革命就意味着为了消除权力而掌权。现在我们提倡的革命观应当是直接抨击权力关系。现在我们能够想象的革命不是征服权力而是解构权力。③

在革命的领导权问题上,这些西方左翼学者错误地放弃政党的领导权。这当然是对《宣言》中所论述的"共产党人与全体无产者之间的关系是怎样的"做错误理解所致。他们认为,商品拜物教作为一种既定事实(重点是现代资本主义社会中拜物教无孔不入),其导致的结果是,唯一的反拜物教的可能性主体是在普通人之外的——不论是党派(卢卡奇),还是特权知识分子(霍克海默和阿多诺),抑或"处于底层的无家可归的人和局外人"(马尔库塞)。一方面,拜物教支配了一般的日常生活,另一方面,反拜物教的意识产生于这些领域之外的边缘地带,两者是分离的。④

这是对无产阶级领导权意识的质疑。问题仅仅在于共产党人或者说无产阶级领导权意识只是一部分人的利益意识吗?如前所述,共产主义对资本主义及以往一切社会形态的超越在于,它不再以"特殊替代普遍",而

---

① 〔英〕恩斯特·拉克劳、〔英〕查特尔·墨菲:《领导权与社会主义的策略》,尹树广等译,黑龙江人民出版社,2003,第152页。

② 〔英〕恩斯特·拉克劳、〔英〕查特尔·墨菲:《领导权与社会主义的策略》,尹树广等译,黑龙江人民出版社,2003,第201页。

③ John Holloway, *Change the World Without Taking Power*, London:Pluto Press, 2010, p. 20.

④ John Holloway, *Change the World Without Taking Power*, London:Pluto Press, 2010, p. 88.

是始终意识到对特殊性的消除。"共产党人的理论结论绝不是由这个或那个空想的社会改良家（Weltverbesserer）创造或发明的"，它是对革命运动的真实关系的表达，"他们没有与整个无产阶级利益相分离（getrennten）的利益，他们没有提出特殊性的原则，以塑造无产阶级的运动"。①

由此，《宣言》中的"共产主义"可以更为明确地理解为，这一革命性的运动并非无产阶级根据个人利益去统治、占有资本，以继续实行资本同一化的过程，也不是将无产者与资产者的统治关系颠倒过来。这只是对共产主义表面的理解。从内在的角度来讲，共产主义的革命是对社会本身的占有，它不再以任何特殊性原则为自身的革命起点与方向，也不再需要以任何"表现形式"去呈现社会，社会就是作为社会而存在。但是，资本主义的社会完全是表现性的，正如德波所说，在现代生产条件无处不在的社会中，生活自身表现为"景象（spectacles）的庞大堆积"。② 用《资本论》的第一句话来讲，"资本主义生产方式占统治地位的社会的财富，表现为'庞大的商品堆积'"，③ 显然，在资本主义这种社会形态中，财富表现为商品堆积，社会也表现为资本主义社会，社会正是通过商品生产被建构为虚幻的共同体，"在商品生产者的社会里，一般的社会生产关系是这样的：生产者将他们的产品当作商品，从而当作价值来对待，通过这种物的形式，他们的私人劳动被看作相等同的人类劳动来相互发生关系"。④ 当然，这只不过是一种"表现的社会""非社会的社会"。只有资本主义社会形态将作为其存在基础的条件消除，即消除自身特殊性，共产主义的大门才能开启。后来在《资本论》中，马克思进一步阐明了这一点，"只有当社会生活过程的形态（Gestalt），即物质生产过程的形态，作为自由联合人的产物，处于人的有意识有计划的控制之下的时候，它才会把自己的神秘的纱幕揭掉"。⑤ 在170余年后重读《宣言》，特别需要激活这一理念，在此理念下，无产阶

---

① Karl Marx and Friedrich Engels, *Marx Engels Werke*, Band 4, Auflage 1972, Berlin: Dietz Verlag, S. 473.

② Guy Debord, *The Society of the Spectacle*, New York: Zone Books, 1995, p. 12.

③ Karl Marx, *Das Kapital*, Erster Band, Berlin: Dietz, 2008, S. 49.

④ Karl Marx, *Das Kapital*, Erster Band, Berlin: Dietz, 2008, S. 93.

⑤ Karl Marx, *Das Kapital*, Erster Band, Berlin: Dietz, 2008, SS. 93 – 94.

级的解放也是对自身特殊性予以消除的过程，如果无产者始终将无产者作为自己的身份与追求，也就无所谓解放可言，解放就是丢掉无产者这一特殊的身份，就是从劳动逻辑重构着手找寻普遍性。因而，拒绝以"特殊替代普遍"的拜物教，是实现共产主义的应有之义。

第七章
重塑劳动的逻辑与哈特、奈格里论辩

哈特、奈格里基于认知资本主义时代的财富共同形式，认定生命政治劳动的生产蕴含着共产主义的可能。其中抛弃黑格尔的辩证法是他们"从资本转向阶级"的革命构想的核心议题，霍洛威指出这是对黑格尔辩证法的误判，他们的理论使辩证法与否定性一同被倒掉，最终滑向对资本主义的依赖，而停止对抗甚至消解资本主义的内在矛盾。在设想实现"共有财富"世界的制度问题上，霍洛威也展开了批判，认为关键问题是突破和超越现存资本主义，而不是建立替代性的统治制度。通过梳理二者之间的争辩，我们注意到，重新突破黑格尔辩证法对于解读马克思是至关重要的，但他们彻底地否定了马克思对资本主义危机的客观基础的分析，将资本主义危机设定为主体的意愿，这必然偏离对资本主义作严肃分析的方法论原则。

在学术界对《共有财富》（*Commonwealth*）① 的分析中，"生命政治劳动"（Biopolitical Labor）、"共同的"（Common）、"诸众"（Multitude）等概念均引发了人们的兴趣，这自然是源自人们在认知资本主义时代那种"身临其境"般的感受，以及反思其所带来的现实状况。② 《共有财富》中，哈

---

① 中文译本将 *Commonwealth* 译为"大同世界"，参见〔美〕迈克尔·哈特、〔意〕安东尼奥·奈格里《大同世界》，王行坤译，中国人民大学出版社，2016。

② 关于认知资本主义的研究，参见孙亮《认知资本主义的谱系、特质及其批判》，《社会科学》2016 年第 7 期；《重审认知资本主义语境中的"阶级"概念》，《山东社会科学》2017 年第 8 期。

特、奈格里无疑是秉持"《大纲》超越《资本论》"的阐释理念，去接续特隆蒂（Mario Tronti）早在20世纪60年代就已经表达的观念，即认为人们一直在分析资本逻辑，从现在起，我们必须将主体斗争这一历史运动原则作为思考的起点。①《大纲》随之便被看作重新激活无产者力量、保持"自下而上的革命"信心的重要文本，并被视为"马克思革命思想的顶点"。② 正是从认知资本主义时代财富的共同形式入手，奈格里满怀信心地认为生命政治劳动的生产蕴含着共产主义的可能，"共产主义是对资本主义的全方位的摧毁。它是非劳动的，是主体的、共同的，是无产阶级废除剥削的计划"。③ 不过，这还不是激起我们阅读兴趣的真正问题点，哈特与奈格里展开对黑格尔辩证法的批判，进而走向斯宾诺莎的单一性的平行论（Parallelism of Singularities）的思路历程反而更加引人注目。因为，抛弃黑格尔的辩证法已经成为当代"从资本转向阶级"的革命构想的首要问题。但是，我们一旦深入分析他们二人在《共有财富》一书中的前后论证，便可看到在这一问题上，两人前后逻辑混乱，因而在批判理论的建构上二人是"栽了跟头的"。为了更好地说明这个问题，我们借助"开放马克思主义"代表人物约翰·霍洛威对哈特、奈格里批判的几个重要文本加以考察，具体集中在2010年至2011年之间他们往复辩难的书信以及《否定性与行动主义》一书的相关章节中，这些极为重要的文本有助于我们分析他们思想的差异，并由此捕捉真正能够激活马克思与理解当代人的存在方式的某些有益因素。

一 "辩证法与否定性一同被倒掉"

为什么当代激进左翼在思考与抵抗现代资本社会时，如此迷恋辩证法？因为，任何革命理念的构想均需要以辩证法作为支撑，有什么样的辩证法

---

① Michael Hardt, Antonio Negri, *Commonwealth*, Princeton: Belknap Press of Harvard University Press, 2009, p. 25.

② 〔意〕安东尼奥·奈格里：《〈大纲〉：超越马克思的马克思》，张梧等译，北京师范大学出版社，2011，第38页。

③ 〔意〕安东尼奥·奈格里：《〈大纲〉：超越马克思的马克思》，张梧等译，北京师范大学出版社，2011，第212页。

观念，便有什么样的革命设想。我们知道，在 1968 年法国五月风暴之后，原先传统的政治革命理念被新社会主义运动给置换了，在此背景下，指控辩证法便成为一批法国和意大利学者在学理上反思传统的政治革命理念的流行策略，这主要是由阿尔都塞及其后继者们完成的。[①]　具体来讲，他们将辩证唯物主义看作建立在黑格尔辩证法框架之上的学说。这样一来，黑格尔的辩证法对构想当代革命理念便形成了种种阻碍，一个原因是，黑格尔辩证法内在的"正 – 反 – 合"之"合"的主要旨趣在于同对立面作一种积极的、乐观的"和解"。今天的一种流俗看法认为，在建设一个共产主义世界之前，必须经过各种否定，诸如大力发展资本云云。理由在于，资本主义虽然是共产主义的否定面，但最终在这一阶段之后，会迎来一个新的更高的阶段。这一点，在哈特、奈格里的思想文本中也是十分矛盾的，一方面他们批判黑格尔的辩证法，拒绝对马克思作目的论的解读，也就是拒绝黑格尔那种"和解"的"综合"成为理解马克思的"认知图式"；另一方面他们对资本主义生命政治劳动蕴含的共同性所能够开掘出的共产主义的契机作了过分乐观的判断，从而坚信创建"共有财富"世界的可能性。其实，这就是他们没有将劳动进行历史化思考的结果，仅仅在劳动智能化之后，对其所呈现出来的"趋同性"进行误认，即认为它是抽象劳动的结果，从而错失了对抽象劳动的真正思考。这种乐观导致他们轻视抽象劳动对劳动的统治。

　　哈特、奈格里针对黑格尔辩证法的批判，当然还有一个重要的原因，而这与"诸众"概念直接相关。比如他们十分重视 17 世纪英国政治思想中的"物理学转向"，"波义耳挑战了当时的流行观念，认为一切的存在体都是由同质的、单一的元素构成的，杂多与混杂正是自然界的主要特质"，[②]　除了这一点之外，他们还将视角从英吉利海峡转移到荷兰，这便是对斯宾诺莎的偏爱。因为，"在斯宾诺莎的政治学中，诸众是一个混合的、类似的、复杂的生命体，它由趋同与偶然相遇的同样逻辑所构成。与生命体相遇是在开放意义上

---

① 孙亮：《重新理解马克思对黑格尔"颠倒"的三重意蕴》，《哲学研究》2016 年第 6 期。

② Michael Hardt, Antonio Negri, *Commonwealth*, Princeton：Belknap Press of Harvard University Press, 2009, p. 42.

讲的，诸众因此是一个包容性的生命体，无论他们是因为愉悦而构成强有力的生命体，还是因为悲伤而分解成无力的生命体"。① 显然，在这些表述他们思路的话语中，我们能够了解到的基本观念是，诸众是单一性的，因为，"在生命政治的语境中，社会由彻底的多元性所组成，或者说，由不可被还原的单一性的杂多所组成"。② 在霍洛威看来，诸众的单一性正是哈特、奈格里批判黑格尔辩证法的第二个重要原因。在他们理解的黑格尔辩证法中，多样性、丰富的生活与斗争被还原为劳动反对资本的单一性矛盾，也就是说，黑格尔的辩证法的矛盾是一种抽空了丰富内容的矛盾，是空洞的、压制差异的，这也就容易将空洞的、排除了差异的矛盾归入单一的综合中。③

因而，哈特、奈格里特别强调单一性的诸众政治。在他们看来，努力揭示杂多是这种政治思考的主要方向，"革命的过程为什么会导致差异的衍生，这并不神秘，因为，单一性的本质就是要成为差异，这一概念的杂多性与转变消解所有的辩证法幻觉，这个幻觉会困扰着同一性的话语"。④ 当然，如果我们将这些观念置放到历史语境中来看，或者说在阿多诺之后，强调差异而不是矛盾的观念产生了广泛的学术影响，正如霍洛威说的那样，强调矛盾更适合以组织的形式去推动工人阶级反抗资本，而主张差异的人，更容易去强调他们具体的身份，譬如作为同性恋、妇女、黑人等的诉求，从而采取多样化的斗争形式。也正是这个原因，"诸众的概念是明晰的，诸众倾向于以斗争的松散的联盟去抵抗压迫（资本主义、新自由主义、后现代主义，不论如何称呼它）的存在形式"。⑤

---

① Michael Hardt, Antonio Negri, *Commonwealth*, Princeton：Belknap Press of Harvard University Press, 2009, p. 42.

② Michael Hardt, Antonio Negri, *Commonwealth*, Princeton：Belknap Press of Harvard University Press, 2009, p. 166.

③ Michael Hardt, Antonio Negri, *Commonwealth*, Princeton：Belknap Press of Harvard University Press, 2009, p. 4.

④ Michael Hardt, Antonio Negri, *Commonwealth*, Princeton：Belknap Press of Harvard University Press, 2009, p. 339.

⑤ John Holloway, Fernando Matamoros and Sergio Tischler eds. , *Negativity and Revolution：Adorno and Political Activism*, London：Pluto Press, 2009, p. 5.

显然，可我们必须承认，如果我们在当今仍然拒绝承认上述思考，而去谈传统的革命理念，可能这种谈论会使一些听众丧失兴趣，甚至有人会不停地提醒他，"再这么谈论，人都要走光了"。为此，我们要强调的是，同意哈特、奈格里对于黑格尔辩证法的还原论与综合论的双重批判，这种批判在当下的马克思主义哲学解读中依然十分流行，以各种各样的"马甲"出现。坦诚地讲，我们无法回避，只能在这个基础之上去进一步思考他们对黑格尔辩证法的批判是否错失掉某种有益的东西。对此，霍洛威在文本中所做的精彩评论便是我们思考的一个"助力"。在霍洛威看来，他们不仅把黑格尔辩证法之综合的向度给抛弃掉，而且把否定运动的核心概念一同丢掉，因而，"生活成为一个肯定的概念，而不是抵抗否定生活的斗争"，进一步来看，"斗争被看作是为了什么，而不是首先抵抗什么，危机的核心（一个否定概念）已经被强调重构（一个积极概念）所丢失或置换了"。①

霍洛威这里对哈特、奈格里的批评是极其清晰的，他们反对还原与综合的时候，依然停留于如何重构资本主义世界，即我们看到的，利用非物质劳动的共同性去重构"共有财富"世界。但是，重构的思路必然会将"拒绝"边缘化，也就是说，我们不再将资本主义世界看作一个否定的世界，任何试图走出资本统治的无限期的否定，不是通过否定期望什么，按照霍洛威的看法，人们不要期望，只有不停地拒绝，说"不"。

同时，霍洛威认为哈特、奈格里虽然批判辩证法，但他们并没有将自己的思路调整为走出此种封闭的综合。因为，他们没有看到，在现实生活中，资本是一种强迫人们的行动向劳动转换的力量，后者是通过追求剩余价值生产而形塑的异化活动。实质上，资本而不是辩证法才是一种试图封闭生活的力量。无疑，他们批判辩证法的时候，只是将他们理解的那种黑格尔的辩证法（封闭）作为辩证法的全部了，这是辩证法的拜物教。有用的创造性劳动蕴含丰富性，如今却被还原为抽象的、单一的价值生产劳动，这是资本的逻辑使然。哈特、奈格里意欲追求差异，否定辩证法的还原性，是搞错了方向的，他们拒绝的那种还原的动力并非辩证法之过，而

---

①　John Holloway, Fernando Matamoros and Sergio Tischler eds., *Negativity and Revolution*: *Adorno and Political Activism*, London: Pluto Press, 2009, p. 5.

是现实资本力量的结果。显然，辩证法与还原论并非一回事，资本是意欲将一切还原到资本逻辑的链条之中的，但是辩证法恰恰是逃离这种还原的一种计划，所以，辩证法不是朝向重构的，而是不断地去否定现实生活的资本牢笼，"将辩证法的矛盾意识（不是创造）放在一边，就是忘记我们身处监狱之中，我们正生活在这样的社会组织形式中，我们拥有无限创造性的日常被还原为单调的利润生产过程"。①

> 这样理解的辩证法，就是一个打破与开放的运动。非同一性打破了同一性，打开了创造新事物的道路。非同一性的运动就是创造性的运动。非同一性是一种创造性的运动，是一种超越的超越，它是改变和自我改变，创造和自我创造。把非同一性放在哲学的中心，就是把否定、创造放在中心。②

因而，我们可以看到，哈特、奈格里在抛弃黑格尔辩证法之后，由于将辩证法内在的否定、矛盾的维度一同消解，才会赞成借助资本主义内在新型的非物质劳动倡导"共有财富"世界的创造，因而，他们不再是对资本主义进行批判，而是寄予"厚望"。可见，他们试图批判黑格尔辩证法，但因为对黑格尔辩证法的误判，最终使得抵抗滑向对资本主义的依赖，从而停止对抗，以及隐匿了资本主义的内在矛盾。

二　关键的问题是突破和超越

在传统马克思主义理论有关创建未来社会的思考中，"制度"（institutions）是一个不可忽视的关键问题。哈特、奈格里在设想"共有财富"世界的过程中也展现出与传统马克思主义相一致的看法，"为了给革命开辟道

---

① John Holloway, Fernando Matamoros and Sergio Tischler eds. , *Negativity and Revolution：Adorno and Political Activism*, London：Pluto Press, 2009, p. 7.

② John Holloway, Fernando Matamoros and Sergio Tischler eds. , *Negativity and Revolution：Adorno and Political Activism*, London：Pluto Press, 2009, p. 7.

路，起义必须持续，并形成一个制度性的过程"。① 此处，我们已经看到，这与霍洛威一直倡导的"解放就是拒斥制度"，或者说"权力与解放不相容"的看法分歧甚大。在《共有财富》中哈特、奈格里已经对此作了准备性的回应，他们认为，"简单地看，起义与制度是对立的，但事实上，起义需要的是另一种不同类型的制度"。为更清楚地说明这一点，哈特、奈格里区分了两种制度的基础，一种是"社会契约论"，另一种则是社会冲突论。但是，矛盾的是，他们一方面追求起义，另一方面又认为必须遵守主流观点，即社会契约论。起义如果不能够成为制度性的，那么很快将被淹没掉；即便起义能够符合制度性的要求也会有其他问题，譬如，起义之后就需要代表去解决社会分裂的问题。怎么解决这一悖论呢？他们对"一种不同类型的新制度"给予了特征分析：制度首先是建立在冲突基础之上的，其次它还是开放性的，因为单一性在这种开放性中才能够不断地得到形塑。② 当然，正如哈特在给霍洛威的信中所说："我想补充一点，即我们需要建立社会合作制度，我解释一下，这里的制度不是官僚体系，而是作为人类学家使用的术语，表示一种构成社会关系的反复的社会实践、一种习惯，这样解释之后，你应该也会同意我这个观点。"③

　　反抗、起义真的需要一种制度吗？依据文本观之，在哈特、奈格里创造"共有财富"世界过程中，制度变成一个根本性前提，即需要制度来框定起义。与此相反，霍洛威认为，反抗不可能需要制度。在他看来，哈特、奈格里在两种意义上的陈述之间留有余地，这会使制度变得更为模糊，从而起义的前提也变得不确定。况且，从我们反复的社会实践来讲，制度很容易形成一个官僚体系。针对这一点，霍洛威列举了《共有财富》一书中哈特、奈格里虽然一再拒绝官僚体系，但终究落入官僚体系的陈述，譬如，

① Michael Hardt, Antonio Negri, *Commonwealth*, Princeton：Belknap Press of Harvard University Press，2009，p. 355.

② Michael Hardt, Antonio Negri, *Commonwealth*, Princeton：Belknap Press of Harvard University Press，2009，pp. 356 – 357.

③ John Holloway and Micheal Hardt, "Creating Commonwealth and Cracking Capitalism：A Cross-reading（Part I）"，https://libcom. org/library/creating-common-wealth-cracking-capitalism-cross-reading-part-i.

"现在必要的事情是，为整个世界范围内的人提供基本的生活资料、全球性的收入保障，以及真正普遍的健康照护，无论行动的主体是联合国、公民组织还是什么其他主体"。① 就此而论，这与他们对整个未来世界的"共同性"的判定是格格不入的，官僚必然是资本主义世界与未来的"共有财富"世界都极力批判的，如果说资本主义是以消除等级的方式完成了"政治解放"，那么，"共有财富"世界则是以消除私有的方式完成了"人类解放"，后者消除私有当然指的是"共有财富"的倡导。这种共同性理应具有反对任何专制、官僚的制度内涵，至少是反对以某种单一性的特征凌驾于其他单一性之上。哈特、奈格里的这种不彻底性被霍洛威看穿了，"制度化过程容易导致以国家为中心的政治"②。

当然，从《共有财富》整本著作来看，第一章第一节"共和国"相对于最后一章的最后一节"构成性治理"来讲，也是矛盾的。治理肯定了先锋的地位，而共和国无疑是警惕任何先锋，当然也包含对官僚的厌恶。

除此，在霍洛威看来，当哈特、奈格里赞同制度的时候，他们忘记了制度往往意味着已经包含一种建构的意图，那么，它也就是对未来的预测，早已设定了"综合"的结果。即使就那种一再重复的社会实践的潜意识来讲，它也存在一种期望，诸如年轻人应该像父母（或兄弟姊妹）一样行事。但事实不是这样的，年轻人往往按照自己的方式生活。③

那么，为什么这里霍洛威要特别提出反对制度的未来向度呢？这就是他一直担忧的"制度由谁来制定"的问题。在《无须掌权改变世界》中，他认为一般革命理念总是假定存在一个"先锋队"，他们摆脱了任何拜物教的束缚，由此形成了一整套完美的发展模式，其他人只需要"跟着我走"。但困难在于，"谁能拥有正确的知识，又怎样去获取这些知识"，进一步讲，

---

① Michael Hardt, Antonio Negri, *Commonwealth*, Princeton: Belknap Press of Harvard University Press, 2009, p. 380.

② John Holloway and Micheal Hardt, "Creating Commonwealth and Cracking Capitalism: A Cross-reading (Part I)", https://libcom. org/library/creating-common-wealth-cracking-capitalism-cross-reading-part-i.

③ John Holloway and Micheal Hardt, "Creating Commonwealth and Cracking Capitalism: A Cross-reading (Part I)", https://libcom. org/library/creating-common-wealth-cracking-capitalism-cross-reading-part-i.

我们又怎样知道这些人拥有正确的知识呢?①

　　基于这种对先锋的拒绝,霍洛威从彻底的无政府主义的视角批判了哈特、奈格里给革命的制度、政权留有余地的观点,诸如上述关于联合国的阐述。因而,依据霍洛威的看法,制度化意味着让人们的生活在类似铁路轨道或高速公路的框架内运行,而反对那种不断地尝试破坏它并创造新的行动方式的任何努力。"如我所见,建立制度的提议是说,革命的旧路不再起作用,我们必须为跟随我们走过的人开辟新的道路。但事实当然不是这样:革命永远是开辟自己的道路的过程。"②

　　更为重要的是,霍洛威将这种制度看作抽象劳动组织人类活动的一个方面,这一点与马克思将法权置于经济生活的维度加以分析的路径是一致的。因而,反对制度正如反对抽象劳动一样,霍洛威认为,制度的思维可能成为人类解放实践和潜力融合的障碍。那么,革命运动的力量如何汇聚呢? 反对制度的霍洛威自然不再认为实践是需要制度加以整合的,而是将其看作一种永久的从特定方向的实验性移动,不需要一个从整体走向未来的图表。所以,关键的问题在于,不能为未来建立一个模型,不是要建立替代的统治制度,而是去寻求对现实的生存方式的不断突破和超越。

　　进一步来看,霍洛威认为,当爱被哈特、奈格里当作共同性的生产来理解的时候,他们提出了爱也可能被腐化的问题,即从共同性变成了单一性,这是什么意思呢? 哈特、奈格里是这么解释的,当将"邻居之爱"理解为爱某个人的身边之人,这便很容易形成各种宗教激进主义、民粹主义,这样爱就被腐化了。此外,单一性体现在传统的爱是恋爱双方结合为同一体,最后双方的差异被抛在了一边,形成了同一身份。因而,对抗爱的腐化,就是强调单一性的重要性。③ 爱的力量正是联合与反抗的力量,从而构

①　John Holloway, *Change the World Without Taking Power*, London:Pluto Press, 2010, p. 122.

②　John Holloway and Micheal Hardt, "Creating Commonwealth and Cracking Capitalism:A Cross-reading(Part I)", https://libcom.org/library/creating-common-wealth-cracking-capitalism-cross-reading-part-i.

③　Michael Hardt, Antonio Negri, *Commonwealth*, Princeton:Belknap Press of Harvard University Press, 2009, pp. 182 – 183.

成共同性，反对腐化之爱，从而"制造诸众"。① 但是，这种爱与哈特、奈格里认为的共同性制造中的"制度性"要求是相矛盾的，针对这一点，霍洛威反驳说："爱可以制度化吗？我完全同意你对爱的革命力量的大胆理解，但是，一定要问，爱可以制度化吗？当然不可以。即使我们不是在谈论婚姻契约，而只是重复社会实践、一种习惯，那么，大概我们所有人的经历就是爱不断地与习惯冲突。爱情可能会在反复的社会实践中存在，但前提是，在其中，存在反对和超越单一性的情况。"②

当然，这是我们每个人在日常生活中都能够指出的反对案例，例如霍洛威针对哈特、奈格里的观点认为，当他们都在世界社会主义论坛上进行辩论的时候，需要认识到这个论坛本身是一个摆脱了全球化运动的主要制度（或机构），但是，很多参与者不是更注重它可以提供一个有用的和愉快的会议场所，而是认为应该将这个论坛推向更高层次、更高等级，让其具有某种官僚化的特质，这便违背了世界社会主义论坛的革命本色。

那么，难道霍洛威真的认为革命不需要一定形式的社会组织吗？当然不是这样，他是担忧组织制度化为固定的、僵死的、官僚的，他提出组织形式只能是实验，表现为通过实验，进行试错和反思的运动过程。此种理解与霍洛威主张裂缝式的无政府主义运动直接相关，在他看来，资本主义并非一个经济体系，而是一个命令系统，资本家通过金钱命令我们，告诉我们要做什么。拒绝这种屈服就是要打破资本的命令。所以，"否定"是霍洛威最为重视的核心观念，人们的所有希望以及对现实的批判都源自人有否定意识，"理论反思的出发点是反对、否定、斗争。它是从思想生发出的愤怒，而不是产生于理性的姿态，不是产生于思想家有理性根据的想象"。但问题是，我们如何去"繁殖"与"扩展"这些拒绝（不服从）呢？按照他的想法，第一，以往的社会运动总是将目标设定为改变国家权力，但是，掌权的问题并不是现有组织的未来向度。夺取权力的观念，无论是夺取政

---

① Michael Hardt, Antonio Negri, *Commonwealth*, Princeton: Belknap Press of Harvard University Press, 2009, p. 195.

② John Holloway and Micheal Hardt, "Creating Commonwealth and Cracking Capitalism: A Cross-reading（Part I）", https://libcom. org/library/creating-common-wealth-cracking-capitalism-cross-reading-part-i.

府权力还是社会中更多的分散的权力，都忽略了一个问题，即革命的目的是解除权力关系，建立一个有尊严并且彼此认同的社会。第二，不服从的"繁殖"与"扩展"是说：不应该与某种先锋整合在一起，而应该是个体自由发展。这是一种松散的协调一致性，考量的原则不再是国家，而是他们想创造的社会。目标朝向权力将导致我们陷入一个错误的方向。如果我们朝向国家权力，那么，最终会造成领导与大众、代表与被代表之间的分离，"以国家为中心"的左派在霍洛威看来便是如此，斗争的结果与斗争的起点已经分离了。改变这一点是霍洛威整个理论规划最核心的地方。依据他的想法，国家是代表性的组织形式，裂缝式革命的组织是一种自我决定，这必然反对任何代表制，从而走向一种无政府主义的抵抗形式。

三　生活的逻辑还是生产劳动的逻辑：对争论的回应

虽然霍洛威仅仅在文献中反复针对辩证法及其所延展的先锋问题、制度问题来批判哈特、奈格里，但他似乎从来没有严肃反思过，为什么哈特、奈格里要用"出走"的方式来完成解放的任务，即认为以工人决定停止劳动所彰显的自主性，便可以破除交换社会的价值化的现象。依据哈特、奈格里的看法，资本主义伴随诸众在非物质劳动中彰显"共同性"而瓦解，这绝非马克思所认为的那样，"资本的垄断成了与这种垄断一起并在这种垄断之下繁盛起来的生产方式的桎梏。生产资料的集中和劳动的社会化，达到了同它们的资本主义外壳不能相容的地步。这个外壳就要炸毁了。资本主义私有制的丧钟就要响了。剥夺者就要被剥夺了"。① 之所以霍洛威没有深入资本主义的客观矛盾来批判哈特、奈格里，原因在于他自己也认为，人类解放的道路只能在这一向度上加以推进，决不能沉迷于客观的资本逻辑。因而，在这个意义上讲，霍洛威同他们是一致的。进一步看，争辩的双方都反对有一个先锋党派带领工人站在资本主义社会关系的外部，进而消除资本主义的劳动与资本的矛盾，当然，总体上可以将他们的路径概括

---

① 《马克思恩格斯文集》第 5 卷，人民出版社，2009，第 874 页。

为退回到"劳动主体"的一方。仿佛，只要自我停止制造资本主义，资本主义便产生裂缝、产生通向另外一个世界的可能，这无疑是与传统马克思主义革命理念大相径庭的。在更宽泛的意义上讲，哈特、奈格里的自治主义与霍洛威的"开放马克思主义"存在着共同的理论旨趣，即试图重构一个超越资本主义客观逻辑的马克思形象。此时，革命剩下的就是主体的自我选择，这被看作走向共产主义的唯一通道。

从上述我们对辩证法的讨论来看，无论是霍洛威还是哈特、奈格里，之所以警惕黑格尔的辩证法，就在于这种还原论的辩证法将现实世界的异质的矛盾抽象化为单调的劳动与资本的对立，这一批判对于当下我们重构马克思哲学的解读模式有着重要价值。回顾近二十年中国马克思主义哲学研究的历程，经济决定论虽然一再受到反思，但是"资本逻辑"成为新的代名词而充斥于各种解读马克思的文本之中。时至今日，仿佛马克思现代性批判的独特性就是资本逻辑批判。于是，当生态出了问题时，用马克思的视角分析就是资本逻辑使然；当价值出了问题时，资本逻辑依然是有效的分析框架，此类方案甚为流行。这个世界存在的各种各样的、不可等同的矛盾被强行塞进资本逻辑的公式中加以消化、理解。在这样的阐释视角下，人的主体性的维度丧失殆尽，因为，当资本作为整个现代社会的"同一化"的法则，它便犹如一个吸纳整个世界的魔法瓶，突破了一个又一个界限，完成了一个又一个抽象世界的建构，"一切东西，不论是不是商品，都可以转化成货币。一切东西都可以买卖"。① 另外，资本在建构现代商品生产体系的时候，还生产着劳动者的日常生活的拜物教意识，从而，人作为主体的革命意识自然在资本的面前也被吞噬了。显然，资本逻辑的阐释方式采用的是"黑格尔式"的同一性的辩证法，资本逻辑批判暗含的同一性依旧是黑格尔同一性逻辑的世俗化的推演，以此种黑格尔辩证法来解读马克思，从来不去努力揭示资本逻辑在同一性过程中的"剩余"，即那些不能同一化之"关系"，诸如爱、情感、生活本身的丰富性与意义。在马克思的《资本论》中，他已经明确地对思维与存在进行了划界，思想遵循着同

---

① 《马克思恩格斯文集》第 5 卷，人民出版社，2009，第 155 页。

一性的逻辑。但是，现实存在是非同一性的，回到"事实本身"，遵守非同一性逻辑来重新理解资本逻辑，才能够找到抵抗资本逻辑的真正裂缝。由此，霍洛威对哈特、奈格里的资本逻辑与黑格尔辩证法之间的同谋关系的揭示是相当深刻的。国内学术界对此还不够重视，但这是推进马克思解读无法回避的问题。

哈特、奈格里立足生命政治劳动否定了马克思关于剥削、统治存在于资本的生产领域的论点，进而认为，生活就是生产，资本主义的剥削、统治涵盖一切场域，这是生命政治。对于霍洛威来讲，他同样认为资本主义就是"统治"权力的展现，死劳动对活劳动的压制便是其中最为重要的方面。同样，他也模糊了生活与生产，这从他对劳作与劳动的区分可以看出来。劳作是指生活中的一切行动，劳动则是指以"价值形式"表现的行动。譬如，看手机微信是行动，但是，因为这本身参与了信息的生产、传播，于是看手机微信的行动变成了劳动。这显然与哈特、奈格里对生活与生产之间毫无界限的分析是一致的，产生这种模糊的原因除了他们反对黑格尔辩证法之外，还在于他们对具体劳动与抽象劳动二者之间的界限模糊不清。具体来讲，他们将日常生活中的具体劳动也看作抽象劳动，看作形成价值的抽象劳动，无论是哈特、奈格里两人提出的非物质劳动（生命政治劳动）还是霍洛威对劳作与劳动的区分，都在这方面做了错误的理解。依据马克思的看法，"资本的生产过程就是劳动过程"，[①] 在此过程中，"劳动不仅被消费，而且同时从活动形式被固定为，被物化为对象形式，静止形式；劳动在改变对象时，也改变自己的形态，从活动变为存在"。[②] 作为劳动的产品，"这个中性结果，是一种新的使用价值"，[③] 这正是一切具体劳动对象化的结果。但是，他们将生产交换价值的抽象劳动这种在特定历史时段才有的现象，混同为普遍的劳动现象。他们抛弃了马克思立足抽象劳动分析基础之上的劳动价值论，而仅仅关注具体劳动，具体来说，霍洛威关注的是，让人们记住具体劳动是朝向人自身的丰富性展开的活动，不应该专注

---

① 《马克思恩格斯文集》第 8 卷，人民出版社，2009，第 460 页。
② 《马克思恩格斯全集》第 30 卷，人民出版社，1995，第 258 页。
③ 《马克思恩格斯全集》第 32 卷，人民出版社，1998，第 65 页。

于价值增殖。哈特、奈格里则是从非物质劳动，即具体劳动的现代形式入手，讨论具体劳动展开的"共同性"及其创造"共有财富"世界的可能。但是，具体劳动并不创造价值，也自然构不成剥削、统治的主要场域。

最后，从他们在制度方面的争辩来看，虽然哈特、奈格里认为自己所说的制度不是官僚体系，而是作为人类学家使用的"术语"，① 但是，正如霍洛威所批评的，他们的论证是基于资本主义社会的非物质劳动而进行，进而依据劳动的变迁把我们带到"共有财富"世界，也就是说，在认知资本主义时代来临时，它为资本主义改变方向带来了现实的可能性，但他们忘记了，"资本主义生产方式在生产力的发展中遇到一种同财富生产本身无关的限制；而这种特有的限制证明了资本主义生产方式的局限性和它的仅仅历史的、过渡的性质；证明了它不是财富生产的绝对的生产方式，反而在一定阶段上同财富的进一步发展发生冲突"。② 因而，当双方的讨论都避开了对"生产资料"的所有权进行抗争时，其便不再是对劳动何以从属于资本进行真正深入的思考，而只表现为停留于经验主义的拥抱劳动主体的观念解放。但是，资本主义作为一座封闭的围城，劳动依然从属于资本，外在的资本依然规训着劳动者的生存方式，只要资本和权力掌控着生产资料，人们的生产就只能是自我宰制的生产。所以，他们共有的问题在于彻底地否定了马克思对资本主义危机的客观基础的分析，转而将资本主义的危机设定为主体的意愿，这是完全错误的。在当代西方激进左翼思潮中，一些学者表面上围绕劳动展开论述，实质上是围绕劳动者这个单一的主体展开论述，当他们将资本主义内在固有的矛盾彻底"掀掉"之后，创造"共有财富"世界最终也便沦为主体的"思想实验"。

---

① John Holloway and Micheal Hardt, "Creating Commonwealth and Cracking Capitalism: A Cross-reading (Part II)", https://libcom.org/library/creating-commonwealth-cracking-capitalism-cross-reading-part-ii-john-holloway-michael-ha.

② 《马克思恩格斯文集》第 7 卷，人民出版社，2009，第 270 页。

第八章
"形式批判"与"停止制造资本主义"

在"形式批判"的传统下，霍洛威认定《资本论》的起点并非商品，而是财富。理由在于，从商品出发，依然是在商品及资本权力框架内兜圈子，它使得人们对经济从社会中分离出来，并主导社会本身的现实生活无能为力。商品世界仿佛成为与我们无关的世界，我们只是受害者，是在这个世界中"不可见"的部分。由此，无论对《资本论》第一句话的文法学分析，还是从形式批判中蕴含的"相反方向"，即抵抗同一性的运动所针对的自我存在方式的批判分析来讲，其起点都应该设定为财富。对这一设定，他还借助阿多诺的否定辩证法加以佐证，并将其发展为"行动反对抽象劳动"这一革命具体理念，从而主张"停止制造资本主义"以维护"尊严的抵抗政治学"。

虽然对《资本论》的逻辑起点的解读一直受到学术界的重视，但此种重视——至少在最近的解读中——呈现出与"政治地解读"（革命理论）相断裂的现象，即仅将《资本论》理解为对商品展开分析，从而建构起马克思的资本主义批判话语体系。由此一来，"一般生产""商品""劳动"等都被研究者称作其逻辑起点，其中"商品起点说"最为普遍，这一点不仅体现在从苏联科学院编辑的相关资料到日本学术界著名学者广松涉的理论建构中，而且体现在近些年国内重视的哈维对《资本论》的"通俗性"导读文本中，甚至在一些马克思主义政治经济学的读物中其似乎已成为"定论"。之所以如此，源于如下"铁一般"的文本事实："资本主义生产方式占统治地位的社会的财富，表现为'庞大的商品堆积'，单个的商品表现为这种财富的元素形式。因此，我们的研究就从分析商品开始。"① 与此诠释进路完全不同，"开放马克思主义"代表人物约翰·霍洛威延续了由苏联鲁宾于1928年在莫斯科出版的《马克思价值理论论集》所开启的，后在德国新马克思阅读学派的推动下，并经过博纳菲尔德等人所扩展而逐渐形成的"价值形式批判"传统，从而明确地指认商品不过是一种"形式"，不应该从商品这种形式出发，而应该持有一种"形式批判"（critique of forms）的理念，② 并从表现的形式与非形式之间的"同一性"与"反同一性"的对抗这一视角出发，认为《资本论》的逻辑起点应该是"财富"，因为，财富正是抵抗商品交换同一化过程的溢出物，这种抵抗是人的生存方式重回丰富性的真正源头和唯一希望。当然，他的"反同一性"的思考借助了阿多诺的否定辩证法作为理论根基，从而将对辩证法的重新解读与其整个理论构想整合起来。抛弃理论陈见来讲，基于对资本逻辑起点的重新设定，霍洛威的确对《资本论》的革命理念做出了与众不同的"政治性解读"，这一重构对于眼下马克思主义哲学界"教义化"的"资本逻辑批判"的阐释方式而言倒是一种绝佳的"纠偏"。

一　商品的围城

在解读《资本论》的时候，研究者们往往对马克思下述判断缺乏深思，"商品是一个外在于我们的对象"。霍洛威认为，商品成为一种"外在对象"的时候，本身就是对我们作为生产主体的否定。"商品的价值无非是我们劳动的结晶，然而，它却将自身展现为外在于我们的客体，作为与我们的劳动无关的物，商品仅作为商品存在，从而否定了我们。"③

有时，有种观点荒谬地认为，主体不存在于《资本论》中，马克

---

① 《马克思恩格斯文集》第 5 卷，人民出版社，2009，第 47 页。*Karl Marx-Friedrich Engels-Werke*，Band 23，"Das Kapital"，Bd. I，Erster Abschnitt，Dietz Verlag，Berlin/DDR，1968，S. 49.

② John Holloway，"Why Read Capital?"，*Capital & Class*，No. 75，2001，p. 66.

③ John Holloway，"Why Read Capital?"，*Capital & Class*，No. 75，2001，p. 66.

思没有在他关于工资的理论中找到主体产生的理论基础,我们必须用主体的理论来补充和完善马克思的论述。然而,在最开始的时候,让我们尽可能明确起来:在我们唯一可以进入资本主义的道路上,我们是被否定的主体。商品首先是一个外在于我们的客体,在那里我们是"我们"(us),"我们"是被商品如此唾弃着的,"我们"是被商品如此践踏着的,成千上万阅读《资本论》的马克思主义者甚至没有注意到"我们"在那里。①

但是,从《资本论》的诠释史来看,正是从商品这种"否定"了主体的研究视角出发成就了一种主导叙述范式,"伟大的马克思主义传统不是从我们出发,而是从它们出发,从资本、资本主义统治以及资本主义的变革形式进行思考"。②

> 如果我们从资本开始,我们继续试图阐述一个统治理论。通过阐述统治和支配理论,我们实际上是在把自己封闭起来。左翼的一个伟大传统是,如果我们在我们生活的这个美丽、自由、丰富而包容的社会中谈论统治——如果我们说这不是一个真正自由、丰富而包容的社会,这个社会其实是建立在资本支配的基础上的——这在某种程度上是进步的,我们正在某条道路上前进。我认为这完全是不正确的。③

霍洛威说的这种传统无疑在当今的学术场域中依然流行,"资本逻辑"作为现代社会建构的支配原则及其批判便是其一,这种"否定我们"的视角被当作《资本论》乃至马克思的核心观念的阐释模式却没有引发人们足够的反思。因而我们会看到,马克思资本逻辑中的主体问题成为最受关注的问题,但是,如果将主体放置在资本逻辑之中进行思考,那么,这无疑

---

① John Holloway, "Why Read Capital?", *Capital & Class*, No. 75, 2001, p. 66.

② John Holloway, *In*, *Against*, *and Beyond Capitalism*: *The San Francisco Lectures*, Oakland: PM Press, 2016, p. 2.

③ John Holloway, *In*, *Against*, *and Beyond Capitalism*: *The San Francisco Lectures*, Oakland: PM Press, 2016, p. 2.

是将主体与资本作"二元论"的拆解,进而又试图在资本逻辑中将主体析出,但是这正是资本自身寻求合法性所需要的"物化"思维。由此一来,主体根本不可能被建构出来,因为研究者在思考的"起点"之处就否定了主体。在这个意义上,霍洛威认为,这绝对是一种灾难,因为,我们从商品出发的政治效果实在令人痛心,这会通向怎样的一条解放之路呢?从商品、资本的世界出发,就是从一种"统治的世界"出发,回顾传统马克思主义革命的劳工解放理论可以看到,其正是试图建构一种新的统治理论来瓦解先前的商品、资本建构的统治世界。但是,这种解放的道路与《资本论》的研究起点一样,一开始就没有看到人的解放,其看到的不过是一种新的统治的诞生。在这样的分析之后,霍洛威试图从一些具体的层面来论证从商品出发及其革命效应是一条依旧束缚我们、将我们困在其中的道路。他心有余悸地指明"伟大的"左派传统持守的信念,是依靠一种全新的统治方式——我们将生活在美好、自由的社会之中,他一再提示要反省这条道路,因为这可能是一条人之生存的危险之路。具体来讲,理由如下。

第一,从商品出发依然是在权力框架之内兜圈子。虽然我们生活在一个令人厌恶、压抑的资本主义社会,但这不是真正的问题所在,现在急迫的是我们究竟如何走出现有的权力构建的生存状态,无论这种权力是资本还是其他方式建构的。商品社会一直被霍洛威看作"统治的社会"。在这个社会中,各种权力的构造都依附在商品交换规则的母体之上。如果我们的视角被锁定在商品世界之上,我们愈加看不到这个社会有任何超越商品世界的可能,看不到人自身的尊严。由此,"我们讨论社会斗争或阶级斗争,但我不想如此思考,不想从此出发,不想从这样一个令人厌恶的起点开始,而想从一个友爱的我们出发"。[①]

这种语法改变的一个方面是,反资本主义运动越来越多地在以"我们"(we)谈论自身。其不怎么谈论工人阶级、被压迫者、被边缘化者等。越来越多,关键人物是我们。如果我们问谁是我们(who is

---

① John Holloway, *In*, *Against*, *and Beyond Capitalism*: *The San Francisco Lectures*, Oakland: PM Press, 2016, p. 2.

we),或者,如果我们想更符合语法,谁是我们(who are we),那么我们很快就会想到"我们"是一个问题。我们其实不太清楚。它不是一个预先定义的类别,它是一个开放的我们,是我们在邀请、在激怒。这是一个我们在问:谁是我们?①

霍洛威认定"解放"一定是与"权力"不相容的。② 以对待无产阶级的问题为例来看,他认为"无产阶级"是被我们视为"第三人称话语"的"他们"。于是,今天任何企图重构革命主体的努力都被霍洛威视为传统的革命政治的方式。诸如,拉克劳、墨菲的"边缘群体"的话语体系、齐泽克对阶级斗争的辩护、奈格里对诸众的强调等,在他的批判下都只是传统革命政治的变体罢了。理由是,我们始终将这一潜在的革命主体视为可以通过我们的"启蒙"加以"唤醒"的力量,一种作为"他们"的主体,由是,"你便进入到一种代表他们的政治思考"之中了,显然,如此一来,我们便将自己推到一个高高在上的权力位置之中,那么,解放就显得与初衷相悖。因而,他认为,社会主义运动处于曲折之中从反面给我们的教益是,"它也带给我们革命思想的解放,从革命与征服权力等同的观念中解放出来"。③

第二,从商品出发则意味着我们在这个世界面前停止行动,放弃梦想。在西方世界,一些人"已经放弃了追求一个根本不同类型社会的梦想,无疑,一些民族解放运动的失败已经使得无数人的幻想破灭了。革命的概念与获得国家统治权强有力地等同起来,通过获得国家统治权改变世界的尝试失败之后,人们做出了革命不再可能的结论"。④

之所以如此,原因在于,在一个商品、资本所统治的世界里,人们根本无法扭转或者说任何承诺过的扭转犹如一张遥遥无期的支票,从未能兑现。人们不断地工作只不过是害怕自己沦落进"落伍的人群",但即使如此,除了平庸的适应、迎合这个商品世界以寻求维持生存的基本条件之外,

---

① John Holloway, *In*, *Against*, *and Beyond Capitalism*: *The San Francisco Lectures*, Oakland: PM Press, 2016, p. 2.

② 孙亮:《走向"超越权力"的"自我解放"》,《武汉大学学报》(人文科学版)2017年第1期。

③ John Holloway, *Change the World Without Taking Power*, London: Pluto Press, 2010, p. 20.

④ John Holloway, *Change the World Without Taking Power*, London: Pluto Press, 2010, p. 19.

仿佛一切都成了不可撼动的"铜墙铁壁"。套用法国学者居伊·德波的话来讲，即使对那些看起来生活足够丰富、条件很好的人来讲，他们也只不过是对商品世界足够适应与幸运而已，这相对于人本身的丰富性来讲也不过是一种镀金的贫穷，"希望已经从人们的生活中消失了，人们放弃了苦痛与愤世嫉俗，而与现实相和解。不可能创造一个我们所希望的自由而公正的社会了"。① 这一点在西方左翼对乌托邦想象丧失殆尽的担忧中似乎得到了佐证。偏离社会主义运动的西方左翼无法想象和完成解放理论的建构，而只能在个人化的批判理论中兜圈子。依据霍洛威的看法，就前者来讲，资本所铺展的现代世界成为每个人生活的基本场域，在其中，个人的具体劳动成为"抽象劳动"，但也只有那些被抽象的，才是被"承认的"，商品、资本的世界成了一个独立于我们的"世界"，与我们无关；而后者，即权力对于个人来讲，似乎根本没有任何与之对抗的可能性，原先马克思主义那种"宏大叙事"下的"对抗国家权力"的解放思路对当下人来讲已经渐行渐远了。这种看法在"宏大叙事"的后现代批判中已经屡见不鲜。不过，霍洛威通过引证拉博埃西的话帮助我们澄清一个基本的事实，即我们有消除这种权力的可能性，"如果你们不把自己的眼睛给他，他到哪里得到足够的眼睛来监视你们？如果你们不把臂膀给他，他又怎能有那么多的臂膀来攻击你们？"②

第三，从商品出发所看到的将是一个与我们无关的世界，我们只是受害者，是不可见的。在对《资本论》的一般解读中，资本成为世界的主体，而人始终没有站在主体的位置上，诚如马克思所描述的，现代个人不过是在"抽象统治"下生存，人与人的关系被物与物的关系所遮蔽。人在这样一个世界中始终处于匮乏的状态，不断地努力，经由商品交换世界来填充这种无尽的匮乏，"我"与商品世界之间的"主客关系"彻底颠倒了，"我"是一个商品作为主体的世界的"客体"存在。以马克思对价值的四种形式分析为例，从"简单的、个别的或偶然的价值形式"、"总和的或扩大的价值形式"、"一般价值形式"到"货币形式"来看，这是一个价值形式

---

① John Holloway, *Change the World Without Taking Power*, London：Pluto Press, 2010, p. 19.
② 〔法〕拉博埃西、〔法〕布鲁图斯：《反暴君论》，曹帅译，译林出版社，2012，第37页。

不断抽象化的过程，马克思意欲揭露货币抽象化的秘密，实质上也是对现代人生活世界抽象化秘密的叙述，从而将其还原到一个更为丰富的人的生活世界，但是，我们却将这种抽象化了的价值形式所构造的世界看作独立自治的。也正是从这样的拜物教思路出发，我们即使设想出使无产者联合起来的解放策略，也依然是将无产者作为"客体"来考察。由此，我们可以得出结论，任何将人作为"客体"对待的思维都与人的解放相关思考相去甚远，从商品出发永远摆脱不了将人作为"客体"这一困境。为此，霍洛威进一步提出如下观点：

> 我们是自我对抗的，这在我看来很重要。我们反抗是因为我们针锋相对（不相宜，misfit）。字典告诉我，misfit 是一个名词而不是动词，但以字典来阐释太糟糕。我们实际上针锋相对，我们不适应（not fit in）。再说一次，如果我们今晚在这里，那是因为我们有一些针锋相对的感觉。我们不适应资本主义（好像）强加给我们的分类和模式。①

霍洛威断定这是摆脱商品自治世界的唯一道路。因而，与此相随的情形是，我们所看到的世界不再是商品所统治的，而是我们自己，我们决定着自己的生活如何，我们也不再是要对抗商品，对抗外在于我们的"它们"，而是进行一种自我对抗，即用人的尊严去抵抗否定尊严的任何行动，这是一种始终将人作为生活主体的基本生存姿态，尊严即是让不可见的重新可见，让所有的作为"客体"存在的人重新成为"主体"。

二 "财富"的文法学的分析

在《历史唯物主义研究》杂志以及一系列演讲中，霍洛威发表了《解读〈资本论〉第一句话》《我们是谁》等诸多值得重视的文本。将财富作为《资本论》研究起点则是这些文本之中的核心论点，当然，霍洛威此种重设

---

① John Holloway, *In*, *Against*, *and Beyond Capitalism*: *The San Francisco Lectures*, Oakland: PM Press, 2016, p. 12.

研究起点的做法是为其摆脱传统马克思主义左派革命思路做理论支撑。

其一，霍洛威认为，从主语的视角来看，《资本论》的第一句话中很容易看出主语并非商品，因为它仅仅是表现的"形式"。马克思说得很清楚，财富表现为"庞大的商品堆积"。但是，在商品社会中，由于物化意识作用，人们将在商品交换社会中凸显出来的这种表现形式看作财富本身，"财富表现的形式导致我们在财富与庞大的商品堆积之间建立了同一性，将它们作为完全等同的物对待"①。不过，要知道，财富与这种商品之间的同一性并非一种永恒的链接，而仅仅是商品交换社会的特征，言下之意是，在商品交换这一特定的历史阶段之外，这种社会财富的本质是什么？关于这一点，霍洛威提醒我们的是，财富实质上对于当下的商品社会来讲，恰恰是一种溢出，从而与当下的社会针锋相对。因为，当下的社会是，"在资产阶级经济以及与之相适应的生产时代中，人的内在本质的这种充分发挥，表现为完全的空虚化"，② 但是财富不同，正如霍洛威摘引马克思在《政治经济学批判大纲》中的话所指明的，"事实上，如果抛掉狭隘的资产阶级形式，那么，财富不就是在普遍交换中产生的个人的需要、才能、享用、生产力等等的普遍性吗？财富不就是人对自然力——既是通常所谓的'自然'力，又是人本身的自然力——的统治的充分发展吗？财富不就是人的创造天赋的绝对发挥吗？这种发挥，除了先前的历史发展之外没有任何其他前提，而先前的历史发展使这种全面的发展，即不以旧有的尺度来衡量的人类全部力量的全面发展成为目的本身。在这里，人不是在某一种规定性上再生产自己，而是生产出他的全面性"。③ 因而，现在的贫穷、异化并非我们去斗争的出发点，我们拥有作为"人类全部力量"的财富，去不断地呐喊。

其二，如果从宾语来看，我们紧盯着这个政治经济学的世界，一个已经不断消解、否定人的丰富性的财富世界，以此为建构理论的视域。但是，我们只要看一下马克思《资本论》的副标题，就会很清楚：政治经济学批

---

① John Holloway, "Read Capital：The First Sentence", *Historical Materialism*, Volume 23, Issue 3, 2015, p. 5.

② 《马克思恩格斯全集》第 30 卷，人民出版社，1995，第 480 页。

③ 《马克思恩格斯文集》第 8 卷，人民出版社，2009，第 137 页。

判。故而，"将商品作为起点的结果只是我们的研究'坠入'狭隘的、黑暗的政治经济学领域，我们忘记了政治经济学领域之外的丰富的世界，忘记了我们自己、我们的批判、我们的压迫，以及真正的起点"，① 应该说，这是霍洛威基于价值形式批判传统的一种坚守。依据"形式批判"来看，整个《资本论》所揭示的正是一个形式的世界、"抽象化"的世界，在这样一个世界中，真实、丰富恰恰是被遗忘的。我们知道，法国学者德波的"景象社会"正是通过对"表现"的形式化世界的描写而大获成功，景象世界即是将每一种具体的丰富的个人生活抽象为一个形式化精致的世界。② 但是，德波也指出了面对这样的世界有一个急迫的问题，那就是对于形式化的世界只能"静观"，我们是"旁观者"。霍洛威坚持的形式批判正是要对这个只能"静观"的世界加以裂解，不再从这个形式的世界出发，而是以一个丰富的世界为起点展开"形式批判"，所有的反叛不再是指向形式的销毁，而指向对丰富性本身的坚守，从这一点来讲，霍洛威比那个开枪自杀的德波要乐观一些，因为，他给自己找到了解放的方向，这个方向具体在《裂解资本主义》中，基于马克思的看法，通过对人类普遍性的行动与商品社会中的抽象劳动加以区分，否定以往将解放的希望铆钉在抽象劳动上的观点，认为应该朝向丰富性的行动这一基点，从而推出了全面的"尊严的抵抗政治学"。

其三，更有趣的是作为谓语的"表现"。霍洛威注意到马克思在《资本论》第一句中用了德文词"erscheint"，即中文的"表现"或"显现"，应该说这是国内《资本论》解读中依然重视不够的一个论题——这个"表现"蕴含着马克思整个方法论的秘密，这在现有的著作中几乎被忽略了。国外学术界倒十分不同，霍洛威仅仅提示了哈维的《与马克思的〈资本论〉同行》、新马克思阅读学派的重要成员海因里希的《卡尔·马克思〈资本论〉的三卷导论》，以及克利弗的《政治性地阅读〈资本论〉》这三本著作，指出他们均重视这种"表现"所呈现出来的"形式批判"及形式斗争的理论思考。

---

① John Holloway, "Read Capital: The First Sentence", *Historical Materialism*, Volume 23, Issue 3, 2015, p. 9.

② Guy Debord, *The Society of the Spectacle*, New York: Zone Books, 1995, p. 17.

当然，除他提及的三本之外，德文文献中也有一些研究，例如埃默斯（Sven Ellmers）的《卡尔·马克思阶级理论的形式分析》（*Die formanalytische Klassentheorie von Karl Marx*）便是这方面的代表著作。毫不夸张地讲，这一方法论已经被视为解读《资本论》最有前景的方向之一。那么，霍洛威如何认为对这个概念的理解有助于我们将《资本论》的起点重新安置在财富之上呢？

在他看来，首先，作为表现形式（现象）的"商品"并非一种假象，表现形式与实体本身之间的关系是至关重要的，表现形式是真实的形式，具有普遍有效性和稳定性的特征，这不是我们一旦指出它是一个假象，那么它就立即消除的形式。因而，霍洛威将形式看作一个历史建构起来的事实，并能够正确地指出，这种形式（现象）是由"资本主义生产方式占统治地位的社会"所产生的。这里霍洛威以作为"关系"的"形式"阐述了商品根本不是起点的看法，应该更深入一步在作为实质的"关系"之中深化对理论起点的考察，这样便可以推论出从财富出发的合理性。其次，人们之所以遗忘了财富，原因在于现实的商品"同一化"过程的普遍有效性，人们对待财富的方式如此真实地与商品、资本链接在了一起。譬如，当问及一个教授的财富，人们脑袋中一闪而过的观念是，他的房子、车子、票子，而他作为人的全面发展的丰富性能否作为财富的标准则成为问题。诸如此类，这是阻碍我们从财富出发的最为现实的拜物教难题，瓦解拜物教需要我们进入财富的视野，否则仅在商品的世界里面逗留，看到的依旧是被拜物教合理化统治的形式世界。退一步讲，如果马克思没有超越资本主义商品世界这种财富的表现形式的话，那么，他的《资本论》第一句话的写作是如何可能的呢？霍洛威认为，"斯密与李嘉图的思想限度并非错误或缺乏智力的结果，事实是聪明的脚步与大脑被锁定在资本主义社会关系之中"，因而，这不是由于马克思个人聪慧而具有此种超越性，而是他采取了"形式批判"，一种"溢出"、"格格不入"、与表现形式不相容的"剩余"的立场，由此进一步在实践中打破这种形式。①

可见，正是"剩余"使得马克思写作《资本论》第一句话成为可能。

---

① John Holloway，"Read Capital：The First Sentence"，*Historical Materialism*，Volume 23，Issue 3，2015，p. 12.

"表现"并不表示一种同一性，它仅具有同一化的过程的含义，这个过程并非完整的，因为，它也面临着一种相反方向的运动即一种抵抗。于是，霍洛威终于得出"形式批判"理论最为核心的论点，"表现的形式与非形式之间是一种对抗的关系"，一方面是不断的表现、形式化、抽象化、同一化的过程，另一方面是不断地出现反同一性、"溢出"、"格格不入"。① 这样一来，从财富出发，就是从"溢出"开始，与形式对现实的、人的实质吸纳做相反的运动，不再是那种只有商品交换世界对财富的同一化的、单向的悲观运动，而是真正拥有了希望的空间。

进一步来看，在浩如烟海的有关《资本论》的诠释文献中，为什么人们阅读第一句话时并无太多的呐喊、悲愤以及自我批判？原因就在于我们的意识已经被商品同一化所吸纳了、物化了，所以，霍洛威的"形式批判"中蕴含的"相反方向"，即反同一性的运动首先针对的就是自我思维的批判、自我存在方式的反思。当然，这也是霍洛威对阿多诺辩证法的一个运用，即阿多诺所认为的，"辩证法不仅是一种进步，同时也是一种倒退的过程"。② 霍洛威认为，马克思在写作《资本论》的时候便处于形式化的同一性运动之中，有时候他将重点放在世界的形式上（商品－货币－资本），从而忘记了人们居于其中，反对并超越这种形式。到这里，我们很容易看到的是，霍洛威认为，马克思虽然触及了财富起点，有时候却又不太明确，这是一个需要后来人不断加以补写的努力方向。依他的诠释原则，人们在阅读《资本论》的时候，不要希望找到一个真正的马克思或一种正确的解读，而应该将文本作为使人们自觉地意识到当下个体作为矛盾性存在的一种刺激物。

三 "希望的空间"

既然存在将《资本论》的第一句话"翻转"为"财富"从而以之作为

---

① John Holloway, "Read Capital: The First Sentence", *Historical Materialism*, Volume 23, Issue 3, 2015, p. 13.

② Theodor W. Adorno, *Negative Dialektik*, Berlin: Suhrkamp Verlag, 2015, S. 159.

起点的表述逻辑，那么革命的策略便是对"商品交换"这种同一性运动的逆转，即反同一性。进而，霍洛威借助马克思的劳动二重性理论，将反同一性的革命具体阐释为"行动是抽象劳动的危机"，从而彻底实现了他所认为的从反对抽象劳动的传统马克思主义革命中撤离，革命只能是对行动本身的自我批判。行动怎么成为抽象劳动的危机呢？按照马克思的看法，具体的劳动是一切社会形态中人的行动特征，但是，抽象劳动仅仅在特定的商品化社会环境中才能生成。抽象劳动对行动的抽象化、同一化的过程，正是马克思在《资本论》中着力分析的方向，今天资本逻辑的阐释当然也是对这种同一化过程的呈现，但是，这种解读的缺陷在于，没有能够将这种同一化看作一种充满否定的紧张关系，没有能够将其中的反同一化过程，即行动对抽象劳动的反抗过程揭示出来。

在《否定与革命：阿多诺与政治行动主义》一书中，霍洛威将财富作为起点的思考与黑格尔辩证法及其视野下的传统马克思主义革命理念进一步勾连起来。他认为，之所以传统的马克思主义只重视同一化这种单向的过程，原因在于其扎根于黑格尔的"同一性哲学"的辩证法，这种辩证法的思维"导致封闭，而不是开放的"，因为，"典型的黑格尔'正 – 反 – 合'的三段式在一个封闭的综合中终结了，这为作为一系列阶段或步骤的历史观提供了基础，综合是对立面的和解，换句话说，是劳资之间关系的暂时性妥协"。① 也就是说，这种辩证法始终压制差异、将异质性的多元生活与斗争还原为抽象劳动反对资本的单一矛盾，因而，它也是缺乏内容的。按照这样的理解，霍洛威批判传统马克思主义革命观，认为"斗争的丰富多元性被简化为无产阶级概念（抽象劳动作为资本的矛盾），但是，这个概念缺乏具体的意义，因为，它是从现实斗争的丰富性中抽象出来的，并服从党的纪律，进而，它很容易被融进一个新的资本主义综合体中"。② 那么，是否意味着，霍洛威所说的反同一性的斗争，像哈特、奈格里等人一样，

---

① John Holloway, Fernando Matamoros and Sergio Tischler eds., *Negativity and Revolution*: *Adorno and Political Activism*, London: Pluto Press, 2009, p. 4.

② John Holloway, Fernando Matamoros and Sergio Tischler eds., *Negativity and Revolution*: *Adorno and Political Activism*, London: Pluto Press, 2009, p. 5.

就是主张多元性、丰富性？事实并非如此，这是他与许多当代激进左翼学者不同的地方，集中来讲就是对否定和矛盾的理解不同。虽然霍洛威认为，奈格里的诸众概念对于建立松散的斗争联盟以抵抗来自资本主义、新自由主义、后现代主义等的压制具有意义，但是，"他们在拒斥黑格尔综合的层面上也一并拒斥了辩证法，这是将洗澡水与婴儿一起倒掉了"，不仅辩证法的综合被放弃，作为中心概念的否定也被抛弃了，"拒绝辩证法，因为它包含拒绝否定性，从而导致一个综合的思想，一种将一切都置放在主导范式计划之下的想法"。① 而且，当代西方激进左翼认为，矛盾观念犹如紧身衣，将无限丰富的生活和斗争紧缩为二元对立的斗争，霍洛威认为，这并非辩证法主张的结果，当我们生活在资本主义这样一个"监狱"之中，"辩证法是一个逃离计划，一个抵抗监狱的思考，抵抗坏世界的思考，如果我们在坏世界的监狱之外我们将不再能够理解的思考——但是，我们并非如此，将矛盾的辩证法意识放在一边就是忘记我们身处监狱之中，我们的日常生活，正是处在将无限创造性还原为利润生产过程这样一种单调乏味的社会组织形式中"。②

由此，霍洛威认为我们应该重新走向阿多诺的否定辩证法道路，否定的焦躁不安的运动不必导向一个美好的终结，历史不能被看作一系列的阶段，而应该是无尽的反抗运动。这种反抗诚如阿多诺所说，"辩证法意欲说明的是，在它之中积累的客观化的同一性（Identitätszwang），需要它在对象物中积累的能量去打破"。③ 不过，我们应该保留辩证法，并对其改造，辩证法的意义就在于我们身陷一个坏世界之中。阿多诺思想的中心范畴是非同一性，这种非同一性源自对象物中所积累的能量，抵抗同一性成为最重要的斗争武器，"非同一性就是拒绝同一性的秘密运动"，由此，辩证法被理解为一种对现有同一性加以打破与开放的运动，也是一种自我创造的运动。因而，这里的辩证法与德勒兹、瓜塔里、哈特、奈格里以及其他左翼

---

① John Holloway, Fernando Matamoros and Sergio Tischler eds., *Negativity and Revolution：Adorno and Political Activism*, London：Pluto Press, 2009, pp. 5 – 6.

② John Holloway, Fernando Matamoros and Sergio Tischler eds., *Negativity and Revolution：Adorno and Political Activism*, London：Pluto Press, 2009, pp. 6 – 7.

③ Theodor W. Adorno, *Negative Dialektik*, Berlin：Suhrkamp Verlag, 2015, S. 159.

学者所拒斥的辩证法差异甚大。① 在《为什么是阿多诺》中，霍洛威激动地说道，"破裂、颠倒、破碎、不确定、开放、痛苦都是阿多诺思想的核心"。② 当然，这些正是霍洛威的文本群中最常见的关键词。

那么，这种非同一性的抵抗主体是谁呢？"我们"是谁？"我们"本身不就是一种同一性的言说吗？在霍洛威看来，"当我们说我们是工人阶级的时候，只有当我们将这个无产阶级理解为是对自身同一性'爆裂'的时候，它才有意义，这个概念炸开了它自己的界限"，③ 这种理解显然是继承了阿多诺对同一性的批判，当然，也是霍洛威自己坚持从丰富性（财富）出发，而非从贫穷的商品世界出发来理解《资本论》的结果。换句话说，在他看来，传统马克思主义有关革命主体的问题正在于，人们总是企图通过灌输的方式来使得"被剥夺者"不断被塑造为"无产阶级"、不断地将各种复杂的多元的抵抗成员同一化为"革命主体"，但是，霍洛威想表达的是，革命者首先应遮蔽自己的身份，无产者只有炸掉无产者身份才真正获得解放。这在实践中的效应即是墨西哥的萨帕塔起义，正如运动中的外部人指认副司令是马科斯，但他一直拒绝承认自己是"领导者""代表者"一样，这场蒙面人运动中的"蒙面"时刻展现的是对自身现有身份的否定，这类似于小埃·圣胡安所说的阶级的"自杀"。由此，霍洛威通过阿多诺的非同一性的否定辩证法进一步完成了其整个论证体系构建，进而将其落实到抽象劳动者反对抽象劳动者身份这样一个抵抗运动上来，他将此称为"尊严的抵抗政治学"。④

我们从特殊性开始，而不是从总体性开始。我们从世界的不迎合开始，从特定的叛乱、尊严、裂缝的多样性开始，不是从根本不存在

---

① John Holloway, Fernando Matamoros and Sergio Tischler eds. , *Negativity and Revolution：Adorno and Political Activism*, London：Pluto Press, 2009, p. 8.

② John Holloway, Fernando Matamoros and Sergio Tischler eds. , *Negativity and Revolution：Adorno and Political Activism*, London：Pluto Press, 2009, p. 12.

③ John Holloway, Fernando Matamoros and Sergio Tischler eds. , *Negativity and Revolution：Adorno and Political Activism*, London：Pluto Press, 2009, p. 14.

④ John Holloway, *Crack Capitalism*, London：Pluto Press, 2010, p. 16.

的伟大统一的斗争开始，也不是从统治系统开始。我们从愤怒和失落开始，并试图创造别的东西，因为这是我们生活的地方，这是我们的地方。也许我们正在一个奇怪的开始的地方寻找一个奇怪的东西。我们在黑暗中寻找希望。我们试图创立反对希望的希望理论。这无疑是唯一剩下的理论主题。①

当然这里面暗含的基本理念便是停止制造资本主义。作为抵抗同一性过程的策略，霍洛威认为，停止制造的可能性在于"行动与抽象劳动之间的持续紧张"，因为，"行动是抽象的弱点，是对抽象劳动规训的持续威胁，在这个意义上讲，我们能够将行动阐释为资本主义永恒的危机"。② 显然，这种危机从资本自身的危机转向了"我们"，主动权表现为我们有权停止按照"抽象劳动"来对待自身的"行动"，如果说行动被抽象化是消除尊严，那么，逆向的停止制造资本主义就是恢复人的尊严。

停止制造资本主义因而成为我们生存状态翻转的一个支点，"抵抗抽象劳动的行动是向每一时刻开放的斗争，坚信我们自己的决定以反对任何预先的决定，反对所有发展的客观法则"，所谓预先的决定就是"我们必须按照特定的方式行动"，这在商品社会中显而易见，譬如，一个菜农的行动被预先决定为必须符合抽象劳动的规则，这个时候，霍洛威认为，我们应该说"不，没有预先存在的资本主义，仅存在我们今天制造的资本主义或不制造它"，所以，革命与解放的可能性就在于，我们选择"不制造"，"行动者不再以为资本的再生产作贡献的行动去填满它"。由此，霍洛威主张："停止制造资本主义，做一些其他的事情，有道理的、美好的和令人享受的事情。停止制造正危害我们的体系。我们只能活一次：为什么要用我们的时间来毁灭我们自己的存在？我们当然能够做一些更利于我们生活的事情。"③ 霍洛威认为，停止制造资本主义就会一次次地使得资本再生产发生"断裂"，这是持续的否定过程，却没有任何美好的终点。毫无疑问，这也

---

① John Holloway, *Crack Capitalism*, London：Pluto Press, 2010, pp. 16 – 17.
② John Holloway, *Crack Capitalism*, London：Pluto Press, 2010, p. 178.
③ John Holloway, *Crack Capitalism*, London：Pluto Press, 2010, p. 254.

是他批判黑格尔辩证法之后走向阿多诺否定辩证法的结果，"停止制造资本主义重新理解革命问题不能给我们答案，存在诸多非常真实的压力（压制、饥饿）推动我们每天再生产资本主义，重新理解至少要求我们转移注意力，它使我们首先聚焦于资本主义制造者与潜在的非制造者，即我们自己"，①就是说，我们要从建构资本的社会参与者，变成一个清醒的旁观者，这样我们便能真正地走向解放，也才能理解停止制造资本主义的意义。所以，霍洛威认为不是要给群众灌输一种传统意义上的革命意识，而是要人们提高对无处不在的"制造资本主义"的警惕，从而不断地制造资本与生活之间的"裂缝"，从而为实现人类尊严寻找希望的空间。

---

① John Holloway, *Crack Capitalism*, London：Pluto Press, 2010, p. 254.

第九章
左翼的主体观念：基于巴特勒与霍洛威
对勘的反思

　　霍洛威"开放马克思主义"哲学的主体理念，始终纠缠于统治、臣服，以及如何成为一个主体的复杂的抗争关系，其实质在于，权力之于主体的意义。从这一点来说，霍洛威的主体理论与朱迪斯·巴特勒（Judith Butler）非常相似。为什么以朱迪斯·巴特勒的观点为辅助的理论透视工具呢？理由有二：一是朱迪斯·巴特勒是国内学术界非常熟悉的学者，其文本也是研究马克思主义哲学的学者非常关注的对象，从这一点来讲，与巴特勒对比，有助于人们增加对霍洛威的理解；二是二人之间存在诸多相同之处，这些可以构成我们进一步理解霍洛威的支撑点。二人之间当然也存在差异，比如霍洛威是借助价值形式的"脚手架"进入主体思考的。对朱迪斯·巴特勒来讲，她强调服从意味着被权力压制，这同时也是人成为一个主体的过程，就后者而言，指向自身的意志，才能促成自我反思的主体生成。与流行的颠覆服从的权力结构的看法不同，巴特勒依循福柯的"权力关系的本质，是敌对力量的冲突"这一论断，主张权力不可消除，并从主体的维度强调主体在加诸自身的权力规范之外，寻求另类文化的可理解性，由此建构其抵抗的政治哲学。但是，其政治哲学的前提依然是停留于认识层面的主体，没有深入社会结构和历史本质论的层面。霍洛威虽然试图借助对价值形式的抽象统治形式的分析，捕捉到历史本质论，但是，霍洛威由于并没有真正对资本主义的生产资料所有制即社会结构进行批判，因而，最终还是资本主义社会的旁观者。

下面我们从巴特勒谈起。在汉语学术界，当人们要展开女性主义研究时，朱迪斯·巴特勒的《性别麻烦：女性主义与身份的颠覆》便很自然地被提及，正如人们想要对资本所建构的现代世界展开批判时，自然地想到要征引马克思的《资本论》那样。但这种视野窄化了朱迪斯·巴特勒本人的思想论域。之所以会这样，当然与朱迪斯·巴特勒本人的写作风格相关，按照玛莎·努斯鲍姆（Martha Nussbaum）的说法，"她是在对学院中的一群年轻理论家说话，他们既不是研习哲学的人，这样的人会关心阿尔都塞和弗洛伊德和克里普克究竟说了什么；也不是学院外的人，这样的人则需要了解她们提出的现实计划的性质及其价值"。[①] 其实，这也是今天在汉语学术界名声大噪的激进左翼思想家们的"通病"，我们看到，在他们的文本中，到处充满着"神谕"式的谜一般的语言。在阅读朱迪斯·巴特勒的时候，我们不能将其与某位哲学家"关联得太紧"，不能以某位哲学家的思想"下行"到巴特勒的文本中"强行阐释"。实际上，诸如黑格尔、德里达、拉康、阿尔都塞、福柯等人的思想在巴特勒的文本中，不过是短暂地出场，巴特勒不过是"杂耍"一般地将这些思想家"杂糅"在一起。当然，对于学术界之外的人们来讲，巴特勒也绝不能仅被理解为女性主义的辩护者，更不能认为其构想真正展现了使主体获得解放的可能性路径。不过，这些都不会影响我们重新阅读巴特勒，因为，我们在生活中所遭受的宰制依然需要更多的视角来加以理解，任何一种解放的路径虽未必彻底，但都值得注目。

一 转回自身的意志与自我反思的主体生成

在巴特勒的文本中，主体是一个最为核心的概念，这一点在《性别麻烦：女性主义与身份的颠覆》一书中是通过性别分析来指认的。但是，人们将巴特勒对主体思考的方案概括为主体建构主义，或者说是一种主体对社会文化、权力场域的"服从"。当然，这一点在巴特勒那里非常明显，

---

① 〔美〕玛莎·努斯鲍姆：《戏仿的教授——朱迪斯·巴特勒著作四种合评》，陈通造译，《汉语言文学研究》2017 年第 4 期。

"如果我们认为权力同时也形成了（Forming）主体，并提供了它存在的条件和欲望的轨道，那么，权力就不单单是我们所对抗的东西，而在很大的意义上，权力是我们的存在所依靠的东西"①。由此出发，学术界比较重视从这个视角来理解主体，因为主体总是被抛在或跌落在先于自身存在的社会存在之中，主体无法避免此种命运，展露出其"脆弱不安的生命"特质，这是从生存论的层面规定"人生在世"的始源性社会结构状态。社会结构像魔法一样成功地"同一化"人的主体观念，如果我们仅能够看到这种对人的"同一化"的一面，那么，便没有什么可能的道路通往解放。因为，主体完全受制于社会结构，根本没有主体。由此，所谓的解放不如说是"自我反思"的觉醒，"自我因此可以通过摆脱一切封闭型社会所具有的那些社会形式而恢复自我，自我的恢复是摆脱的结果"②。不过，与主体从屈从的一面加以建构这一维度的理解不同的是，我们应当关注另外一面，那就是建构主体的过程是持续不断的。性别这类特质表现为一种"性别化"的过程。但是，在以往那种男性以独白的方式，将女性视作异己的、作为主体反面或"他者"的霸权语言系统里，它（性别）"一直以一种实在（Substance）的面貌存在，从形而上学上说是始终如一的一种存有，这样的表象是通过对语言以及/或者话语的操演扭曲而达成的，它掩盖了'生而为'（Being）某个生理性别或社会性别基本上是不可能的这个事实"③。显然，巴特勒拒绝将主体视为一个固定的模式，而视其为可变的，一切本质主义化的单一向度的"同一化"过程都是与形而上学的思维合谋的，所以，如果我们还以主体建构主义的方式来理解巴特勒那就错了，由此也就不可能找到通向激进解放的道路。那么，"她"如何描述这种主体的"生成"过程呢？当然是拒绝同一性的生成，之所以人们总是侵染于"一个持久不变的实在或是性别化的自我表象"之中，是因为主体是"依照文化所建立的一些一致性（同一性——引者注）脉络对属性进行管控而生产的"，由此，

---

① 〔美〕朱迪斯·巴特勒：《权力的精神生活：服从的理论》，张生译，江苏人民出版社，2009，第2页。

② 〔英〕莱姆克等：《马克思与福柯》，陈元等译，华东师范大学出版社，2007，第39页。

③ 〔美〕朱迪斯·巴特勒：《性别麻烦：女性主义与身份的颠覆》，宋素凤译，上海三联书店，2009，第25页。

"性别不是一个名词",但它却是"通过操演（Performatively）生产而强制形成的",① 巴特勒在这里虽然没有明确说出性别只是一个动词，但实质上"她"要讲明的是，社会结构对主体加以建构的过程中，主体一直是流动的，主体不断地屈从于这一"先在结构"，但同时也与这种结构持续地斗争，作为社会关系的文化、权力等形式不断地被嘲弄、质疑。因而，所有的始源性的社会结构对主体来讲，都不是一劳永逸地完成同一化的建构，而是不断地重建。

当然，如果只是从主体的建构性一面来理解巴特勒的思想，那等于说她并无什么思想贡献，因为主体建构主义的学术谱系已经足够丰富。实际上，巴特勒重构了主体建构主义思路，"她"并非将建构过程看作一种单向的"社会"对"主体"的同一化，而是拒绝了这一点，认为"'服从'意味着被权力屈从的过程，同时也是成为主体的过程"。② 这一句话往往被理解成"主体就是被质询或通过话语生产建构起来的"。表面上看，也的确如此，正如"她"所借用的阿尔都塞那个"蹩脚的例子"所说明的，"一个警察呼召街道上的一个行人，接着，这个行人转身并认识到自己就是那个被呼召的人。在这一识别行动被提出和接受的交换过程中，询唤——社会主体的话语生产——发生了"。③ 但是，"她"特别想强调的是，"主体"能够在"建构"的过程中对"同一性"（服从）这一向度进行反抗。实际上，如果我们否认了这一点，就等于在人的生存方面相信了"宿命论"，因而，对于巴特勒来讲，需要论证社会结构的"同一性"也就是服从不完全是人无法驾驭的，事实上是主体自我意志的产物，或者说，服从不过就是主体自己所导致、选择的。这一点，对于熟悉马克思的人来说并不陌生，在马克思那里，他以"无声的强制"说明了主体必然做出选择的理由，而对于福柯来讲，规训的效果不过就是将纪律烙印在主体内心中，从而成为

---

① 〔美〕朱迪斯·巴特勒：《性别麻烦：女性主义与身份的颠覆》，宋素凤译，上海三联书店，2009，第34页。
② 〔美〕朱迪斯·巴特勒：《权力的精神生活：服从的理论》，张生译，江苏人民出版社，2009，第2页。
③ 〔美〕朱迪斯·巴特勒：《权力的精神生活：服从的理论》，张生译，江苏人民出版社，2009，第5页。

创造主体的能力，但是按照勒布朗的看法，这不过是强调权力的外在关系，其特征之一就是通过自己的力量阐释实体行动以及最终阐释一种主体功能。但是，巴特勒想强调的并不是这样，"她"采用的是"权力的内在方面，其主要特点是能思考对权力关系的依赖并能看到对权力关系的主观赞同"。①

在《良心使我们屈服》一文中，巴特勒借助尼采、阿尔都塞、阿甘本等人的观念帮助我们理解一个问题——主体为何心甘情愿地选择服从？在尼采的《论道德的谱系》中，良心这个词就是指一种将常规内化在自己意志中，以承诺未来的能力。而对于阿尔都塞来讲，良心这个概念正是意识形态实施的功效，"'良心'这个概念被理解为对可以言说的东西，或者，更一般地说，是对可以表现的东西所施加的约束"。这种约束正是服从的根源，"它指明了一种转向——一种自反性——它为主体形成建构了可能性条件，通过这个良心时刻，这种向某个人自身的转回，自反性得以建立"。②也就是说，自反性其实一方面造就了屈从的存在结构，另一方面正是在这里显示了主体能动性的存在，而以往关于这一点的讨论似乎陷入死胡同。巴特勒认为，"这个困难部分在于，主体既作为一种先于权力的结果（Effect）出现，又以一种有严格限制的能动性的可能性条件（Condition of possibility）出现，致使主体自身成为这个矛盾的场所"，也正是因为这样理解，能动性变成了"权力的一个无意的目标的采纳"，不过，"与使其成为可能的权力之间的关系，是一种偶然的、反向的关系"，从而，我们可以明确地看到巴特勒与以往主体建构主义之间的差异，"权力既外在于主体，又是主体发生的场所（Venue）"。③显然，主体并没有因为融入社会权力结构而丧失主体地位，反而因为可以借助社会权力结构生成的场所从而为未来的生存状态扭转提供可能。

这样一来，主体实质上存在二重性：一方面，确实存在以往主体建构

---

① 〔英〕莱姆克等：《马克思与福柯》，陈元等译，华东师范大学出版社，2007，第40~41页。

② 〔美〕朱迪斯·巴特勒：《权力的精神生活：服从的理论》，张生译，江苏人民出版社，2009，第110~111页。

③ 〔美〕朱迪斯·巴特勒：《权力的精神生活：服从的理论》，张生译，江苏人民出版社，2009，第13~14页。

主义所理解的那种情况，主体是权力造成的结果；另一方面，巴特勒努力的方向则是我们在上文着力要疏解出来的部分，这就是"她"的主体观念所强调的，屈从之下依然存在主体发展的空间与可能，甚或屈从就是主体为了自己的发展而主动选择的结果。在社会权力结构对主体同一化的过程中，一定存在不可同化的剩余，从而，必然会存在反抗、产生愤怒，生命之中不可归结为权力的特征进一步激活了激进政治理念的构想空间。

二 不可消除的权力与构建抵抗的政治理念

在以往种种解放政治的理念中，权力常从主体二重性的第一种维度被认识，因而解放主体自然就是颠覆权力，从而取消政治。1976 年，福柯在其课程中斥责以往对权力作经济主义的理解，认为权力的主要职能一方面是维持生产关系，另一方面是生产阶级的统治，从而，政治权力在经济中找到了其历史性的根源。也正是因为如此，人们认为改变生产关系当然可以改变权力，基于这种认识，福柯反问道，"权力与经济相比总是处于第二位吗？它总是由经济来最终决定并由经济来规定它的功能吗？"他果断地否定了这一点，"权力首先不是经济关系的维持和再生产，从自身来看，它主要是一种力量关系"，[1] 进而对权力作了非经济主义的阐发，"权力关系的本质，是敌对力量的冲突"。[2] 所以，思考巴特勒的政治理念，绝不能陷入消除权力的困境中。我们知道，后马克思主义代表人物之一墨菲的《论政治的本性》，同样证明政治性作为政治生活中永恒存在的特征，不可能被消除。其实，在欧洲 1968 年五月风暴之后，那种消除权力以实现解放的观念基本上被抛弃了，所以，1968 年之后的激进左翼学者不会再通过这一路径寻求解放。由此，我们在巴特勒那里也看到了"她"的此类判断，政治任务不是拒绝再现政治，而是处于这样的语境中——"语言和政治的司法结构构成了当代的权力场域；因此，没有一个理论立场是外在于这个立场的"，那么，我们如何能够找到"在这个建构的框架里，对当代司法结构所

---

① 〔法〕米歇尔·福柯：《必须保卫社会》，钱翰译，上海人民出版社，1999，第 13 页。
② 〔法〕米歇尔·福柯：《必须保卫社会》，钱翰译，上海人民出版社，1999，第 15 页。

生产、自然化以及固化的身份范畴做出批判的论述"呢？①

问题在这里大致可以明确了，主体在服从这些权力结构的同时，发展了自身，其实核心就在于对"固化的身份展开批判"。这样，"她"的反向逻辑的思维习惯出场了，也就是拒绝从一种"同一性"的视角出发，坚持对本质主义作形而上学的批判，倾向于从"非同一性"的一面出发。诸如"她"在表演理论（performance theory）中反对有一个先在于表演的主体存在，其只能是由人的表演而生成或显露出来，这便是对既有权力框架的各种规范的拒绝。所以，巴特勒坚持主张，"我的论点是，并不一定要有'行动背后的行动者，''行动者'反而是以不一而足的各种方式在行动里，通过行动被建构的"。② 当然，如我们在前面已经阐明的那样，这里并非实现权力结构对主体的建构，因为这样一来，它还是承认了一种先前话语的结构存在。巴特勒感兴趣的是，"这两者在彼此中、通过彼此而在话语上具有可变性的互相建构"，③ 这就是"反身中介的能力"。其实，就算我们从权力结构来思考主体，我们也不可能将各种主体理解为是其所处的那个文化世界所全部建构的。任何主体都是特定情境的产物，绝不可能穷尽这种情境化的一切，企图一劳永逸地设定身份的任何努力都是不现实的。不过，正是认识到这种建构无法表达的无限性"为女性主义政治力量的建构提供了一个新的出发点"。④ 由此，巴特勒与其他激进左翼学者一道批判了黑格尔。在"她"看来，马克思、卢卡奇等人所引导的解放话语陷入黑格尔的"同一性哲学"思维方式中去了，依据这种同一性思维，它试图将主体的异质性特征归入某一种身份，例如人们会用"女性主义者"、"生态主义者"或者"无产阶级"来划分某些主体，但是，主体绝不是这些符号、规范系统所能够"一网打尽"的。主体如果始终认为自己就是某类，这种某类的符

---

① 〔美〕朱迪斯·巴特勒：《性别麻烦：女性主义与身份的颠覆》，宋素凤译，上海三联书店，2009，第 6 页。

② 〔美〕朱迪斯·巴特勒：《性别麻烦：女性主义与身份的颠覆》，宋素凤译，上海三联书店，2009，第 186 页。

③ 〔美〕朱迪斯·巴特勒：《性别麻烦：女性主义与身份的颠覆》，宋素凤译，上海三联书店，2009，第 186 页。

④ 〔美〕朱迪斯·巴特勒：《性别麻烦：女性主义与身份的颠覆》，宋素凤译，上海三联书店，2009，第 187 页。

号对主体来讲就成为新的权力系统。但黑格尔的幽灵却使人们忘记了这一点，"黑格尔内容哲学的基础和结果是主体的第一性，或用他的《逻辑学》导论中的一句著名的话说，是'同一性和非同一性之间的同一性'"。[①] 正是对"同一性"的迷恋，人们才会将要直面的世界与主体看作"同一性"的，但在巴特勒等人看来，这绝对是一种错误的认知。

那么，怎么做到颠覆这种"同一性"呢？这需要厘定一个基本的前提。我们知道，巴特勒一直将主体身份观念看作一种意指，身份就是一种"暗示"、一种对主体"同一性"的持续性的意指，认知的意指同时也是主体不断生成、发展自己的实践过程。这样就不会再像阿多诺那样从哲学层面揭示辩证法就是"非同一性"，而是从认知论的模式转向充满了各种偶然性的、开放性的实践模式。在实践模式中，我们将能够看到，以往被意指一种身份时，人们表面上简单地归属单一的、本质性的、名词化的"身份"，诸如这是一个"学者"，学者就是对某位主体的本质性的意指，"性别"当然也是这样的情况。所有的身份的意指不是往一个方向运动，当然更不可能是静止的，应该将主体置于某种话语体系之中，"话语是具有历史特殊性的语言组构，以复数的形式呈现，并存在于时间的框架里，创建无法预测、非刻意的各种交集，从中一些独特的话语可能性模式得以产生"，[②] 其实，关于巴特勒的这一点论述，如果单纯从建构的客体视角来看，拉克劳也做过同样的批判，他是以非还原论的方式，从后马克思主义者喜欢使用的话语链接的实践模式出发，解决对主体建构的领导权问题。所以，理解巴特勒必须回到主体自身能动性的视角，"她"认为，身份受到权力所加诸自身的影响，各种规则与等级话语不停地影响主体，这样一些话语也在决定主体的何种身份是可以被人们理解的，"主体并非被它所由以产生的那些规则所决定，因为意指不是一种创立的行动，而其实是一个受到管控的重复过程，它正是通过生产一些实在化的结果而自我隐藏、同时强制施行其规则"，[③] 显

---

① 〔德〕西奥多·阿多尔诺：《否定的辩证法》，张峰译，重庆出版社，1993，第6页。
② 〔美〕朱迪斯·巴特勒：《性别麻烦：女性主义与身份的颠覆》，宋素凤译，上海三联书店，2009，第189页。
③ 〔美〕朱迪斯·巴特勒：《性别麻烦：女性主义与身份的颠覆》，宋素凤译，上海三联书店，2009，第189页。

然，主体身份感犹如强迫症一般，是靠重复的意指强化而成的。

在巴特勒的构想中，主体的能动性就是要在这种重复之中洞穿实现"非同一性"、激化变异的可能，从而使得区别于现有权力规则的另类文化被理解，原先的意旨也就发生了断裂。因而，所谓的真实以及性别事实不过是一种幻象，主体洞穿这种幻象的关键就在于以表演的方式揭露自然物本身就是拥有操演的性质的。戏仿实践恰好撕裂了实在身份的伪装，使其不稳定起来，"并且使自然化的强制性异性恋叙事失去了它们的中心主角：'男人'和女人。对性别的戏仿重复同时也暴露了误以为性别身份是一种难以究竟的深义与内在实体的错觉"。① 这样巴特勒的抵抗政治理念的所有基础就建立起来了。我们知道，政治成为福柯所谓的权力，是一种对立的双重活动，对应于阿多诺则是"同一性与非同一性是同一个过程"。所以，巴特勒所谓的政治便是一方面确立管控的身份主体，另一方面不断地寻找断裂去接触对身份的管控意指的实践。对身份稳定性的本质主义的解构并不能消除权力、解构政治本身，巴特勒认为政治理念的任务就是去揭示、去描述那些已经存在着的、未被呈现的部分，"……存在于被指定为文化上不可理解的和不可能发生的文化领域里的可能性。如果身份不再被定为一个政治三段论的前提，而政治也不再被理解为一套实践、衍生自所谓从属于一个既有群体的利益，那么一定会有一种新的政治设定从旧有的废墟中浮现出来"。② 因而，我们在巴特勒的文本中一直看到"她"在努力地掀掉身份政治中稳定的性别前提，以及掩盖另类性别的文化设定，这是基于"非同一性"来寻求解放的可能性维度。

三　文化认知的变革限度与面向资本主义生产现实

在西方学术界对巴特勒上述政治理念批判最为尖锐的，可能莫过于玛

---

① 〔美〕朱迪斯·巴特勒：《性别麻烦：女性主义与身份的颠覆》，宋素凤译，上海三联书店，2009，第191页。

② 〔美〕朱迪斯·巴特勒：《性别麻烦：女性主义与身份的颠覆》，宋素凤译，上海三联书店，2009，第193页。

莎·努斯鲍姆，她指责其是一种可怕的无为主义取向（quietism），之所以如此，努斯鲍姆认为巴特勒居然在讨论主体的时候还谈论服从，"警告我们不要幻想着从种种压迫性结构中完全逃脱：我们正是要在这些压迫性结构中找出一点点抵抗的空间"。[①] 显然，努斯鲍姆不明白政治是一种双向互动的过程，因而，这个指责其实是没有什么力度的。巴特勒绝对不是为了一些特殊的、边缘的文化及群体而去设想彻底瓦解普遍性，而是鲜明地提出特殊性就立足于普遍性。巴特勒虽然像其他激进左翼学者那样，认为普遍性必然是有局限性的，所以不存在以普遍性的实现为幌子的所谓美好的终结，并始终拒绝以本质主义的方式封闭地理解主体的身份、性别，但是对普遍性始终持有需要重新"筹划"的观念，"她"坚决拒绝那些认为主体能够独立于权力结构，或者存在一种脱离权力结构的主体的观点。这样一来，问题便不在于是否存在对主体建构的"普遍性"的权力结构，而是要看到，"其规范的和乐观的要素恰恰在于有多种可能扩大自由主义的关键条款之民主可能性，使它们更包容、更动态、更具体"。[②] 承认普遍性的存在，并以包容、多元的姿态理解普遍性所能容纳的多种可能性，这是非常必要的，这一点也体现在巴特勒的"竞争的普遍性"观念中。所以，对巴特勒展开批评的方向并不在于"无为主义"之类的看法，而是至少在三个方向上，需要重新反思"她"的激进政治理念的构想，并加以改进。

首先，当巴特勒强调权力服从也是主体的生成发展场域与条件的时候，其主张找出现有身份权力结构与规范中被排除、压制的因素，从而确定主体冲破身份而不停做出努力的方向。但是，这种主体自身的反思能力在主体不改变社会权力结构情形下能形成吗？或者说，这种主体称得上是解放实践的主体吗？显然，答案是否定的。我们知道，在西方后马克思主义者的鼓噪下，解放实践的主体从马克思所看重的劳工阶级转向了持有不同诉求的抵抗主体。他们大致分享了福柯对权力的经济主义的批判，倡导的激

---

① 〔美〕玛莎·努斯鲍姆：《戏仿的教授——朱迪斯·巴特勒著作四种合评》，陈通造译，《汉语言文学研究》2017年第4期。

② 〔美〕朱迪斯·巴特勒等：《偶然性、霸权和普遍性》，胡大平等译，江苏人民出版社，2004，第4页。

进政治显然更多是指向"非物质主义"的因素，而且 1968 年的欧洲新社会运动又强化了阶级不再是激进运动唯一主体的印象。其实，巴特勒与其他激进左翼学者表面上承认社会结构对主体的影响，但是在回溯主体抵抗社会结构的"同一化"时，他们所说的主体却可以脱离社会结构而在观念领域存在，这注定只能是一种片面的、特殊的、个体性的观念，因为，他们忽视了主体是处于普遍的社会交往之中这一现实的"存在论根基"。随着整个社会呈现"交往的普遍性，从而世界市场成了基础"，主体并非处于彼此相互阻隔的状态，世界市场是主体交往的结果，也提供了"个人全面发展的可能性"，这种可能性"不是想象的或设想的全面性，而是他的现实联系和观念联系的全面性"。[①] 一旦我们从主体之间联系的全面性、普遍性的角度来看，我们将能够看到巴特勒所塑造的主体虽然在经验现象层面针对个体有一定的说服力，例如当一个女性觉察到女性身份就是她受到压制的来源，拒绝对女性身份作本质主义理解，从而使得主体拥有抵抗的可能，这是没有问题的。但在异质性的主体身份之间依然存在一个问题，那就是随着社会交往的加深，"观念联系的全面性"越发突出，从而必然要从普遍性的视角来思考整个社会之中人们遭受的本质性的压制因素是什么。所以，马克思思考阶级意识的时候，从来不是进行一种高高在上的哲学思辨——无论是黑格尔式的还是激进左翼倡导的后黑格尔式的——以便预设主体必然会产生阶级意识，但是无产阶级的产生及其必将推进政治革命的解放事业等论点，都是基于资本主义的生产力与生产关系的矛盾运动得出的。

其次，当我们理解巴特勒所持有的强加于人的权力同时也能"刺激"人的权力意识这一论断时，需要注意"她"设定的条件，"成为一个自我，必须进行虚构的自反，排除严格认同的可能性"。[②] 实际上，这种"虚构的自反"是否可能呢？巴特勒自己也同意，人们总是存在于一定的权力结构之中，不过"她"所理解的权力结构更多是身份、文化、认同意义上的。那么，现存的文化观念是自主的吗？其实，这些激进左翼学者通过谈论身

[①] 《马克思恩格斯全集》第 30 卷，人民出版社，1995，第 541 页。

[②] 〔美〕朱迪斯·巴特勒：《权力的精神生活：服从的理论》，张生译，江苏人民出版社，2009，第 190 页。

份、文化、认同，而诉诸所谓自由、平等、正义，这些只是社会发展到资本主义形态时所表现的"文化形式"，这不是一部分人进行文化杜撰来统治人，而另一部分人意识到并冲破这一文化形式就能获得解放的事情。这种文化就是我们每天的日常生活，巴特勒所说的"主体"其实根本不可能从这种生活现实中逃逸。影响我们日常生活的文化正是现实的经济生活处境所强化的，在商品流通流域，我们每天看到的并非商品者之间的"强制占有"，而是"他们互相承认对方是所有者，是把自己的意志渗透到商品中去的人格。因此，在这里第一次出现了人格这一法的因素以及其中包含的自由的因素。谁都不用暴力占有他人的财产"。① 在劳动力买卖的"人才市场"中，公正、天赋人权等被展现得更为"客观"，"自由！因为商品例如劳动力的买者和卖者，只取决于自己的自由意志。他们是作为自由的、在法律上平等的人缔结契约的"，"平等！因为他们彼此只是作为商品占有者发生关系，用等价物交换等价物"。② 资本主义不仅进行物质生产，也在生产大量的拜物教思维，这一思维方式在经济上，就是将物以价值形式表现看作物本身固有的属性，从而使人失去对价值化世界作历史性的考察的可能。在文化上，就是将商品经济生活影响下的自由、平等、正义等诉求看作可以脱离任何社会形态而存在的永恒的观念。巴特勒虽然谈论的是身份，但是"她"依然在谈论抵抗身份主体，从而寻求一种更加正义的"另类文化"生成的主体。值得注意的是，正义的判定需要洞穿这一拜物教思维，而这在资本主义社会生产关系范畴中才能真正认识到。

最后，巴特勒的激进政治哲学所关心的主体只是一个"认识的主体"，虽然"她"倡导意指的实践模式，但"她"的主体依然不是从历史的视角来审视的。这有什么不妥吗？的确，个人在日常生活当中，往往只以日复一日的感性积累为依据来认识权力结构，"通过传统和教育承受了这些情感和观点的个人，会以为这些情感和观点就是他的行为的真实动机和出发点"。③ "主体"虽然拥有巴特勒所说的虚构的自我反思能力，并自觉地反对

---

① 《马克思恩格斯全集》第 30 卷，人民出版社，1995，第 198 页。
② 《马克思恩格斯文集》第 5 卷，人民出版社，2009，第 204 页。
③ 《马克思恩格斯文集》第 2 卷，人民出版社，2009，第 498 页。

日常生活中的感性世界的种种压制，并在认识的维度上寻求出路，但是，巴特勒的"主体"，就其文本表现而言，未能从资本主义的内在运行逻辑去理解感性世界为何如此"表现"，其背后深层的历史本质又是如何。今天，包括巴特勒在内的西方激进左翼学者几乎都陷入这种历史现象论的层面来理解"权力"、"主体"乃至"解放"的可能性，进而只能将主体放到认知的层面来谈论，这是他们拒绝本质主义思考所付出的代价。譬如，哈特与奈格里如下表述正暗含此意，"当我们谈论一种唯物主义的目标时，我们在谈论一种由主体构建、由民众用行动组成的目标。这涉及一种对历史的唯物主义的解读，它认可了社会机制通过社会力量自身的遭遇与冲突而形成"。① 但是，在传统马克思主义理解中，主体是在历史本质展开过程中加以认识的，马克思在其文本中一直告诫人们警惕德国观念论历史观与英国古典政治经济学的经验主义，需要将人放到阶级关系中加以理解，历史主体就是将人与阶级关系联结在一起的"阶级人"。正是基于这样的理解，人与社会形态"关联起来"，人的解放就是人在改造社会形态的过程中成就自己。这给工人阶级抵抗资本主义社会制度提供了历史本质性维度的依据。马克思及传统马克思主义强调从历史本质论出发理解"阶级人"这样一种"历史主体"，由此瓦解资本主义运行的内在逻辑是解放的主要出路，这是宏观的解放叙事。而巴特勒等激进左翼从"认识主体"寻求自我反思能力来建构主体的发展、解放的道路，这可以被看作日常个人解放的另一种路径，我们可以将其理解为微观的解放叙事。无论是从历史主体还是从认识主体来讲，其都基于不同维度，因而，宏观与微观的相互整合将是批判理论合理发展的探索方向，正是从这一方面我们看到巴特勒、霍洛威的主体理论在西方似乎成为左翼比较认同的看法，但是，他们倾向于从个体化的视角理解主体，舍弃了对个人做社会性思考（虽然他们也着眼于外在关系对人的压制，但是在对关系的改造方面，却滑向了个人主义的抵抗方式）。此类激进左翼思潮没有能够延续世界社会主义运动，没有能够将个人置于阶级斗争的视野中，基于此，霍洛威所宣扬的"开放马克思主义"注定只

---

① 〔美〕麦克尔·哈特、〔意〕安东尼奥·奈格里：《帝国》，杨建国等译，江苏人民出版社，2008，第349页。

能是一种理论观念性的尝试，虽然激进姿态有力，但是在行动上无法真正面对资本主义社会的革命性的替代问题。对于后一个问题，还是得回到历史唯物主义视域下、回到世界社会主义运动史中，如此才能真正地将人类解放事业推向深入。

第十章
"开放马克思主义"与法兰克福学派的新遗产

政治经济学批判作为法兰克福学派的"支流",如今已经呈现出丰富而饱满的思想图景。新马克思阅读学派及其所延展出来的"开放马克思主义"在一定意义上凸显了这一图景的理论特质。"阿多诺式的底牌"成为理解两者的关键,特别是在霍洛威的思想中显现为:不要从同一性的视角出发,而是要更注重非同一性的一面;以批判同一性的"综合"拒绝对现实生活作一种目的论的倡导;非同一性是创造力,同一性则是对创造力的否定。返回政治经济学批判可以看到,作为理论支架的"交换抽象",及由"交换抽象"所形成的资本主义批判方式,实质上遮蔽了资本与劳动的交换,从而遮蔽了私有财产权制度,霍洛威等后马克思主义者号召拒绝抽象劳动,但真正要拒绝的是资本主义生产关系。

思想史的"主流"往往会无限地衍生,但"支流"也会随着时代的变迁而重新得到关注,某种情况下还可能出现"主流"与"支流"的"换位"。以法兰克福学派来讲,无论是马丁·杰伊(Martin Jay),罗尔夫·威格豪斯(Rolf Wiggershaus)、埃米尔·瓦尔特-布什(Emil Walter-Busch)的经典法兰克福学派史的书写,还是德米洛维奇(Alex Demirovic)在关于法兰克福学派发展脉络的最新作品中的勾勒,基本上是将笔墨留给核心人物如霍克海默与阿多诺,然后再推进到本雅明、波洛克、诺伊曼、马尔库塞、哈贝马斯、霍耐特等人。这一被勾画为"主流"的思想谱系以其对现代性统治的支配结构的批判，诸如技术批判、文化工业批判、启蒙批判等而不断得到学术界关注，总体来说，政治经济学批判却成为被"遗漏"的视角。对于汉语学术界来讲，法兰克福学派与政治经济学批判之间的关系直到现在依然是一片尚待展开的研究领域。实质上，在霍克海默与阿多诺的文本中，政治经济学批判得到过论述。譬如，霍克海默在《传统理论与批判理论》中已经指出，在运用社会批判理论对当代进行研究时，可以对"以交换为基础的经济特征的描述为出发点"，并且"具体的社会关系被判定为交换关系"，"批判理论所概述的交换关系才支配社会现实"，由此，"社会批判理论始于直接商品交换的观念"。[1] 阿多诺则将政治经济学批判看成对历史整体的批判，认为政治经济学的不可改变的本性是资本主义及其前身享有特权地位的来源。[2] 也就是说，政治经济学在阿多诺那里已经被看作现实支配体系的意识形态表达。我们从《阿多诺与索恩·雷特尔的书信集（1936～1969）》中更可以看到，在 1944 年，雷特尔在给阿多诺写信时，坦言其正致力于将康德认识论的抽象的形式统一性奠基于交换抽象之上，这将引出意识形态的哲学解释。[3] 显然，作为法兰克福学派的思想遗产之一的政治经济学批判范式应该重新被视为其理论的核心要素，对于这一方面的努力，我们不妨从另一个侧面来看：经由雷特尔对西美尔的"现实抽象"范畴的借用与阐发，这个政治经济学批判范式被当代西方左翼积极呼应，譬如，齐泽克以精神分析的方式去重构"现实抽象"，即"它是这样一种现实，它的本体一致性暗示出参与者的某些非知。如果我们'知道得太多'，洞悉了社会现实的运作机制，这种现实就会自行消解"。[4] 普殊同等人更是将"现实抽象"推展到资本主义特有的统治结构的高度，并且以对《资本论》的重新解读来支撑这一论说，"资本主义的特征之一是，它的本质关系

---

① 〔德〕霍克海默：《霍克海默集》，曹卫东编选，渠东等译，上海远东出版社，1997，第 196～198 页。

② Theodor W. Adorno, *Can One Live after Auschwitz? A Philosophical Reader*, Redwood：Stanford University Press, 2003, p. 93.

③ Christoph Gödde, *Theodor W. Adorno und Alfred Sohn-Rethel：Briefwechsel 1936 - 1969*, München：Edition Text Kritik, 1991, S. 112.

④ 〔斯洛文尼亚〕齐泽克：《意识形态的崇高客体》，季广茂译，中央编译出版社，2002，第 28 页。

是一种独特的社会关系。它们并不作为直接的人际关系而存在，相反，它们是对立于个人的一套准独立的结构"。① 更有趣的是，喜欢福柯权力批判的人，在面对当今有关马克思或者《资本论》新解读的时候，会将这种政治经济学意义上的抽象结构直接等同于权力的结构加以批判。那么，我们不禁要问，当代西方左翼究竟在何种意义上真正支撑起法兰克福学派这一思想新遗产？我们一旦找到了支撑点，并且对支撑点本身给予批判性的分析，就能够真正抓住当代西方左翼的问题所在。为此，我们试图通过"开放马克思主义"这一新流派的视角，对上述问题进行求解，从而重绘法兰克福学派的政治经济学批判范式的版图。

一 新马克思阅读学派的分叉与主体的抵抗

我们知道新马克思阅读学派与"开放马克思主义"的关系最为紧密，但对于后者来说，显然没有像前者那样直接地在某种程度上得到"正名"。譬如，埃尔贝（Ingo Elbe）在《马克思在西方：1965 年以来德意志联邦共和国的新马克思阅读学派》中作出如下判断：阿尔弗雷德·施密特、汉斯 – 格奥尔格·巴克豪斯和赫尔穆特·赖希尔特是新马克思阅读学派的代表人物，并且其与传统西方马克思主义学者相异。与"卢卡奇 – 柯尔施式"的西方马克思主义不同，在新马克思阅读学派看来，倒是鲁宾和帕舒卡尼斯以与正统观念截然相反的方式处理了马克思主义价值论和国家理论的核心问题，这才是更值得关注的。② 因而，随着价值形式的相关研究在汉语学术界的展开，人们对从鲁宾经过新马克思阅读学派再到普殊同的理路有了一定程度的了解。但是，如果人们注意到《开放马克思主义文集》（卷一至卷四），将会发现很有趣的一点："开放马克思主义"的任何讨论都少不了新马克思阅读学派的身影。在第一卷中，博纳菲尔德不仅收集了巴克豪斯名

---

① 〔加〕莫伊舍·普殊同：《时间、劳动与社会统治》，康凌译，北京大学出版社，2019，第 145 – 146 页。

② Ingo Elbe，"Marx im Westen：Die neue Marx-Lektüre in der Bundesrepublik seit 1965"，*De Gruyter*，2012，SS. 32 – 33.

为《哲学与科学：作为批判理论的马克思主义社会经济学》的论文，而且对他作了如下的介绍：作为阿多诺的一名学生，他正在与赫尔穆特·赖希尔特一起研究与批判理论相关的政治经济学方法。巴克豪斯致力于研究价值理论、货币理论和辩证法。他关注的是政治经济学方法的哲学维度和经济维度之间的关系。在《开放马克思主义》所收录的这篇论文中，巴克豪斯主要强调了马克思主义范畴的"双重特征"（包括主观和客观、抽象和具体）。他将客观性定义为异化的主体性，从而发展了阿多诺的概念。[①]

但是，有关"开放马克思主义"本身，以及"开放马克思主义"与新马克思阅读学派之间的真实关系的论题并没有得到严肃的讨论。对价值形式的理解方面，新马克思阅读学派将价值形式自主化，取消了现实生产关系的内在矛盾，"开放马克思主义"则倾向于将价值形式动词化，并主张以劳动的重构去抵抗价值形式结构[②]。在这一方面，"开放马克思主义"侧重主体，新马克思阅读学派则着力于客体的建构，因此，舍贝尔（Mario Schäbel）认为两者最大的区别是：前者为观念论的，后者则是唯物论的；"开放马克思主义"所使用的方法类似于赫伯特·马尔库塞的方法，而新马克思阅读学派的主张更接近西奥多·阿多诺的观点。后者的理论是基于客体的首要地位，当然非常奇怪的是，这正是新马克思阅读学派针对正统马克思主义客观主义作严格批判的结果。显然，"开放马克思主义"也赞同这种批评。然而，与"开放马克思主义"不同的是，阿多诺并没有完全屈服于主体性。按照舍贝尔的看法，"开放马克思主义"冒着解释唯物主义会导致"反转"唯物主义的风险，消除了马克思辩证法中的所有唯物主义元素，就像正统的马克思主义剥夺了它的所有唯心主义元素一样。[③] 这个评价是有一定道理的，以霍洛威为例，他的核心理念就是改变从客体出发的视角，主张从主体入手："我们就是资本的危机"，所以，明确的起点就是"我们"，

---

① Werner Bonefeld, Richard Gunn, Kosmas Psychopedis, *Open Marxism*, *Volume 1: Dialectics and History*, London：Pluto Press, 1992, p. xviii.

② 孙亮：《西方左翼对〈资本论〉语境中"价值形式"的两种阐释》，《山东社会科学》2021年第 5 期。

③ Ana Cecilia Dinerstein, Alfonso García Vela, Edith González and John Holloway, *Open Marxism*, *Volume 4：Against a Closing World*, London：Pluto Press, 2019, p. 77.

但是，"传统马克思主义的起点并非我们，而是它们、是资本"，① 因而，传统马克思主义会更注重去谈论资本主义统治以及关于资本主义统治的改变形式，不过，"如果我们从资本开始，我们将继续尝试阐述统治理论。通过阐述统治理论，我们实际上是在封闭自己"。② 但值得注意的是，"开放马克思主义"哲学也绝对不是从"无产阶级"的主体出发，因为，这一概念依然太"公式化"了，它会使得我们从无产阶级上溯到资本主义统治，于是，思维又回到传统马克思主义的阐释方式中，"最易于形成'第三人称话语'即我们将工人阶级思考为他们"，由此，在霍洛威看来，这也就是在一定程度上将他们作为一种客体的政治学。现在需要有一个"抵抗资本主义的语法转变"，因而，需要从反资本主义和反资本主义行动形式的转变上重新思考问题。③ 这样来看，"开放马克思主义"哲学似乎与新马克思阅读学派毫无关联。

但是，问题不在于所表现出来的倾向是主体维度还是客体维度，而是如何看待资本主义本身。对于新马克思阅读学派来讲，"马克思的政治经济学批判最主要是关于资本主义社会的经济结构"，④ 而这一结构的建立，主要是通过商品流通领域的现实抽象完成。"商品所具有的价值对象性不是具体劳动的对象化，而是抽象劳动的对象化。如果如前所述，抽象劳动是一种只在交换中存在的社会性的有效关系，那么，商品的价值对象性也只在交换中才存在"，⑤ 由此，现实抽象形成一种"形式规定"，譬如最为核心的价值形式成为物并显现为商品，行动被视为资本增殖的活动，人则被经济范畴化为谋生劳动者。那么，"开放马克思主义"是不是完全否定了这一看

① John Holloway, *In*, *Against*, *and Beyond Capitalism*: *The San Francisco Lectures*, Oakland: PM Press, 2016, p. 1.

② John Holloway, *In*, *Against*, *and Beyond Capitalism*: *The San Francisco Lectures*, Oakland: PM Press, 2016, p. 2.

③ John Holloway, *In*, *Against*, *and Beyond Capitalism*: *The San Francisco Lectures*, Oakland: PM Press, 2016, p. 3.

④ 〔德〕米夏埃尔·海因里希：《政治经济学批判：马克思〈资本论〉导读》，张义修等译，南京大学出版社，2021，第 1 页。

⑤ 〔德〕米夏埃尔·海因里希：《政治经济学批判：马克思〈资本论〉导读》，张义修等译，南京大学出版社，2021，第 37 页。

法呢？事实并非如此。我们可以看到，在这个问题上，二者并没有什么实质的差别。譬如，二者均认为存在一个抽象化的结构，这种抽象化的结构不过是社会关系被资本主义编织而形成的，"这是一个无人控制的过程。事实上，没有人控制它，使它必须被推翻：它不仅是对人的自决权的否定，而且它的动力也正在引导我们走向人的自我毁灭。同时，正是因为没有人控制它，它很难被推翻，对我们来说，它是挡在我们面前的一张天衣无缝的网"。①

显然，对于霍洛威来说，虽然他想从结构的视角撤退到主体的维度进行讨论，但是，他依旧承认结构本身的存在，将资本主义视为封闭体系，而在打破这一体系的思考上，他要跳出新马克思阅读学派的思考，提出让人们换一种语法进行思考，即需要有一个从名词到动词的思考方式的转变，"从'形式'到'形成过程'，或者更好地，从'形式'到'形成'的转变"，具体来讲，就是要将资本主义社会关系形成的所有"形式"都理解为"形成过程"，"商品被理解为商品化，货币为货币化，资本为资本化，国家为国家化，等等，所有这些都会发生变化"。② 在这个意义上讲，无论是新马克思阅读学派还是"开放马克思主义"都认同抽象化结构，只不过后者更表现为一种主体意志论的抵抗，因而，才会反复说不要再从结构决定论出发，但其从来不反对结构对现实存在的建构性。我们可以认为两者都将资本主义理解为一种形而上学的展开，这也是后来亚瑟（又译"阿瑟"）等人"确证黑格尔的逻辑与政治经济学批判之间的相关性"时，认为需要论证"资本主义体系的本体论基础"之根本出发点。③ 因而，"开放马克思主义"在开始斗争那一刻，已经承认任何斗争都会受到结构决定论影响。在这个意义上，"开放马克思主义"并没有像舍贝尔指认的最终就是一种马尔

---

① John Holloway, *Crack Capitalism*, London：Pluto Press, 2010, p. 95.

② John Holloway, *We are the Crisis of Capital：A John Holloway Reader*, Oakland：PM Press, 2019, p. 14.

③ 〔英〕克里斯多夫·约翰·阿瑟：《新辩证法与马克思的〈资本论〉》，高飞等译，北京师范大学出版社，2018，第 89 页。

库塞的理想主义的再版。[1] 马尔库塞对于"结构"的看法，实质上是要求进行一种阶级斗争式的革命性变革，"如果不想让自治仅仅停留在一种管理形式上的变革，就必须让它在一个已经克服了阶级社会束缚的政治上活跃的工人阶级内部得到发展"。[2] 但是很显然，霍洛威的对策对于价值形式所形成的结构来说，只是一种自我的撤退，"要瓦解行动到劳动的抽象化，我们的运动必须自下而上。我们从许多不同的起点出发，反对同一的、压制性的抽象力量"。[3]

二　"阿多诺式的底牌"：走出传统阐释模式的逻辑呼应

应该说，无论新马克思阅读学派还是"开放马克思主义"哲学，都有一个留待我们进一步思考的问题，即如何看待传统马克思主义，这是判定二者之间是否存在某种亲缘性的关键。同样，在法兰克福传统中，传统马克思主义一直被作为理论反思的对象来对待，其最初的理论目标是要解释物化及其根源，从而给予变革性方案，但是，随着第二次世界大战爆发，解放的替代方案便彻底消失，"反抗越来越具有存在主义式色彩的形式。它此时基于个人与社会之间非同一性的强化"，[4] 这种相异于传统马克思主义的理解模式，把马克思的唯物主义阐述为第二自然的唯物主义。20世纪60年代，施密特便依据历史与结构的关系讨论在认知上理解而非在本体论上确立逻辑在历史之前的首要地位，这一地位对于巴克豪斯反对20世纪60年代马克思主义的左翼李嘉图主流意义重大，他指出劳动形式理论集中体现了马克思和李嘉图之间的差异，但二者的思想俨然存在接续关系，因为，对于巴克豪斯来讲，从交换价值到价值再到价值形式的发展，"从直接的'存在'到'本质'再到中介的'存在'"的辩证运动，是难以理解的，"如果没有这种对黑格尔逻

---

① Ana Cecilia Dinerstein, Alfonso García Vela, Edith González and John Holloway, *Open Marxism*, *Volume* 4：*Against a Closing World*, London：Pluto Press, 2019, p. 77.

② 〔美〕赫伯特·马尔库塞：《马克思主义、革命与乌托邦》，高海青等译，人民出版社，2019，第241页。

③ John Holloway, *Crack Capitalism*, London：Pluto Press, 2010, p. 208.

④ 〔美〕斯蒂芬·埃里克·布朗纳：《批判理论》，孙晨旭译，译林出版社，2019，第88页。

辑的方法论借鉴，如果没有价值论作为价值'内在超越'的过程及其作为货币的设定，马克思试图证明的必要的'商品与货币的内在联系'就会被撕裂"。① 客观地说，在 20 世纪 70 年代，对于逻辑 – 历史正统的方法论的重新理解始终是新马克思阅读学派试图做出理论贡献的"理论杠杆"，而对这一项工作的深入也使赖希尔特和巴克豪斯利用阿多诺的一系列思想作为他们重思马克思对经济目标的理解的指导原则。对此，埃尔贝有非常准确的概括。第一，阿多诺将经济客观性认定为"在现实本身中占主导地位的概念"，将"交换价值"认定为"仅仅是思想"，更重要的是他作出了"普遍对特殊的支配"等相关判定。这些主题一直延续到赖希尔特后来的有效性理论中，该理论试图将价值解读为一种"思想的东西"。第二，阿多诺的"客观性的优先地位的颠倒形式"的想法，回荡在赖希尔特的客观性主导理论中，并且表明了资本主义社会相对于行动者的意图和需要的真正独立性。第三，关于对方法论个人主义和客观主义社会理论的批判，根据阿多诺的观点，真正独立的资本主义经济不能以一种"社会唯名论"的方式被行动者的意图穿透，但它也不是独立于个人行动而存在的"自在"。第四，存在一种视"实证主义"为幼稚的经验主义方法论的批判，它忽略了"事实"的历史 – 社会中介，并将中介转化为直接的东西。② 当然，对于新马克思阅读学派与阿多诺之间的关系，有了这种基本的判断之后，我们便不再详细论述，因为这已经足够指明阿多诺与新马克思阅读学派所主张的结构优先性。

那么，"开放马克思主义"哲学也会采用阿多诺的思想作为其理论基础吗？答案是肯定的。霍洛威发表的《为什么是阿多诺》一文阐明了采用阿多诺的思想的诸多原因。首先，不是从同一性的视角出发，而是更注重阿多诺的非同一性理论。因为，"破裂、反抗、脆弱、不确定性、开放和痛苦是阿多诺思想的中心，这就是他的思想如此令人兴奋的原因"。③

---

① Ingo Elbe, "Marx im Westen: Die neue Marx-Lektüre in der Bundesrepublik seit 1965", *De Gruyter*, 2012, S. 74.

② Beverley Best, Werner Bonefeld and Chris O'Kane eds., *The SAGE Handbook of Frankfurt School Critical Theory*, California: SAGE Publications, 2018, p. 368.

③ John Holloway, Fernando Matamoros and Sergio Tischler eds., *Negativity and Revolution: Adorno and Political Activism*, London: Pluto Press, 2009, p. 12.

阿多诺思想的中心主题：辩证法，作为一致的非同一性，作为不适应的事物。它既是自由主义的，又是革命的。它是自由主义的，因为它的核心和驱动力是格格不入的、不可简化的特殊性，是无法遏制的非同一性。它是革命性的，因为它是爆炸性的，是火山式的。如果除了被非同一性破坏的同一性之外没有别的同一性，那么就不存在稳定的可能性。一切同一性都是虚假的、矛盾的，都是建立在对非同一性的否定的基础上的。它无法控制它，不仅仅是因为一些偶然的原因，比如警察的低效率，还是因为同一性总是跟在非同一性的变化之后，永远无法控制它使它保持不变。①

故而，"辩证法是指从那些不存在的地方思考世界，从那些不存在的人、那些被否定和被压制的人、那些不服从和致力于打破身份界限的人、存在于资本内部和资本之外的人那里思考世界"。② 对阿多诺来讲，同一性与非同一性各自的谈论都不是独立的，没有同一性作为理论的支架，不可能有非同一性的出场，因为非同一性正是要克服同一性，相反，没有非同一性的同一性，则无法建构起批判理论的姿态。因为，在这种同一性与非同一性的辩证法下才能够建构出瓦解的逻辑，这种辩证法的运动，"不是倾向于每一客体和其概念之间的差异中的同一性，而是怀疑一切同一性，它的逻辑是一种瓦解的逻辑"，③ 所以，从一种同一性原则出发则无法看到这种逻辑的出路，同一性原则的肯定式的术语学就能够表明这一点，"简单的论断性句子被称为'肯定的'。系动词说：它是如此而不是别的样子。系动词代表的综合行动表明'它'不应是别的样子"。④ 毫无疑问，这正是霍洛威呼吁要从名词转向动词的语法革命的源头。正是有了这个转变，非同一性作为阿多诺所提倡的思维自身的突破力量，在霍洛威等人的"开放马克

---

① John Holloway, Fernando Matamoros and Sergio Tischler eds., *Negativity and Revolution: Adorno and Political Activism*, London: Pluto Press, 2009, p.12.

② John Holloway, Fernando Matamoros and Sergio Tischler eds., *Negativity and Revolution: Adorno and Political Activism*, London: Pluto Press, 2009, p.15.

③〔德〕西奥多·阿多诺：《否定的辩证法》，张峰译，上海人民出版社，2020，第125页。

④〔德〕西奥多·阿多诺：《否定的辩证法》，张峰译，上海人民出版社，2020，第127页。

思主义"哲学中，不再仅仅是一个哲学概念，而且是作为一种有希望成为超越现实结构性统治的社会力量被理解的。

其次，批判同一性的"综合"，拒绝对现实生活作一种目的论的倡导。我们知道，对于西方左翼学者来说，存在一种生活的完美结局是他们共同怀疑的，霍洛威也是一样，他认为，在奥斯维辛和广岛出现过人类的灾难事件之后，尤其不能保证一个幸福的结局。这就是为什么有必要放弃辩证法的概念，即否定的过程导致综合，否定的否定导致肯定的结局。我们现在唯一能做的是把辩证法看作否定的运动，一种瓦解的运动，而不是综合的运动，它是一种否定的辩证法。① 那种依靠辩证法，从而将对象一点不落地吸纳入概念之中的想法是荒谬的；异质性和偶然性才是事情本身的状态，任何无视这一本然状态的思维方式，注定只能是一种暴力式的对事物的强加，历史反复证明这种暴力并没有兑现其承诺。正如阿多诺描述的那样，"一旦意识到概念的总体性是纯粹的光耀，我别无他途，只能内在地按其自身的尺度去冲突总体同一性的光耀"。② 也只有突破这种同一性，边缘的、矛盾的、不可见的东西等才有机会被审视到，那种始终可见、在场的东西才能够从自己俯视的站台上走下去，而这一切不是丢掉了同一性的视角就可以实现的，而是需要从有关辩证法本身的理解中去为非同一性开辟出场的道路。霍洛威等人明确地指认，"我们需要的不是拒绝辩证法，而是针对辩证法的综合理解：换句话说，坚持否定的辩证法，一种不一定会带来幸福结局的不安的运动。历史并不被视为一系列的阶段，而是一场无休止的反抗运动"。③ 也就是说，在这样的世界中，辩证法要告诫我们的是：唯一能拥有的真理的概念只能是否定的。如此一种美好结局的目的论理念便失去任何辩证法的保证。

最后，非同一性是创造力，同一性则是对创造力的否定。以往的哲学一再表现出对真正具有创造性的非同一性的漠视，"非概念性、个别性和特

① John Holloway, Fernando Matamoros and Sergio Tischler eds., *Negativity and Revolution*: *Adorno and Political Activism*, London: Pluto Press, 2009, p. 12.
② 〔德〕西奥多·阿多诺：《否定的辩证法》，张峰译，上海人民出版社，2020，第3页。
③ John Holloway, Fernando Matamoros and Sergio Tischler eds., *Negativity and Revolution*: *Adorno and Political Activism*, London: Pluto Press, 2009, p. 7.

殊性。自柏拉图以来,这些东西总被当作暂时的和无意义的东西而打发掉,黑格尔称其为'惰性的实存'",① 从而,这种特殊性被当作矛盾而剔除掉,也就自然剔除了从非同一性出发思考的视角,以此转向对资本主义的叙事,必然使非同一性消融在同一性之中。其实,"我们在日常每一天都能体验到它,尤其从我们的生活世界中过度充斥着的导航(或者用一个更糟糕的说法,叫瞄准)的需求也可以看出来,'绝对'是一个神学范畴",② 这种导航必然是自相矛盾的,它能够瞄准的只是自己已经图绘过的领域,而对于非图绘的领域其实是无力顾及的。我们知道,在阿多诺的意义上讲,和同一性不协调的事物是矛盾的。因而,辩证法总是要指向具体的事物,它揭示了概念和事物的对抗、同一性与非同一性的对抗,要谈论前进,就要求从矛盾、特殊、非同一性去思考,它的运动不再是要求每个对象和与其存在差异的概念总是谋求同一性;相反,它坚守差异性,并对任何同一性都保持抵抗的姿态。当霍洛威将此运用于对资本与劳动的分析时认为,从同一性视角看,否定位于肯定作用之下,劳动在资本作用之下,它具有资本的拜物教形式。③ 但是,从抵抗资本这种同一性的视角看,劳动力才是真正的创造动力,而资本只能是对创造力不断加以否定。

三 "交换抽象"的"非自在性"与政治经济学批判

既关注生活被给定的"规定性"的统治结构,也关注人从这种结构中重获新的生活形式的可能性,从而激发人的全部可能性,是法兰克福学派批判理论的总体特点,构成对传统马克思主义阐释方式的反思。譬如,对于霍洛威等人的"开放马克思主义"来说,阿多诺的否定辩证法已经内在地要求我们必须以"开放性"而非"封闭性"去理解资本,以及由资本所塑造的资本主义世界。也就是说,"开放马克思主义"不再认为现存的一切

---

① 〔德〕西奥多·阿多诺:《否定的辩证法》,张峰译,上海人民出版社,2020,第5页。

② 〔英〕阿尔伯特·托斯卡诺、〔美〕杰夫·金科:《"绝对"的制图学》,张艳译,长江文艺出版社,2021,第39页。

③ John Holloway, *We are the Crisis of Capital: A John Holloway Reader*, Oakland, Calif: PM Press, 2019, pp. 100 – 101.

形式是人类学的存在，而认定其为特殊时代的产物，"认为它们是阶级斗争的产物，在这个意义上，是一种开放的东西。因此，它不同意任何将马克思主义变成只是正确描述现有社会的功能性理论的方法。也就是说，开放马克思主义拒绝将对价值的理解看作一条规范资本主义再生产的法则"。① 当然，对现存的一切形式持批判而非肯定的理解，将其作为一种必须加以废除的现象，这种态度其实自施密特以来就存在。这对于新马克思阅读学派来讲也没有什么不同。其实，在 1965 年，雷特尔在与阿多诺的对谈笔记中已经把这个原则说得很清楚了，交换抽象建构的范畴"要求撇开（遗忘）它们的社会起源，撇开一般的起源，而历史唯物主义是对起源的回忆"，② 当然，这与赖希尔特表达的唯物辩证法的方法就是退回（Widerruf）的方法大意是相同的。毫无疑问，马克思在谈论价值形式时也明确地表达了这层意思。譬如，"劳动产品的价值形式是资产阶级生产方式的最抽象的，但也是最一般的形式，这就使资产阶级生产方式成为一种特殊的社会生产类型"。③ 因而，无论是新马克思阅读学派还是"开放马克思主义"，都继承并发展了早期法兰克福学派的理论，二者致力于揭示马克思所分析的经济客观性的"自然"外观假象，以及将传统的法兰克福学派的批判发展为对经济范畴（形式）的客观性的批判，社会批判理论在"开放马克思主义"那里转化为对经济形式的批判和政治形式的批判，其被确立为"形式分析"的社会批判理论。

毫无疑问，从"形式分析"的视角来看，这有很强的理论诱导性，而且在马克思的文本中也能够找到相应的表述予以支撑。但是，问题可能还不在这里，而是在于到底我们使用什么样的方法去理解形式本身。表面上看，"开放马克思主义"代表人物霍洛威比新马克思阅读学派从交换抽象建构其"形式规定"高明的地方在于，他已经开始进入劳动的层面。但是，我们不能被迷惑，霍洛威根本没有深入生产领域中的剩余价值生产逻

---

① Ana Cecilia Dinerstein, Alfonso García Vela, Edith González and John Holloway, *Open Marxism*, Volume 4: *Against a Closing World*, London: Pluto Press, 2019, p. 80.

② 〔德〕阿尔弗雷德·索恩－雷特尔：《脑力劳动与体力劳动：西方历史的认识论》，谢永康等译，南京大学出版社，2015，第 176 页。

③ 《马克思恩格斯文集》第 5 卷，人民出版社，2009，第 99 页。

辑。譬如，他认为马克思把"劳动的二重性"置于政治经济学批判的中心，"劳动的二重性"是指有用或具体劳动与抽象劳动之间的区别，并进一步认为，从交换的角度来看，从价值观念的角度来看，衡量劳动唯一的标准是数量，而不是其质量或特性。生产价值的劳动不是有用的具体劳动，而是抽象劳动，从具体特征的抽象中看到的劳动。在任何社会中都存在有用的或具体的劳动。在资本主义社会（或更一般地说，商品生产社会）中，它获得了一种特定的社会形式，即抽象劳动的形式。[①] 这里很明显，霍洛威并没有真正将劳动置放到特定的资本主义生产关系之中去分析抽象劳动、分析形式产生的根由。最后他反而和新马克思阅读学派一样，借助交换去理解抽象劳动的形成，"交换的过程（市场的运作）强加了一种抽象，这种抽象在实施具体劳动的方式上反弹"。[②] 通过这种不停的抽象，劳动获得了自主性，成为一种外在于我们的异己力量。在这个意义上，抽象劳动与具体劳动成为霍洛威建构其批判理论的出发点，"劳动（或行动）的两个方面之间的关系是一种非同一性、不迎合的对立性的关系：在抽象劳动和具体行动之间不断的活生生的对抗"。[③] 那么，这种分析的问题到底出在哪里呢？

对于政治经济学批判而言，抽象劳动不是对具体劳动的一种理论的抽象，而是一种现实的抽象。不过要注意的是，当代西方左翼也喜欢使用现实抽象这个概念，只不过他们和霍洛威一样最终将现实抽象的生成机制交给了交换领域加以裁定。譬如，海因里希虽然认识到价值对象性并非物固有的属性，但是他认为，"建立起这种对象性的价值实体，不是来自单个的商品，而是只能共同地存在于商品交换中"。[④] 那么，问题的关键已经非常清楚了，就是价值对象性到底是在生产领域还是在交换领域中决定的？回答这个问题之前要先问一个基本的问题，是不是存在一个能够脱离生产的独立自主的交换领域？我们在此进行试答。（a）"表现为"存在。这是在一

① John Holloway, *Crack Capitalism*, London：Pluto Press, 2010, p. 92.

② John Holloway, *Crack Capitalism*, London：Pluto Press, 2010, p. 92.

③ John Holloway, *Crack Capitalism*, London：Pluto Press, 2010, p. 98.

④ 〔德〕米夏埃尔·海因里希：《政治经济学批判：马克思〈资本论〉导读》，张义修等译，南京大学出版社，2021，第 37 页。

般消费品的意义上的相互交换，"当产品直接为了消费而交换的时候，交换才表现为独立于生产之旁，与生产漠不相干"。① （b）不存在。譬如，"在生产本身中发生的各种活动和各种能力的交换，直接属于生产，并且从本质上组成生产"，产品交换"是用来制造供直接消费的成品的手段。在这个限度内，交换本身是包含在生产之中的行为"；"实业家之间的交换，不仅从它的组织方面看完全决定于生产，而且本身也是生产活动"。② 即使对（a）来说，实际上，交换及其深度、广度和方式都是由分工、私人生产、生产结构所决定的，因而只是"表现为"不存在。那么，西方左翼学者为什么要反复地从"交换抽象"的"自在性"视角出发，同时片面地将资本主义社会归结到抽象劳动的抽象性上？他们不懂得生产与交换之间的关系吗？事实上，还有一个更为重要的理论接口，那就是他们混淆了人们经验意义上的日常生活的交换与资本与劳动这种特定生产方式下的交换，从而遮蔽了资本与劳动之间真实生产机制。但是，我们知道，资本与劳动的交换正是以私有财产制度为前提才可能产生。不过这一遮蔽并没有能够阻碍其对资本主义进行批判，譬如，通过交换抽象的过程，展开对现代社会的同一性权力机制的批判，而这一批判正好对接到福柯等人意义上的现代资本主义批判。换句话说，资本主义批判完全不需要朝向私有财产制度，这便是新马克思阅读学派或者"开放马克思主义"虽然在政治经济学批判的意义上去讨论经济领域的交换，却未能触及私有财产制度的根本原因。

我们还可以在《政治经济学批判（1857—1858 年手稿）》的"［III. 资本章］"的"资本和劳动的交换"一节中看到马克思对混乱使用"交换"的批判。在资本与劳动的交换中，实际上存在相互对立的两个方面：一个是一般商品交换意义上的劳资交换，即"工人拿自己的商品，劳动，即作为商品同其他一切商品一样也有价格的使用价值，同资本出让给他的一定数额的交换价值，即一定数额的货币相交换"，这个交换"完全属于普通的流通范畴"；资本与劳动的交换的特殊性源自第二个方面，"这种劳动是创造价值

---

① 《马克思恩格斯全集》第 30 卷，人民出版社，1995，第 40 页。
② 《马克思恩格斯全集》第 30 卷，人民出版社，1995，第 40 页。

的活动，是生产劳动；也就是说，资本家换来这样一种生产力，这种生产力使资本得以保存和倍增，从而变成了资本的生产力和再生产力"，如果说这也属于交换，那么这就是纯粹的、刻意的"滥用字眼"，"它本质上是另一种范畴"。① 这种混同还会造成一个结果，那就是无法找寻到真正的资本主义的"革命主体"，譬如霍洛威最后退回到一个超越了资本主义生产关系的"自我"，"一旦为我们自身、我们自身的思想、我们自身的安排创造一个统治结构，就真的没有出路了，我认为，重要的是，从能够打破这些结构的力量开始"，"重要的就是从我们自己开始"。②

> 我对"我们"简要做了几点归纳。
> 首先，我们就是尊严，我们不是受害者。我们是有尊严，我们是有尊严的愤怒。正如萨帕塔主义者所说，我们值得愤怒（digna rabia）。
> 其次，我们是丰富。我们富裕，我们不可怜。我们反抗不是因为我们可怜，而是因为我们富裕，因为我们拥有无限丰富的无穷的创造力。
> 我们是自我抵抗。而且我们困惑。我们是自我抵抗因为我们必须如此，因为我们的双脚陷入我们所生活的社会的泥淖，即使我们的大脑告诉我们要打破并远离它。
> 我们格格不入。我们不适应这个社会。我们格格不入不是因为或不只是因为我们是处于社会边缘的怪人，还因为格格不入实际上是存在于资本主义社会的一个核心方面，因为资本就是将人类生活导向我们不可能适应的形式。③

我们不能认为只要拒绝为资本服务便可以停止制造资本主义。其实，资本对劳动的占有形成价值增殖，也只是因为这一劳动本身是处于资本主义生产关系之下。因此，不是去拒绝抽象劳动，而是要抵抗资本主义生产

---

① 《马克思恩格斯全集》第30卷，人民出版社，1995，第232~233页。
② John Holloway, *In*, *Against*, *and Beyond Capitalism*：*The San Francisco Lectures*, Oakland：PM Press，2016，p. 30.
③ John Holloway, *In*, *Against*, *and Beyond Capitalism*：*The San Francisco Lectures*, Oakland：PM Press，2016，p. 30.

关系，正是这一关系导致了资本与劳动的分离，使资本主义社会分裂为对立的阶级，所以，私有财产批判与无产阶级自我的解放是一致的，它们共同构成从资本主义生产过程的内在矛盾出发对资本主义进行本质性批判的路径。

附录一
《开放马克思主义》四卷本介绍

《开放马克思主义》第一卷 辩证法与历史

编者：沃纳·博纳菲尔德（Werner Bonefeld）、理查德·冈恩（Richard Gunn）、科思马斯·赛科佩蒂斯（Kosmas Psychopedis）

作者	作者介绍及其代表作	本卷所载文章
科思马斯·赛科佩蒂斯（Kosmas Psychopedis）	科思马斯·赛科佩蒂斯（1944~2004年），曾于雅典大学与法兰克福大学求学，1972年获博士学位，博士学位论文主题是康德政治哲学。1982年作为政治学教授任教于哥廷根大学，1991年任雅典大学经济学系教授。 Kosmas Psychopedis, Die Möglichkeit der Gesellschaftsphilosophie bei Hegel, Gesellschaft, *Beitrage zur Marx Theorie*, Nr. 5, 1975. Kosmas Psychopedis, Notes on Mediation-Analysis, *Common Sense*, Vol. 5, 1988. Kosmas Psychopedis, W. Bonefeld and J. Holloway, Crisis of Theory in the Contemporary Social Sciences, *Post-Fordism and Social Form*, 1991. Kosmas Psychopedis, *Untersuchungen zur politischen Theorie I Kants*, Gottingen, 1980. Kosmas Psychopedis, *Geschichte und Methode*, Frankfurt/New York: Campus, 1984. Kosmas Psychopedis, New Social Thought: Questions of Theory and Critique, *The Politics of Change: Globalization, Ideology and Critique*, 2000. Kosmas Psychopedis, Social Reality as Appearance: Some Notes on Marx's Conception of Reality, *Human Dignity: Social Autonomy and the Critique of Capitalism*, Burlington: Routledge, 2005.	《辩证法理论：问题重构》

作者	作者介绍及其代表作	本卷所载文章
汉斯－格奥尔格· 巴克豪斯 （Hans-Georg Backhaus）	汉斯－格奥尔格·巴克豪斯，生于 1929 年，德国哲学家、政治经济学评论家。新马克思阅读学派的首倡者，阿多诺的学生，在法兰克福工作。《社会：对马克思主义理论的贡献》的编辑之一。 Hans-Georg Backhaus, Dialektik der Wertform, *Thesis Eleven*, Vol. 1, 1980. Hans-Georg Backhaus, Materialien zur Rekonstruktion der Marxschen Werttheorie, *Gesellschaft*: *Beitrige zur Marxschen Theorie*, Vol. 1, 1974. Hans-Georg Backhaus, Zum Problem des Geldes als Konstituents oder Apriori der ökonomischen Gegenständlichkeit, *Prokla*, Nr. 63, 1986. Hans-Georg Backhaus, Some Aspects of Marx's Concept of Critique in the Context of His Economic-Philosophical Theory, *Human Dignity*: *Social Autonomy and the Critique of Capitalism*, 2005.	《哲学与科学：作为批判理论的马克思主义社会经济学》
沃纳·博纳菲尔德 （Werner Bonefeld）	沃纳·博纳菲尔德，爱丁堡大学政治学系讲师，与约翰·霍洛威一同担任《后福特制与社会形式》的主编；社会主义经济学家研讨会的积极参与者，《资本与阶级》《常识》的编辑之一。 Werner Bonefeld, The Reformulation of State Theory, *Capital and Class*, No. 33, 1987. Werner Bonefeld, Freedom and the Strong State: On German Ordoliberalism, *New Political Economy*, 2012. Werner Bonefeld, *Critical Theory and the Critique of Political Economy*: *On Subversion and Negative Reason*, London: Bloomsbury Publishing, 2014. Werner Bonefeld, The Permanence of Primitive Accumulation: Commodity Fetishism and Social Constitution, *The Commoner*, 2011. Werner Bonefeld, Authoritarian Liberalism: From Schmitt via ordoliberalism to the Euro, *Critical Sociology*, No. 43, 2017. Werner Bonefeld, Abstract Labour: Against Its Nature and on Its Time, *Capital and Class*, No. 34, 2010. Werner Bonefeld, Adam Smith and Ordoliberalism: On the Political Form of Market Liberty, *Review of International Studies*, 2019. Werner Bonefeld, On Postone's Courageous but Unsuccessful Attempt to Banish the Class Antagonism from the Critique of Political Economy, *Historical Materialism*, 2004. Werner Bonefeld, Monetarism and Crisis, Global Capital, National State and the Politics of Money, *Capital and Class*, 1996.	《社会结构与资本主义国家形式》

作者	作者介绍及其代表作	本卷所载文章
西蒙·克拉克 （Simon Clarke）	西蒙·克拉克，生于1946年3月26日，英国社会学家，毕业于剑桥大学、埃塞克斯大学，博士学位论文题目是《克劳德·列维－施特劳斯的结构主义》。1972年起在华威大学教授社会学直至2009年退休，系华威大学名誉教授。研究方向为社会理论、政治经济学、劳资关系和社会史。社会主义经济学家研讨会的组织者和长期参与者之一；曾担任华威大学俄罗斯研究项目负责人和莫斯科比较劳动关系研究所所长。 Simon Clarke, *The Foundations of Structuralism*, Montgomery: Barnes and Noble Imports, 1981. Simon Clarke, *Marx, Marginalism and Modern Sociology*, London: Palgrave Macmillan, 1982. Simon Clarke, *Keynesianism, Monetarism and the Crisis of the State*, Northampton: Edward Elgar Pub., 1988. Simon Clarke, *Marx's Theory of Crisis*, London: Palgrave Macmillan, 1994. Simon Clarke, *What about the Workers? Works and the Transition to Capitalism in Russia*, London: Verso, 1993. Simon Clarke, *The Development of Capitalism in Russia*, New York: Routledge, 2006. Simon Clarke, *The Workers' Movement in Russia*, Northampton: Edward Elgar Pub., 1995. Simon Clarke, *The Challenge of Transition: Trade Unions in Russia, China and Vietnam*, London: Palgrave Macmillan, 2010.	《全球资本积累与资本主义国家分期》
海德·格斯坦伯格 （Heide Gerstenberger）	海德·格斯坦伯格，出生于1940年，德国政治经济学家，不莱梅大学教授，主要研究资产阶级国家与社会理论，在马克思主义国家理论、贫穷治理和批判法西斯主义方面著述颇丰。《公民社会的理论与历史》的编辑之一。 Heide Gerstenberger, Class Conflict, Competition and State Functions, *State and Capital: A Marxist Debate*, London: Edward Arnold, 1978. Heide Gerstenberger, Handeln und Wandeln: Anmerkungen zu Anthony Giddens theoretischer Konstitution der Gesellschaft, *Prokla*, Nr. 71, 1988. Heide Gerstenberger, Strukturen jauchzen nicht: Über die Bewegunsform der Französischen Revolution, *Prokla*, Nr. 75, 1989. Heide Gerstenberger, *Normalität oder Normalisierung? Geschichtswerkstätten und Faschismusanalyse*, Münster, 1988. Heide Gerstenberger, *Die Subjektlose Gewalt*, Münster, 1990.	《重审资产阶级国家形式》

《开放马克思主义》第二卷　理论与实践

编者：沃纳·博纳菲尔德（Werner Bonefeld）、理查德·冈恩（Richard Gunn）、科思马斯·赛科佩蒂斯（Kosmas Psychopedis）

作者	作者介绍及其代表作	本卷所载文章
理查德·冈恩 （Richard Gunn）	理查德·冈恩，1975 年开始在爱丁堡大学讲授政治理论课程，直到 2011 年退休；1987～1997 年为《常识》编辑小组成员。 Richard Gunn, *Revolution or Less-than-Revolutionary Recognition?* Heathwood Press, 2013. Richard Gunn, Recognition Contra-Dicted, *South Atlantic Quarterly*, 2014. Richard Gunn, *Is the Frankfurt School Still Relevant?* Heathwood Press, 2014. Richard Gunn, Marxism and Contradiction, *Common Sense*, Vol. 15, 1994. Richard Gunn, Against Historical Materialism：Marxism as First-Order Discours, *Open Marxism 2：Theory and Practice*, London：Pluto Press, 1992. Richard Gunn, Marxism and Philosophy：A Critique of Critical Realism, *Capital and Class*, Vol. 37, 1989. Richard Gunn, Practical Reflexivity in Marx, *Common Sense*, Vol. 1, 1987.	《反对历史唯物主义：作为一阶话语的马克思主义》
约瑟夫·弗拉契亚 （Joseph Fracchia）	约瑟夫·弗拉契亚，美国学者，曾于加利福尼亚大学戴维斯分校学习历史和哲学。自 1986 年起在俄勒冈大学任教。 Joseph Fracchia, *Die Marxsche Aufhebung der Philosophie*, New York：Peter Lang Publishing, 1987.	
切尼·瑞恩 （Cheyney Ryan）	切尼·瑞恩，曾就读于哈佛大学与波士顿大学，后因政治活动被开除，1974 年重新获得博士学位；1974 年起在俄勒冈大学任教。 Cheyney Ryan, *Pacifism：The Basics*, London：Routledge, 2021. Cheyney Ryan, *The Chickenhawk Syndrome：War, Sacrifice, and Personal Responsibility*, Washington：Rowman and Littlefield Publishers, 2009. Cheyney Ryan, Interactive Justice and Non-Violence, *Critical Review of International Social and Political Philosophy*, 2017. Cheyney Ryan, Moral Equality, Conscription, and the Experience of Soldiers in Combat, *Just and Unjust Warriors*, Oxford：Oxford University Press, 2008. Cheyney Ryan, Marxism and War, *Socialism's Relevance Today*, Pennsylvania：Lexington Press, 2006. Cheyney Ryan, Self-Defense and the Obligations to Kill and to Die, *Ethics and International Affairs*, No. 18, 2004.	《历史唯物主义科学、危机与承诺》

作者	作者介绍及其代表作	本卷所载文章
	Cheyney Ryan, War without Sacrifice, *Responsive Community*, fall, 2002. Cheyney Ryan, Life Liberty and Exploitation, *Revue Internationale de Philosophie*, 1989.	
安东尼奥·奈格里 （Antonio Negri）	安东尼奥·奈格里，马克思主义社会学家和政治哲学家，当今世界最重要的左翼思想家和活动家之一。1933 年出生于意大利帕多瓦，于帕多瓦大学完成学业，后留校任教。1956 加入意大利工人社会主义党，20 世纪 60 年代转向马克思主义，是意大利工人自治运动的领导者和思想领袖。 Antonio Negri, *Marx in Movement*: *Operaismo in Context*, Cambridge: Polity Press, 2021. Antonio Negri, *From the Factory to the Metropolis*, Cambridge: Polity Press, 2018. Antonio Negri and Michael Hardt, *Assembly*, Oxford: Oxford University Press, 2018. Antonio Negri, *The Politics of Subversion*: *A Manifesto for the Twenty-First Century*, Cambridge: Polity Press, 1989. Antonio Negri and Michael Hardt, *Multitude*: *War and Democracy in the Age of Empire*, New York: Penguin Press, 2004. Antonio Negri, *Subversive Spinoza*: （*Un*）*Contemporary Variations*, Manchester: Manchester University Press, 2004. Antonio Negri, *The Savage Anomaly*: *The Power of Spinoza's Metaphysics and Politics*, Minneapolis: University of Minnesota Press, 1991. Antonio Negri and Michael Hardt, *Empire*, Cambridge: Harvard University Press, 2000.	《对当今阶级现状的解释：方法论视角》
哈里·克利弗 （Harry Cleaver）	哈里·克利弗，美国学者，1944 年出生，马克思主义理论家，得克萨斯大学奥斯汀分校名誉教授。斯坦福大学经济学博士。主要研究革命与社会发展之间的关系。代表作为《政治性地阅读〈资本论〉》，这是对卡尔·马克思《资本论》独立阅读的成果。 Harry Cleaver, 33 *Lessons on Capital*: *Reading Marx Politically*, London: Pluto Press, 2019. Harry Cleaver, *Rupturing the Dialectic*: *The Struggle Against Work*, Chico: AK Press, 2017. Harry Cleaver, Close the IMF, Abolish Debt and End Development: A Class Analysis of the International Debt Crisis, *Capital and Class*, No. 39, 1989. Harry Cleaver, Internationalisation of Capital and Mode of Production in Agriculture, *Economic and Political Weekly*, No. 11, 1976. Harry Cleaver, The Contradictions of the Green Revolution, *The American Economic Review*, No. 62, 1972. Harry Cleaver, *Reading Capital Politically*, Austin: University of Texas Press, 1979.	《马克思主义理论中的阶级视角反转：从价值到自我增殖》

作者	作者介绍及其代表作	本卷所载文章
约翰·霍洛威 （John Holloway）	约翰·霍洛威，1947 年出生，爱尔兰人，爱丁堡大学政治科学博士、律师、马克思主义社会学家和哲学家。现为墨西哥普埃布拉自治大学社会与人文科学研究所社会学教授。 John Holloway, *We Are the Crisis of Capital：A John Holloway Reader*, Kairos：PM Press, 2019. John Holloway, *Change the World Without Take Power*, London：Pluto Press, 2010. John Holloway, *Crack Capitalism*, London：Pluto Press, 2010. John Holloway, *In, Against, and Beyond Capitalism：The San Francisco Lectures*, Oakland：PM Press, 2006. John Holloway, *State and Capital：A Marxist Debate*, London：Edward Arnold, 1978.	《危机、拜物教、阶级构成》

《开放马克思主义》第三卷　解放马克思

编者：沃纳·博纳菲尔德（Werner Bonefeld），理查德·冈恩（Richard Gunn）、约翰·霍洛威（John Holloway）、科思马斯·赛科佩蒂斯（Kosmas Psychopedis）

作者	作者介绍及其代表作	本卷所载文章
沃纳·博纳菲尔德 （Werner Bonefeld） 理查德·冈恩 （Richard Gunn） 约翰·霍洛威 （John Holloway）	—	《导言：解放马克思》
玛利亚罗莎·达拉·科斯特 Mariarosa Dalla Costa	玛利亚罗莎·达拉·科斯特，1943 年生于特雷维索，帕多瓦大学政治科学学院政治社会学和比较政治学教授，主要研究领域是女性主义、家务劳动、家务劳动与资本主义的关系等。她同时是一位意大利自治主义和女权主义者，与谢尔玛·詹姆斯合著了经典的《妇女的力量与社会翻转》，此书引发了"家务劳动辩论"，该辩论将家务劳动重新定义为资本运作所必需的生产劳动，而资本因其中没有明确的工资关系而变得不可见。国际女权主义集体的联合创始人，该组织于 1972 年在帕多瓦成立，旨在促进围绕家务劳动问题的政治辩论和行动，并由此推动国际家务劳动有偿化运动。 Mariarosa Dalla Costa, *The Power of Women and the Subversion of the Community*, London：Falling Wall Press, 1972.	《资本主义与再生产》

作者	作者介绍及其代表作	本卷所载文章
	Mariarosa Dalla Costa, *Famiglia*, *Welfare e Stato Tra Progessismo e New Deal*, Milan：Franco Angeli, 1983. Mariarosa Dalla Costa, *Kaji ro-do-ni Chingin-o：feminizumu no arata na tenbo*, Tokyo, 1972. Mariarosa Dalla Costa, *Paying the Price：Women and the Politics of International Economic Strategy*, London：Zed Books, 1995. Mariarosa Dalla Costa, Domestic Labour and the Feminist Movement in Italy since the 1970s, *International Sociology*, 1988.	
科思马斯· 赛科佩蒂斯 （Kosmas Psychopedis）	—	《解放性阐释》
赫尔穆特·赖希尔特 （Helmut Reichelt）	赫尔穆特·赖希尔特，1939 年生于布罗斯，德国马克思主义政治经济学评论家、社会学家和哲学家。新马克思阅读学派奠基者之一，德国马克思学会现任主席。马克思价值理论领域最重要的理论家之一。曾在法兰克福大学学习经济学、社会学和哲学。1971 年，成为歌德大学的社会学教授。1978 年起以社会理论教授身份任职于不莱梅大学，直到 2005 年退休。研究领域为社会理论，特别关注经济价值理论问题，发表了大量关于马克思、阿多诺的社会理论和经济理论的文章。 Helmut Reichelt, Die Marxsche Kritik ökonomischer Kategorien, The Netherlands：*Historical Materialism*, 2007. Helmut Reichelt, *Einige Fragen und Anmerkungen zu Nadjas*, *Kritik als Substanz des Denkens bei Kant und Marx*, America at the Wayback Machine, 2005.	《为什么马克思取消他的辩证法?》
罗伯特·法恩 （Robert Fine）	罗伯特·法恩（1945～2018 年），华威大学社会学系名誉教授，欧洲著名学者。主要研究社会史和政治思想史、全球性社会理论、卡尔·马克思和汉娜·阿伦特的社会理论、大屠杀和当代反犹主义等问题。发表多篇关于马克思主义、民主、民族主义、国家和南非劳工运动的文章。 Robert Fine, *Antisemitism and the Left：On the Return of the Jewish Question*, England：Manchester University Press, 2017. Robert Fine, *Democracy and the Rule of Law：Marx's Critique of the Legal Form*, London：Pluto Press, 1984. Robert Fine, *Cosmopolitanism*, London and New York：Routledge, 2007. Robert Fine, *Political Investigations：Hegel, Marx and Arendt*, London and New York：Routledge, 2001. Robert Fine, *Being Stalked：A Memoir*, London：Chatto and Windus, 1998. Robert Fine, *Beyond Apartheid：Labour and Liberation in South Africa*, New York：Ravan Press, 1990.	《黑格尔法哲学与马克思的批判：重新评估》

作者	作者介绍及其代表作	本卷所载文章
	Robert Fine, *Social Theory after the Holocaust*, England：Liverpool University Press, 2000. Robert Fine, *People，Nation and State：The Meaning of Ethnicity and Nationalism*? England：IB Tauris, 1999.	
马诺利斯· 安吉利迪斯 （Manolis Angelidis）	马诺利斯·安吉利迪斯，雅典政治科学大学政治学讲师，《雅典价值论》编委会成员。 Manolis Angelidis, The Theory of Rights in Contemporary Liberal-ism, *Social Science Review*, 1993. Manolis Angelidis, Mistaking Rights and Normativity, *Common Sense*, 1994. Manolis Angelidis, *The Responsibilities of Deconstruction*, Pully：Coventry Press, 1994.	《权利辩证法：马克思传统意义上的过渡与解放宣言》
约翰·霍洛威 （John Holloway）	—	《从呼吁拒绝到呼吁权力：工作的中心》
沃纳·博纳菲尔德 （Werner Bonefeld）	—	《资本主体与劳动的存在》

《开放马克思主义》第四卷　对抗封闭的世界

编者：安娜·塞西莉亚·迪纳斯坦（Ana Cecilia Dinerstein）、阿方索·加西亚·贝拉（Alfonso García Vela）、伊迪丝·冈萨雷斯（Edith González）、约翰·霍洛威（John Holloway）

作者	作者介绍与代表作	本卷所载文章
第一部分：开放马克思主义与批判理论		
理查德·冈恩 （Richard Gunn）	—	《承认与革命》
阿德里安·威尔丁 （Adrian Wilding）	阿德里安·威尔丁，英国苏格兰人，哲学博士，分别在爱丁堡大学和华威大学学习政治学和哲学。曾在爱丁堡大学、耶拿大学任教，现为柏林洪堡大学英国中心研究员，擅长从政治理论的角度研究议会外的政治和抗议运动。 Adrian Wilding, On Bruno Latour's "Political Ecology", *The Jour-nal of Natural and Social Philosophy*, Vol. 6, No. 1, 2010. Adrian Wilding, Ideas for a Critical Theory of Nature, *Capitalism Nature Socialism*, No. 1, 2008. Adrian Wilding, *Why We don't Remain in the Provinces*, United States：Philosophy and Social Criticism, Vol. 31, 2005.	

作者	作者介绍与代表作	本卷所载文章
第一部分：开放马克思主义与批判理论		
安娜·塞西莉亚·迪纳斯坦（Ana Cecilia Dinerstein）	安娜·塞西莉亚·迪纳斯坦，哲学博士，曾就读于布宜诺斯艾利斯大学和华威大学。目前在英国巴斯大学教授政治社会学、古典社会学理论以及批判、非殖民化、马克思主义和女权主义当代理论相关课程。研究兴趣包括社会运动、批判社会学和理论、布洛赫哲学、开放马克思主义、女权主义、非殖民化视野和乌托邦的当代形式。她创建了一个新的跨学科研究领域"希望的全球政治"，重点探究社会、劳动者、土著居民、城市和农村运动主导的相互矛盾的转型过程。 Ana Cecilia Dinerstein and Michael Neary, *The Labour Debate*：*An Investigation into the Theory and Reality of Capitalist Work*, United Kingdom：Ashgate Publishing Company, 2002. Ana Cecilia Dinerstein, *The Politics of Autonomy in Latin America*：*The Art of Organising Hope*, Basingstoke：Palgrave Macmillan, 2015. Ana Cecilia Dinerstein, *Social Sciences for Another Politics*：*Women Theorising Without Parachutes*, Basingstoke：Palgrave Macmillan, 2016. Ana Cecilia Dinerstein, Emerald and Frederick Harry Pitts, *A World Beyond Work*？*Labour*, *Money and the Capitalist State Between Crisis and Utopia*, London：Pluto Press, 2021.	《蕴含希望的批判理论：超越恐惧的肯定性批判》
阿方索·加西亚·贝拉（Alfonso García Vela）	阿方索·加西亚·贝拉，社会学博士，墨西哥国立自治大学政治与社会科学学院博士后，芝加哥大学历史系访问学者，墨西哥普埃布拉自治大学社会与人文科学研究所教授。主要研究领域是法兰克福学派的批判理论，特别是西奥多·阿多诺的批判理论和美学理论、当代马克思主义（如开放马克思主义）和国家理论。 Alfonso García Vela, Massimo Modonesi and María Vignau Loria, *El Concepto de clase social en la teoría marxista contemporánea*, México：Universidad autónoma Benito Juárez de Oaxaca, 2017. Alfonso García Vela, *De Marx a Lenin*：*Clase y lucha de clases*, El concepto de clase social en la teoría marxista contemporánea, México：Universidad autónoma Benito Juárez de Oaxaca, 2017. Alfonso García Vela, *Dominación social*, *rebelión y esperanza*：*una crítica a las formas del capital*, México：Universidad autónoma Benito Juárez de Oaxaca, 2016. Alfonso García Vela and Sergio Tischler Visquerra, *Teoría crítica y nuevas interpretaciones sobre la emancipación*, Tla-melaua, Benemérita Universidad Autónoma de Puebla, Facultad de Derecho y Ciencias Sociales, 2017.	《客观性与批判性理论：开放马克思主义的争论》

作者	作者介绍与代表作	本卷所载文章
第一部分：开放马克思主义与批判理论		
弗雷德里克·哈里·皮特（Frederick Harry Pitts）	弗雷德里克·哈里·皮特，巴斯大学社会与政策科学博士，布里斯托大学管理学院讲师，未来工作研究所研究员，经济和社会研究委员会数字未来工作研究中心副研究员。主要研究有关未来工作和经济转型的政治理论，并教授相关课程。 Frederick Harry Pitts and Ana Cecilia Dinerstein, *A World Beyond Work? Labour, Money and the Capitalist State Between Crisis and Utopia*, London：Emerald Group Publishing, 2021. Frederick Harry Pitts and Matt Bolton, *Corbynism：A Critical Approach*, London：Pluto Press, 2018. Frederick Harry Pitts, *Critiquing Capitalism Today：New Ways to Read Marx*, Basingstoke：Palgrave Macmillan, 2016.	《价值形式理论、开放马克思主义与新马克思阅读学派》
马里奥·舍贝尔（Mario Schäbel）	马里奥·舍贝尔，墨西哥普埃布拉自治大学社会学博士，从事法兰克福学派理论研究。 Is Open Marxism an Offspring of the Frankfurt School?	《开放马克思主义是法兰克福学派后代吗?》
第二部分：国家、资本、危机		
萨格拉里奥·安塔·马丁内斯（Sagrario Anta Martínez）	萨格拉里奥·安塔·马丁内斯，墨西哥普埃布拉自治大学语言学学士，浪漫主义语言硕士和社会学博士。研究方向是生态学、资本主义危机和解放的可能性。 Sagrario Anta Martínez, "Terminary" Accumulation or the Limits of Capitalism, *Open Marxism*, *Volume 4：Against a Closing World*, London：Pluto Press, 2019.	《"终结性"积累还是资本主义的局限》
罗德里戈·帕斯卡尔（Rodrigo Pascual）	罗德里戈·帕斯卡尔，布宜诺斯艾利斯大学政治学学士、社会学博士。阿根廷德拉菲尔大学副教授和研究员，科里克特大学和北卡罗来纳大学客座研究员。研究兴趣是国家批判理论、国际关系批判和全球化。《一体化：国际关系与拉丁美洲和欧洲区域一体化讨论》的联合编辑之一。 Rodrigo Pascual, The State and Global Capital：Revisiting the Debate, *Open Marxism*, *Volume* 4：*Against a Closing World*, London：Pluto Press, 2019.	《国家与全球资本：重新审视争论》
卢西亚娜·吉奥托（Luciana Ghiotto）	卢西亚娜·吉奥托，布宜诺斯艾利斯大学社会学硕士、社会学博士。圣马丁国立大学政治和政府学院教授，讲授国际关系课程。主要从事社会科学和国际政治经济问题，特别是贸易和投资议程研究。她还与跨国研究所合作，目前是"拉丁美洲"平台的协调员。 Luciana Ghiotto and M. Saguier, Las empresas transnacionales: un punto de encuentro para la Economía Política Internacional de América	

作者	作者介绍与代表作	本卷所载文章
第二部分：国家、资本、危机		
	Latina, *Estado del arte de la Economía Política Internacional en Latinoamérica*, Vol. 30, No. 2, 2018. Luciana Ghiotto and A. Arroyo, *Brasily la nueva generación de Acuerdos de Cooperacióny Facilitación de Inversiones: un análisis del Tratado con México*, Relaciones Internacionales, Vol. 26, No. 52, 2017.	
第三部分：民主、革命和解放		
凯特琳娜·纳西奥卡（Katerina Nasioka）	凯特琳娜·纳西奥卡，城市社会学家，墨西哥普埃布拉自治大学社会与人文科学研究所社会学博士，博士学位论文题目是《起义中的城市：瓦哈卡 2006 年——阿泰纳斯 2008 年》。研究兴趣涉及性别问题、城市空间、批判理论和社会起义。目前的研究领域是城市空间性和反叛、主体性和批判理论。曾参与希腊的自治组织，并发表了一系列关于希腊最近社会斗争的文章。 Katerina Nasioka, Nota Kyriazi, and Dimitra Paschalidou, Φύλο και δημοσιογραφία στην Ελλάδα, Ελληνικά Γράμματα, 2008. Katerina Nasioka, *Ciudades en insurrección. Oaxaca/2006 – Atenas/2008*, México: Cátedra Jorge Alonso, 2017. Katerina Nasioka, John Holloway, and Panagiotis Doulos, *Beyond Crisis: After the Collapse of the Institutional Hope in Greece, What?* Kairos: PM Press, 2018.	《无产阶级与工人阶级：二十一世纪阶级斗争的转变》
塞尔吉奥·蒂施勒（Sergio Tischler）	塞尔吉奥·蒂施勒，墨西哥普埃布拉贝内梅里塔自治大学社会与人文科学研究所教授。 Sergio Tischler and Werner Bonefeld, What is to be Done? Leninism, Anti-Leninist Marxism and the Question of Revo-lution Today, *Capital and Class*, 2002.	《革命的新话语还是反话语？论萨帕塔起义与开放马克思主义》
伊迪丝·冈萨雷斯（Edith González）	伊迪丝·冈萨雷斯，墨西哥普埃布拉自治大学社会学博士，墨西哥普埃布拉东方大学人文系社会学讲师，讲授国际关系、传播学和研究方法课程。研究兴趣主要是批判性探讨民主、社会运动和解放。自 2012 年起，担任约翰·霍洛威教授的"资本"和"风暴"硕士课程的助教，重点关注债务危机和革命。 Edith González, From Revolution to Democracy: The Loss of the E-mancipatory Perspective, *Open Marxism*, Volume 4: Against a Closing World, London: Pluto Press, 2019.	《从革命到民主：失败的解放视角》
约翰·霍洛威（John Holloway）	—	《列车》

附录二
霍洛威文献二则

I. 裂缝与抽象劳动的危机[①]

导　言

自治性的核心在于一种否定和一种替代性行动。自治空间或时刻的概念本身表明了主导逻辑的断裂，是社会行动流的断裂或逆转。"我们不会接受外来的、外部的决定，我们将决定我们自己要做什么"。我们否定、拒绝去接受外部的决定因素；我们反对这种外部强加给我们的活动，它是我们自己选择的活动，是另一种选择。

我们所拒绝的这种行动通常被视为一个系统中的一部分，是一个或多或少相连贯的被强加的活动模式的一部分，是一个支配系统。许多自治运动——当然不是指全部的自治运动，指向反抗资本主义的行动模式：反抗者们将这种自治运动视为正在进行的反资本主义运动。然而，这种自治模式的特征在于它不仅反对一般的资本，也反对无时不受资本主义迫害的具体生命运动，其目的在于通过不同方式的行动反抗资本。在反抗资本主义运动中，我们设定了一种不同的活动，寻求一种不同的逻辑。

---

① 本文来源于 John Holloway, "Cracks and the Crisis of Abstract Labour", *Antipode*, 2010, No. 4。本部分经由作者授权译出。

这里有两种不同的行动方式，一种是外部强加的，其要么直接引起人们不悦，要么沦为人们所拒斥的体系的一部分，另一种则将人们推向自我确定。我们真应该为这两种行动模式冠以合适的名称。我们应该遵循恩格斯在《资本论》脚注中的建议，该建议意味着前一种行动模式叫作"劳动"，后一种行动方式则被简单地称为"行动"。① 自主性，则可以被视为行动对劳动的反抗。

行　动

行动的选择具有强大的情感和道德吸引力。我们致力于把生命融入我们所欣悦或我们自认为重要的行动当中。反对货币逻辑或资本需求才能获得自我满足和自我实现，我们致力于建构一个更为正义的世界，这个正义的世界不再以利润的最大化为出发点，而是以对人类尊严的相互承认为基础，这是道德上的满足和个人（价值）的实现。

困难在于，我们试图与统治逻辑，即统治的社会整合体逆道而行。我们所拒斥的劳动是紧凑的社会织网，即资本的连贯性逻辑中的一部分。此种逻辑支配着对生存和生产资料的获取方式。拒绝资本逻辑并选择达成我们心目中的创造性目标的行动，此种行动意味着我们很难获得我们所需要的生活资料，也很难获得我们所需要的其他东西。选择行动即选择排他性：排除人类现存基础的破坏性逻辑，这一逻辑同时构成人类再生产的基础。

我们的替代性行动总是存在于不可能的边缘。从逻辑上来说，这种行动本该是不存在的——至少根据资本主义逻辑来看。然而，这种行动在现实中却是存在的，它往往表现得脆弱、短暂、困难和矛盾重重，并往往处于消失的危险中，或者更糟糕的是，它正经历着统治逻辑的重新吸纳，正转化为一种新的政治体系或社会体系的新元素。它不应该存在，但它确实存在，而且正在倍增和扩大。

裂　缝

我们可以将这些空间或时刻视为资本主义统治体系中的裂缝。它们并

---

① 本文的"行动"其实是就做事本身来说的，以区分被价值形式化了的做事，即劳动。因而，为了强调霍洛威非价值形式化意义上的做事，将其译为"行动"。——译者注

非真正的自治，因为它们实际上并不统治自己：它们正朝着自治的方向发展。它们与资本逻辑逆向而行，故此，我们需要以一种否定的而非肯定的概念即裂缝而非自治来讨论这一问题。

自治的问题在于它很容易被导向一种身份主义的解释模式。我们可以将"自治"视为自我满足且我们已经实现了自我逃离的单位和空间，在这一空间中我们能够建构和发展一种独特的身份。在一个建立在否定自治和自我确定基础上的世界中，静态意义上的自治是不可能实现的。自我确定并不存在——一切现存不过是朝向自我确认的连绵动力，也就是说，抵抗和超越这一自我确认的否定，创造极端脆弱空间或时间（我们生活于我们乐于创造的世界），是这种动力的一个组成部分。

裂缝是一个否定的、不稳定的概念。裂缝即资本逻辑连贯性的断裂、统治结构的断裂。由于统治是一种肯定的活动过程，因此裂缝不可能静止不动。不管裂缝是否参与其他运动，也不管它们是否填充或散化其他的裂缝运动，总之它们总是不断地运动、延伸、扩展，再现、倍增和扩大，在身份中不断实现断裂。裂缝理论必定是批判的、反认同和不断否定的，是一种断裂与创造的理论，而不是自我满足的理论。

资本主义的统治中到处都存在着裂缝。今天，我不应该上班，因为我想待在家和小孩玩。这一决定并不会产生如萨帕塔起义一样的影响力，而它们具有同一核心："不，我们不应该按资本办事，我们应该干点别的，干点我们觉得有意思的事情。"此种反抗最显著的思维模式在于空间方面（"在恰帕斯、在此社会中心，我们不应该屈从于资本，我们应该干些别的事情"），但是，我们没有理由不从时间维度思考这种反抗模式（"本周末或这个学期，抑或更长的时间段，我们应该积极投身于否定资本逻辑的创造关系中"）。或者，我们的反抗将构成与特定种类的资源和活动相关的主旋律："我们不该让水、教育、软件统统受制于资本逻辑，我们必须把这些东西理解为一种公共资源，我们应该根据不同的逻辑来使用这些公共资源。"诸如此类！

资本逻辑的反抗运动无处不在。问题在于如何去认识它，然而，我们越是关注裂缝，我们对世界图景的印象就越容易改变。世界图景指的不仅仅是统治图景，还指裂缝张大、抵达、运动、参与、愈合、倍增的反抗图景。我们越发关注裂缝，别样的世界图景将越发呈现，一种反地理学的图景越发容易呈现。反地理学不仅要颠覆空间的标识，而且要挑战维度本身。

只有从这里出发，我们才能思考如何从根本上改变世界，革命才能实现对裂缝的认知、创造、扩展：除此之外，我们很难再找到其他改变世界的路径了。

显然，裂缝或否定与创造的时空面临巨大的困境，这些困境并非源于其自治空间，而源于反对和超越资本逻辑合理性的尝试。裂缝受到国家的压制与吸纳的威胁，受到我们拒绝的社会所需的行为模式内部再生产的威胁，并且面临潜在的危险——受到价值和社会规则的腐蚀。从社会整体性的视角来看，裂缝是不存在的。从资本主义合理性的视角来看，裂缝具有逻辑上的不可能性、荒谬性和愚昧性。其出路在于：开展一种抵抗劳动的反抗行动。

劳动的二重性

裂缝是反体系的运动、是反社会体系编织力和强制力的运动。倘若我们将体系理解为资本主义的构成体系，那么这一运动则构成反资本主义运动，不论其是否采用了"资本主义"这一术语。裂缝并非反资本主义运动的唯一形式。它是一种已经成长起来且意义非凡的反资本主义运动的形式。

一个重要的问题是，作为最重要的反资本主义理论的马克思主义，其是否与理解这些运动有关。许多活动家拒绝马克思主义，认为马克思主义与他们所拒绝的斗争形式、工会的旧的反资本主义斗争以及改良派和革命党的斗争密切相关。而且，马克思主义的分析似乎游走在一个属于自己的世界里，与最近的反对资本主义的斗争浪潮相去甚远。因此，不管对于反资本主义运动还是对于马克思主义理论本身，它都是一个重要的问题。

裂缝（或自治）是以反劳动为手段的反抗运动，是一种活动形式反对另一种活动形式的反抗运动。人类活动具有二重性和对抗性。人类活动的二重性，自我的对抗性，或者马克思所称的"劳动二重性"构成马克思文本的核心主题。以下我们有必要来看看其他反对劳动的裂缝理论。

青年马克思在《1844 年经济学哲学手稿》中对异化劳动和有意识的生命活动做了明确的区分。有意识的生命活动是一种自我确认、带有目的性的活动形式，这一活动是人类区别于动物的根本点。在资本主义制度下，马克思称，这种有意识的生命活动存在于一种我们难以控制的异化劳动中。异化劳动是一种使得人与人及其类本质相分离的活动。在《资本论》的开篇，马克思不再使用同一表达，而是坚持将劳动二重性视为"理解政治经济学的枢纽"。由此一来，马克思通过这一枢纽全面地理解资本主义。《资本论》第一卷出版后，马克思在写给恩格斯的信中提到：

> 我的书最好的地方是：（1）在第一章就着重指出了按不同情况表现为使用价值或交换价值的劳动二重性（这是对事实的全部理解的基础）。①

《资本论》中的劳动二重性表示抽象劳动与有用劳动（Labour）（具体劳动）的界分。有用劳动生产使用价值，它存在于一切社会形态中，而在资本主义社会中它仅存在于抽象劳动的形式之下。从具体劳动抽离出来的抽象劳动形式生产的则是价值。抽象劳动与有用劳动的区分衍生于早期异化劳动与有意识的生命活动的划界。有用劳动是一种创造 – 生产的人类活动（或行动过程），不管它存在于哪种社会形态；抽象劳动是非自我确定的劳动形式，在这一劳动形式中，一切"质"统统被还原为"量"。

在资本主义社会中，人类活动（行动）被转化为抽象劳动，它从具体劳动中分离出来并在商品的交换和与其他活动形式的相互作用中被进一步量化。抽象性不只包括概念的抽象：它反过来实现行动自身的质化。譬如，我烤蛋糕，我喜欢烤蛋糕，我喜欢吃蛋糕，我喜欢与朋友一起分享这块我亲手做的蛋糕。而后我决定经营一种烤蛋糕的生活。我烤蛋糕并把它卖到市场上。渐渐的，蛋糕成了我有效维持生活的收入来源。我需保持一定的速度和方式生产蛋糕，这样才能确保蛋糕的出售价格足够低。由此，喜欢就不再是过程的一部分了。不久后我意识到我所挣的钱还不够多，于是我

---

① 《马克思恩格斯全集》第 31 卷，人民出版社，1972，第 331 页。

想做蛋糕不过是达到盈利目的的一种手段，我也可以做一些比蛋糕更有市场的东西去卖啊。我的劳动过程已经完全脱离了行动的具体内涵，即从具体中完全抽离出来。我所生产的对象，现如今也完全从作为生产主体本身的我当中分离出去，我不管它是一块蛋糕还是一瓶毒药，只要能卖出去就行。

重要的是，这种抽象不仅仅将活动转变为宰制我们自身的异化劳动，这也是创造资本主义社会强制力的方式。劳动的抽象化过程将不同人的活动结合在一起。当蛋糕师卖出蛋糕并用她获得的钱去买裙子时，蛋糕师和服装生产者之间的劳动就通过简单的量化形式实现了社会整合。这种行动转变为抽象劳动的过程（或者说，抽象劳动从具体行动中分离出来的过程）既压制了行动者本身，还创造了外在于有意识的社会控制的强制力，即裂缝或自治所反对的社会强制力。

抽象劳动与有用劳动的对立构成《资本论》的主题。劳动二重性生产了商品的使用价值和价值（《资本论》开篇就介绍了这一内容）；它引发了人们对劳动过程（作为劳动过程和剩余价值生产的过程）和集体劳动过程（一方面作为合作，另一方面作为劳动和制造、器械化和现代工业的分工）的讨论。当有用劳动通过"社会劳动生产力"（简单说来，即"生产力"）的范畴得以发展时，抽象劳动就通过价值生产和资本生产的工资劳动形式得以发展。

内在反抗与超越抽象劳动

如前所述，裂缝可被视为行动对劳动的反抗。这意味着在两种活动间存在着一种根本的、生命的对抗。一旦我们思考马克思理论对我们理解裂缝的意义，我们就必须先阐明《资本论》中内在于劳动二重性的根本的生命对抗形式。

显然，抽象劳动与有用劳动之间存在着一种对抗关系，这种关系被普遍理解为一种"包含的"的对抗、一种支配。在资本主义社会里，有用劳动以抽象劳动形式存在。烤蛋糕的行动过程实质上以完全异化于我自身的活动形式而存在。这种活动的存在形式通常被理解为没有剩余的完全的遏制，生产一种单向的统治关系。由于有用劳动受抽象劳动牵制，这是一个无须关注的范畴。

事实并非如此。我烤蛋糕这件事确实作为某种与我相异的事情而存在，但也有这样的时刻，即我在烤制的时刻，我反对这种抽象的异化并试图捕捉快乐。当我说"让市场见鬼去吧！"并陶醉于我能烤出美味蛋糕这件事情时，我就已经进入这种享受的时光了。换句话说，当我们说某事物存在于其他事物的形式中时，我们必须从内在反对和超越的形式意义上来加以理解。有用劳动以抽象劳动的方式存在的说法无异于说抽象劳动是其自身的存在方式。换句话说，由于抽象劳动是有用劳动具体性的否定形式，因此我们也可以说抽象劳动以"正被否定的方式"而存在。① 然而，它没有也不可能对否定置之不理：它不可避免地对自身的否定做出反应，并致力于反对和超越这种否定形式。

有用行动（Doing）在抽象劳动中，并超越抽象劳动。我们意识到，有用行动在抽象劳动中，在这一行动中，我们的日常活动服从于抽象劳动的需要，即服从于赚钱的紧迫性。我们也同样经历了这种对抗的过程：我们对活动的自我确定的驱动力（做己所欲的事情）与做必须挣钱的事情。有用行动对抗抽象劳动，体验为挫折。同时，有用行动也通过超越抽象劳动的形式而存在，在这一超越时刻或空间中，不管是个人的时空还是集体的时空，我们都成功地做了那些我们认为有必要和值得去做的事情。虽然抽象劳动从属于同时又包含有用行动，但这种包含并非完全的包含：有用行动不仅以抽象劳动的形式而存在，而且还对抗和超越这一形式。

这就是马克思所说的吗？显然，这是个诠释学的问题。马克思的工作在于对政治经济学范畴的批判。他开启了这一批判范式，而且表明政治经济学范畴不是一种历史的社会关系，而是资本主义社会对抗关系的具体形式。关键在于，马克思挖掘了劳动范畴并把这一范畴置于抽象劳动和有用劳动的对抗关系中加以解释。整部《资本论》可以看成从有用劳动的视

---

① 关于这个问题，"在马克思主义的概念中，静止是存在的，但它是作为异化的斗争而存在的，即处在被否定的模式中"（在第一版中所强调的），参见 W. Bonefeld, R. Gunn and K. Psychopedis eds., *Open Marxism*, *Vol. II*, London: Pluto, 1992, p. 14。

角对抽象劳动的批判：恰恰是因为从这一视角出发，有用劳动在叙述上才不占据显著地位。在当前反资本主义运动的语境中，重读马克思需要我们将关注点投向抽象劳动与有用劳动的对抗关系中，以凸显（不管以马克思的理论还是反对－超越马克思的理论）劳动和行动之间的这种关系的性质。

抽象劳动与马克思主义传统

这里面存在一个谜团。马克思在《资本论》的开篇提到劳动二重性是理解政治经济学的枢纽；马克思在写给恩格斯的信中提到劳动二重性构成《资本论》的两大要点之一。怎样才能更清晰地阐明这个问题呢？这个问题似乎无解：传统马克思主义最终并没有提到这个问题。几代活动家和学者对《资本论》都进行了分析，然而他们完全忽视了马克思的核心论题。确实，近年来这一论题得到广泛关注，但即使如此，关注点仍然普遍落在抽象劳动而非劳动的二重性上。①

我们该如何揭示这种对劳动二重性的忽视呢？无疑，一定程度上可以将此归咎为马克思的批判风格，他从受压制的有用劳动出发对抽象劳动加以批判。然而，这并非一种充分的解释：研究不足难以解释对劳动二重性的忽视，应当用社会解释法来阐释这一现象。

一种可能的解释是，劳动二重性不可避免会引起反资本主义运动的二重性。资本存在两种对立的形态。第一种是前文所定性的关键的资本对抗运动：将人们的日常活动的"行动"转化为有关抽象劳动和剩余价值生产的运动。这一运动通常与原始积累（基于资本主义的历史创造）有关，而把这一运动（原始积累）②归于过去则是错误的。将抽象劳动强加到人类活动中是资本统治每一天都在进行的：经理、教师、社会工作者、警察等职业是做什么的？只有在这层对抗意义上，第二层对抗关系才得以产生。只有当

---

① 近来关于抽象劳动的精彩论文，见 Bonefeld W. , *Abstract Labour*: Against Its Nature and on Its Time, *Capital and Class*, 2010, No. 34, pp. 257 –276。

② 将原始积累视为连续过程的重要文献，见 Bonefeld W. , *Subverting the Present*, *Imagining the Future*: Insurrection, Movement, Commons, New York: Autonomedia, 2009。

人类活动转变为劳动，剥削才得以可能。人类活动遂转变为价值-生产劳动，人们才被迫生产与劳动力相当的价值和用于资本增殖的剩余价值。第二种是剥削的对抗运动，它依赖第一种对抗运动——抽象的对抗运动，即将有用劳动优先转化为抽象劳动。

由此产生了如下两种冲突：有用劳动与劳动抽象性之间的冲突，以及抽象劳动与资本之间的冲突。前者涉及反对抽象劳动的运动（由于劳动创造资本，故此这一运动也是反对资本的）；后者则是一种劳工斗争。有用劳动反对抽象性的运动与其他劳动运动大同小异，但它绝非仅限于工作场所：反劳动运动有别于一般行动，它所瞄准的对象是劳动章程。当我们说反劳动的裂缝行动时实质上指的就是第一种运动，即反劳动抽象性的运动，更进一层则是反资本主义的运动，即反生产资本的劳动。

以上两种运动都反对资本，但是它们具有不同的蕴意。至少在目前来说，反资本运动是受反抽象劳动支配的。这意味着该运动受官僚主义组织形式和拜物教意识主导的统治。

反资本的抽象劳动组织集中于工会，它争取的对象是工资劳动权益。工会运动通常被视为一种经济运动的模式，它需要通过政治运动加以完成，一般来说该运动由掌握国家政权的政党组织。劳动运动的改革和革命的概念皆遵循这种基本方法。抽象劳动的构成通常是分等级的，这种等级化在劳动运动的构成中实现其自身的再生产。

劳动抽象化是马克思"商品拜物教"的来源，即创造对象与创造过程分离。创造对象不再被视为创造过程的一部分，而以一系列的"物"存在，该物统治着人类的行动和思考。由此，社会关系（人与人之间的关系）被进一步拜物教化了。人类行动和思考的核心被置于诸如货币、资本、国家、统一体的"物"中（物象化了的社会创造）。劳动运动（作为抽象劳动的运动）一般接受了这些既定的"物"。由此，劳动运动倾向于接受作为社会组织者的国家之自我展现（self-presentation），而非将其设定为劳动抽象化过程的一个时刻，这就是真正的社会强制性。抽象劳动运动被套牢在组织化和概念化的监狱中，它将有效地防止革命的爆发。

传统马克思主义是一种建立在抽象劳动基础上的劳工运动理论，对于拜物教和劳动二重性的问题则关注不足。

反资本主义运动受反资本的抽象劳动所支配，这一解释阐明了为何单一的劳动概念既支配着劳动运动又支配马克思主义传统，以及为何马克思坚持的劳动二重性的核心问题全然被忽视等问题。当今马克思主义者的研究旨趣在于规避回到抽象劳动问题的传统，但依然未能认真对待劳动二重性的问题。

抽象劳动的危机

如果我们至今仍坚持回到马克思劳动二重性的概念，那仅仅是因为抽象劳动运动（劳动对抗资本的运动）陷入了危机，在对抗劳动的运动过程中，对抗资本显得越来越重要。

抽象劳动运动的危机迹象显而易见：世界各地工会运动趋于衰落；随着激进改革派的兴起，社会民主党派呈现下滑的迹象；苏联、其他一些共产主义国家不复存在，以及拉丁美洲和非洲的民族自由解放运动失败；马克思主义危机不仅是在大学内部，它首先还是一种斗争理论。

所有这一切被广泛视为——甚至被"左派"视为工人阶级的历史性曲折，但也许这种曲折更应该被看作劳动运动的曲折，这是以抽象劳动为基础的运动，是劳动反对资本的斗争，并可能是反对劳动斗争的开端。如果情况真是这样，那么，这就不是阶级运动的失败，而是一个走进更深层的阶级斗争之转向。劳动运动为反抗和超越劳动的行动做了准备。

抽象劳动危机可以被视为人们不愿被扭曲为机器人的一个表现。为保持资本的利润率，资本积累具有迫使资本持续不断提高剥削率的内在动力。为维续盈利的能力，资本迫使人类活动不断屈从于资本积累逻辑（这构成马克思利润率下降趋势的基本论调）。在过去 40 年甚至更长的时间里（尤其自 1968 年以来），反资本运动通过许许多多的方式对抗着不断强加在人们的日常生活和活动中的资本逻辑。这一表述的危机在于：我们要全然反对资本逻辑对人们及其生活的宰制，对抗将人们的行动转变为抽象劳动的过程。

通过经典的马克思主义的论述，我们也可以将这些危机视为对与生产关系不适应的生产力的反抗。然而，我们不能把生产力理解为"物"，而应该将其理解为"劳动的社会生产力"，理解为人们去做的社会驱动力。人们去做的能力在于断裂资本主义社会关系，这一方式的完成并非通过创造更大的生产单位，而是通过成千上万次的断裂。在断裂的空间中，人们确信自己的创造力不被资本所摧毁，他们将做那些他们认为有价值的事情。

有用行动对抗抽象劳动的过程，往往以指向内在对抗和超越劳动的地下颠覆性思潮为存在形式，旨趣在于实现社会自我确认的创造性，其组织形式通常被定性为反垂直性和参与导向性。在反资本主义运动中，委员会或集会主义传统往往是反对以国家和政党为中心的传统。如今，随着抽象劳动危机的到来，这一传统以新的且富有创造力的形式得以复兴。

由于有用行动仅仅是人类丰富创造力的复写，该运动在性质上凸显出杂乱和零散性，它是人们为争取多元化世界而斗争的运动。从这一点上看，我们很容易陷入思考，认为这些斗争是没有联系的、是许多不同身份的人斗争，是差异的斗争和为差异的斗争。然而，事实并非如此。

虽然有用的创造性行动具有强大的潜力，它往往以内在反对形式超越一种共同敌人，即行动抽象为劳动。基于这个原因，从矛盾性而不是差异性来思考这一问题显得十分重要。① 这是一场人类创造力（人们去做的能力，"劳动的社会生产力"）反对和超越其自身抽象性的运动，它被还原为价值－货币－资本的生产。

设定论题

我们要反对的是什么，我又为何要讨论它呢？本文原版的匿名审稿人好心地建议将讨论的问题与其他方法联系起来。她（或他，我也不清楚）是正确的。本文试图以"旁敲侧击"的方式对此做一阐明。

我所批判的第一个对象是学术界将这些运动视为研究对象，而非将其作为人类斗争（不管是不是选择性行动，要么是二选一，要么是两种都选）的一部分。在大学结构和传统的意义上讲，这种方法是学术的。虽然我是

---

① 关于矛盾与差异的讨论及其政治重要性的文献，见 Bonefeld W. , *Subverting the Present, Imagining the Future; Insurrection, Movement, Commons*, New York; Autonomedia, 2009。

个大学教授，但我认为大学并没有就自治问题提出最有力的观点。相反，恰恰因为我是大学教授，我才强烈地意识到在学术研究的要求和科学研究的挑战之间存在的裂痕。在当前的历史条件下，我明确一点：科学研究必须直接对抗人类的自我毁灭。换句话说，唯一的科学问题在于：我们怎样才能规避这种自我毁灭的情形？这个问题包括了如下问题：我们怎样才能阻止资本主义社会自我毁灭式的再生产？这一问题越来越难以置放于大学的研究环境中加以解答了。

第二，该论题直接反对那些摒弃将马克思主义作为思想资源的研究。马克思主义传统的许多论题已经与当前的反资本主义运动不一样了，以至于很多活动家把马克思主义误解为一门与运动无关的理论。这种看法是有误的，它容易导向时而兴奋、时而绝望，时而高估运动成果、时而因遭受挫折而垂头丧气的情形。

第三，这里讨论的对象直接针对几乎完全侧重于其成就的自治讨论。当然，吹响自治主义的号角是非常有必要的①，但近年来我们更应该清晰意识到以开放的态度来应对困难也是很有必要的。②

第四个批判的对象在于那种单纯关注自治运动的困境而忽视其成果的做法。③ 自治运动的失败有时是可悲或可笑的，自治运动当然能够参与到新自由主义去权力中心化的潮流中，但除此之外还有别的选择吗？回到政党？不。回到大学的自我陶醉（ostrichism）④ 中？不。我们应该将困难看作一种挑战，而不是表现出很不自信的样子。

第五，该论题直接针对的是那些想当然地认为劳动具有单一性，而忽

① 在拉丁美洲的学术圈关于自治问题的研究最突出的当数劳尔·兹伯切（Ra′ul Zibechi），我很喜欢劳尔的作品，但他不够关注社会运动的困境。参见 Zibechi R.，Autonom′ıas y Emancipaciones：America Latina en Movimiento，Mexico City：Bajo Tierra，2008。

② 有学者在阿根廷反抗背景下对自治问题做了详尽的讨论，但其讨论局限于一般的反对视角，参见 Thwaites Rey M.，La Autonom′ıa como b′usqueda，el Estado como contradicci′on，Buenos Aires：Prometeo，2004。

③ 我想提一提对我们的研究有帮助的文章，见 Bohm S.，Dinerstein A. and Spicer A.，（Im）Possibilities of Autonomy：Social Movements in and Beyond Capital，the State and Development，*Social Movement Studies*，2010，Vol. 9，pp. 17 – 32。

④ 自我陶醉是因为大学不再如象牙塔一般处处充满美好。曾经确实如此的美好！

视了马克思劳动二重性论点的做法。这是传统马克思主义的特点，它一般将其与作为革命阶级的工人阶级联系起来加以界定（不管从广义上还是狭义上）：工人阶级运动能不能通过"无阶级"的"新社会运动"加以理解？本文反对这种做法，此处的论题表明革命运动不是劳动的斗争，而是抵抗劳动的斗争，工人阶级运动反对其自身的阶级性。

第六，本论题的批判对象是那些表面上明确强调劳动二重性，实际上却广泛关注抽象劳动的人。他们假定具体或有用劳动范畴要么是没有问题的，要么是包含在抽象劳动中。在这种方法中，矛盾与社会的对立是分开的，因此对资本的批判事实上就被理解为对抽象劳动的批判，而此种批判依旧是抽象的，它未能真正厘清抽象劳动与具体或有用劳动之间的关系，也未能将有用劳动视为一种生命的对抗形式。[①] 这一路径虽然具有激励作用，但也造成政治灾难，它迫使我们回到一个旧的口号：必须掀起反对资本主义的革命。但对于如何达到这一目的它却没有具体的实践指向。

第七，更重要的是，这一论题反对那些受德勒兹[②]、哈特和奈格里等人影响的看法，这一看法将资本的中心地位当作理解这个社会对抗性质的范畴。这里的论点是，核心的问题在于我们的行动，即构成日常生活的活动方式。在资本主义制度下，我们的行动屈从于抽象劳动，换句话说，我们的活动受我们自身难以控制的力量所支配，受价值增殖和永无止境的利润追求所统治。我们活动的这一机制带来了灾难性的后果，我们必须改变它。随着当前的社会运动的关注点落在对抗劳动的行动中，它事实上遮蔽了我们自身的活动。对人的活动的控制之假定是对资本的解构。如果我们用反资本的民主运动一词来加以取代的话，[③] 那么我们将淡化这一斗争，更糟糕

---

① 这让我想起波士顿出版社出版的和发表在《危机组织》上的一些激励性作品。详见 http://www.krisis.org/。

② 关于德勒兹对这方面的讨论和影响，参见 Bonnet A., Antagonism and Difference: Negative Dialectics and Poststructuralism in View of the Critique of Modern Capitalism, in J. Holloway, F. Matamoros and S. Tischler eds., *Negativity and Revolution: Adorno and Political Activism*, London: Pluto Press, 2009, pp. 41–78。

③ 我认为这是哈特和奈格里文章中所暗示的内容，参见 Hardt M. and Negri A., *Multitude*, London: Penguin, 2004。

的是，将忽视如下一点：越民主的意愿，越无法改变我们日常生活活动的形式和内容。这就是我们提出要以资本作为核心议题的原因所在，我们不应将资本理解为一种经济范畴，而应该将其理解为人类活动的历史上具体的组织形式。

第八个批判对象是自我增殖（self-valorisation），这一概念由奈格里创造并被广泛用于自治运动的讨论中。克利弗称，自我增殖"表示一种从资本增殖中实现了自治的增殖过程，它是一个自我规定、自我确认的过程，这一过程实现了由单纯依赖资本增殖向主动的自我规划的跨越"。在同一篇论文中，克利弗提到"许多摆脱了自我增殖的过程或自我规定的过程"。显然，我们所谈及的或者尝试着去理解的是同一对抗过程。我最担心的是，有人会把这些过程理解为"从资本增殖过程得以自治"或"逃离资本控制的过程"。我更愿意支持恩威，他认为行为与资本的关系是一种对抗和超越的关系。其理由有四。（1）自我增殖的观念是有害的，它给人一种稳定的假象。正如我们在讨论裂缝的困境时所提到的那样，我们应该将裂缝视为断裂过程中的某个时刻，它是一个趋于消失的存在，只能通过其自身连贯的重构得以存在。（2）自我增殖的观念将导致如下观点：具体的活动形式可能产生于对劳动的否定过程中。由此，克利弗称："对工作的否定……产生了自我增殖的每一个可能性"，然而行动的概念把对抗置放于每个行动过程中，不是作为可能性而是作为生命中不可或缺的一部分。很简单，生命是一种介于行动和抽象劳动之间的对抗方式。① （3）自我增殖的概念并没有将我们带入抽象批判，它同时通过劳动二重性的形式表现出来。（4）自我增殖历经由外而内的发展过程，它并没有构成其自身的危机，而行动则构成抽象劳动的危机。

第九，本文提出的论题与如下观点针锋相对，即反抗或其他行动方式的空间或时刻是外在于资本的。② 资本并不以其他的行动方式存在，相反，

① 换句话说，我们不能把生命视为一个超越历史的范畴，如大多学者所做的那样。对此，详见 Bonnet A. , Antagonism and Difference: Negative Dialectics and Poststructuralism in View of the Critique of Modern Capitalism, in J. Holloway, F. Matamoros and S. Tischler eds. , *Negativity and Revolution: Adorno and Political Activism*, London: Pluto Press, 2009, pp. 41 – 78。

② 对此，迪安格里斯作出了杰出的学术贡献。

作为行为方式的资本的"物"和霸权力量依赖其他的行动方式而存在，因此我们最好把资本视为一种社会关系，即支配和不断再支配一切行动的社会关系。故此，抽象劳动是内在于资本主义社会的行动方式，随着常规或非常规的反叛运动的掀起，行动自身将实现对这种抽象性的内在反抗和超越。与小孩一起玩耍不是外在于资本的活动，相反，它是一种内在于资本（因我们再生产资本主义的霸权模式）、反抗资本（因我们反对那些霸权模式，反对资本以强调玩耍的重要性）和超越资本（因或许真的存在一个裂缝点可供我们创造一个超越资本主义社会关系的世界，如不停歇的运动，不停歇地处于危机的边缘）的活动。就自我增殖而言，外在化思想容易走向概念的实证主义，即滑向远离中心对立的方向：生活是一种反资本主义活动模式的运动，资本主义的生产模式迅速地摧毁整个世界。够了！

结 论

这里提出的论点表明：为更好地理解自治运动，我们需要重读马克思。这真的有帮助吗？我认为是有的。从当前斗争的角度重读马克思，将重点从剥削转移到抽象上：不是将抽象的讨论视为剥削的前奏，而是将剥削视为抽象这一核心问题的发展。如果我们不这样做，我们就会将马克思固定在具有压制性且呈衰落趋势的阶级斗争形式上。不是要抛开这样一种马克思形象，我们需要进一步拓展马克思思想的丰富性和理论的连贯性，这对我们的运动意义深远。放弃马克思就是放弃我们自己，模糊有关我们斗争的问题，为我们的拒绝重新被融入我们所拒绝的体系铺平了道路。

从这里所建议的角度来理解自治，就像资本主义统治中的裂缝，就像抽象劳动编织的凝聚力结构中的裂缝，它会帮助我们看到，这些运动并非一种时尚，不是阶级斗争衰弱的迹象，也不是一道道深刻的裂痕，它们实际上构成抽象劳动危机推动人自身抗争。故此，它们的意义在于凸显我们的运动是要应对抽象劳动的危机，世界的未来取决于这场危机的结果。

II. 拜物教①

一

在上一章的内容中，我们论证了制宪权转变为宪定权的核心在于社会行动流的断裂。在资本主义社会，行动结果与行动断裂，并成为行动的对立面。两者的分离构成生活所有方面多重断裂的核心。

无须提及它的名字，我们就已经进入关于拜物教的讨论。拜物教是马克思用于描述行动断裂的术语。拜物教构成马克思权力讨论的核心，并成为所有关于改变世界的讨论绕不过去的中心。拜物教也是本书论证的核心。

拜物教是一个不容易融入正常学术讨论的范畴。部分原因在于，它被那些有意将马克思主义纳入不同学术领域的人忽视了。虽然它是马克思《资本论》中的一个核心范畴，但是它基本被马克思主义经济学家忽视了。②马克思主义社会学家和政治理论家也忽视了这一范畴，他们通常更愿意从阶级范畴开始讨论，并把阶级范畴纳入他们的学科框架。拜物教通常被认为属于哲学或文化批判领域，以这种方式分类，拜物教这个概念就失去了它的爆发力。

这个概念的力量在于它表示一种不可持续的恐惧：行动的自我否定。

二

青年马克思并不是使用拜物教，而是以"异化"或"扬弃"讨论了行动的自我否定。异化这个术语现在通常被用于描述一种普遍的社会弊病，在马克思的文本语境中它指代的是行动的裂变，这是资本主义生产组织方式的特点。

《1844 年经济学哲学手稿》在讨论"扬弃了的劳动"时，马克思从生产过程入手，认为在资本主义生产条件下，生产不仅仅是对象生产，而且

---

① 本文为《无须掌权改变世界》第四章中的内容。本部分经由作者授权译出。

② 例如，霍华德和金的《马克思主义经济学史》（两卷本）中对拜物教提及甚少。

是一种与生产者本身相异的对象生产：

　　"工人在他的产品中的外化，不仅意味着他的劳动成为对象，成为外部的存在，而且意味着他的劳动作为一种与他相异的东西不依赖于他而在他之外存在，并成为同他对立的独立力量；意味着他给予对象的生命是作为敌对的和相异的东西同他相对立。"①

　　行动者与行动结果的分离不可避免地是行动者本身的分裂。② 异化对象的生产不可避免地成为一个主动的自我异化的过程：

　　"如果工人不是在生产行为本身中使自身异化，那么工人活动的产品怎么会作为相异的东西同工人对立呢？……如果劳动的产品是外化，那么生产本身必然是能动的外化，活动的外化，外化的活动。"③

　　工人与他劳动的异化过程是一个自我异化的过程：工人主动"创造"他自己的异化。

　　行动者与受动者的断裂是行动者对制宪权的否定。行动者成为受害者，其活动变成被动的活动，行动变成痛苦。行动反过来与行动者相对抗：

　　"在劳动过程中劳动对生产行为的关系。这种关系是工人对他自己的活动——一种异己的、不属于他的活动——的关系。在这里，活动是受动；力量是无力；生殖是去势；工人自己的体力和智力，他个人的生命——因为，生命如果不是活动，又是什么呢？——是不依赖于他、不属于他、转过来反对他自身的活动。这是自我异化，而上面所谈的是物的异化。"④

　　异化是导致了被侵害、被残害、被剥夺人性等现象的人类生产："作为人的生命活动的对象（材料）和工具——变成人的无机的身体。"异化劳动，一是使自然界同人相异化，二是使人本身、使他自己的活动机能、使他的生命活动同人相异化。因此异化劳动也就使类同人相异化；对人来说，异化劳动把类生活变成维持个人生活的手段。这意味着集体的人类主体的分裂，"实现了人与人之间的异化"。相互承认被打破了，不仅是统治者和

---

　　① 《马克思恩格斯文集》第 1 卷，人民出版社，2009，第 157 页。
　　② 目前，我们遵循马克思文本译者的风格，把人称为"man"和"he"，但要记住，在德语原文中，马克思使用"Mensch"。
　　③ 《马克思恩格斯文集》第 1 卷，人民出版社，2009，第 159 页。
　　④ 《马克思恩格斯文集》第 1 卷，人民出版社，2009，第 160 页。

被统治者之间，而且在工人之间也是如此。

"人对自己的劳动、对自己的劳动产品和对自身的关系的东西，也都适用于人对他人，对他人的劳动和劳动对象的关系。总之，人的类本质同人相异化这一命题，说的是一个人同他人相异化，以及他们中的每个人都同人的本质相异化。"①

"类生活"或"类本质"的术语无非是人类的行动流，是相互承认的"我们"之间的物质制约。

人与人的隔阂不仅存在于工人之间，还在于非工人、主人之间。"如果劳动产品不属于劳动者，如果把它视为一种异化的力量，那么这只能是因为它属于其他人而非工人。"异化劳动是积极的支配性生产，是制宪权转变为宪定权的主动过程："正如他在创造自身生产的同时失去他的现实性那样，他遭到了惩罚；正如他失去现实性一样，它的产品也是不属于他的；因此他创造了那些不从事生产的人的支配权。正如他与他自身活动相异化一样，他面临的是一种不属于他的异化力量。"②

因此，异化的概念指的是社会行动流的断裂，是行动推翻自身的过程。这不是命运或神干预的结果：人类是唯一的主体，开展行动是独一无二的基本自由。我们是唯一的神，是唯一的创造者。我们的问题，如创造者一般，是我们正在导致我们自身的毁灭。我们创造了对我们自身创造的否定方式。行动否定自身。活动成为被动的活动，行动成为非行动、非存在。异化不仅指向我们的非人化，还指向我们造成自己非人化的事实。然而，受摧残的、非人化了的、异化的人如何能够开创一个解放的、人性化的社会？异化不仅表明革命的紧迫性，它似乎也象征着革命的不可能。

三

在《资本论》的开始部分，马克思就直接介绍了行动和行动结果的决裂。这体现在《1844 年经济学哲学手稿》中以下一句话中："工人在他的产

---

① 《马克思恩格斯文集》第 1 卷，人民出版社，2009，第 163～164 页。
② 由此可见，私有财产是异化劳动的结果，而不是原因，就像神灵最初不是人类智力混乱的原因，而是结果。后来这种关系变成了相互的。

品中的外化，不仅意味着他的劳动成为对象，成为外部的存在，而且意味着他的劳动作为一种与他相异的东西不依赖于他而在他之外存在，并成为同他对立的独立力量。"在《资本论》开篇，马克思提到："商品首先是一个外界的对象。"商品是我们所生产的对象，但外在于我们。商品获得它自身的生命形式，在人类劳动过程中商品失去了它的社会根源。商品否定了其自身的产品特性，行动结果否定了它自身与行动的联系。

商品是社会行动流的断裂点。作为为交换而生产的产品，它站在社会行动流的交汇口和断裂点上。当然，它是社会行动的产物，但事实上，为市场交换而生产的产品破坏了社会行动流，最终与作为其产物和前提条件的行动相分离。它自己在市场上出售，生产商品的劳动却被人们遗忘。生产商品的劳动具有社会性（为他人生产的劳动），但这是一种间接的社会性——为他人生产的劳动以为劳动而劳动的形式存在。行动的社会性遭到破坏，随之而来的是相互承认并获得社会有效性的过程。相互承认从生产者那里转移到他们的产品中：产品在交换过程中得到社会的认同。行动的承认体现为产品的价值。如今，量化和货币的价值（价格）衡量手段为人们的行动提供了社会有效性。货币告诉你什么行为才具有社会有用性。

那么，可以说，商品不是一件以价值衡量的物品。通过分析我们能够分辨生产商品的劳动，并将劳动看作其价值的实质，但这给我们带来了一个更大的问题：为什么生产商品的行动会遭到否定？"政治经济学分析了价值和价值量（虽然分析不充分），但它从来没有提出过这样的问题：为什么劳动表现为价值，用劳动持续时间计算的劳动量表现为产品的价值量呢？"

《资本论》是对行动的自我否定的研究。从商品开始，马克思转向价值、货币、利润、地租、利息——它们以越来越隐匿的行动形式，对制宪权进行越来越精心的压制。行动（人类活动）从视野中逐渐消失。这是物统治的世界，在这个物统治的世界中人类的创造性活动从人的视野中消失，在这个"着了魔的、颠倒的、倒立着的世界"，谈论"资本主义发展规律"才成为可能。正是在批判这种颠倒状态的基础上，才有可能批判政治经济学家的经济范畴，批判他们对一个非理性的、变态世界的所谓合理性和规律性分析。

这一切的核心是行动结果与行动分离。这种分离是商品固有的特质，并在资本中获得充分的发展，过去行动结果（以及行动方式）被资本占有，"积累啊，积累啊！这就是摩西和先知们！"积累仅仅是一个行动结果与行动的贪婪的、无情的分离过程，是行动结果（作为行动手段）实现进一步积累的唯一的目标（把这一目标作为资本未来努力的方向）。正是这个不断重复的过程，赋予了行动（作为抽象劳动，从具体内容中抽离出来劳动、价值生产、剩余价值生产）和行动结果（价值、商品、货币、资本）以具体形式——涉及行动的社会流不断重复的断裂的所有方面。

马克思不是把这种断裂看成异化，而是看成"拜物教"。在《资本论》第一卷第一章的后半部分，马克思讨论了拜物教，他解释道：

"要找一个比喻，我们就得逃到宗教世界的幻境中去。在那里，人脑的产物表现为赋有生命的、彼此发生关系并同人发生关系的独立存在的东西。在商品世界里，人手的产物也是这样。我把这叫做拜物教。劳动产品一旦作为商品来生产，就带上拜物教性质，因此拜物教是同商品生产分不开的。"①

商品是"一种很古怪的东西，充满形而上学的微妙和神学的怪诞"。马克思认为，"商品的神秘性"不是来自它的使用价值，而是来自商品形式本身，也就是说，来自劳动产品具有商品形式的事实。

"人类劳动的等同性，取得了劳动产品的等同的价值对象性这种物的形式；用劳动的持续时间来计量的人类劳动力的耗费，取得了劳动产品的价值量的形式；最后，生产者的劳动的那些社会规定借以实现的生产者关系，取得了劳动产品的社会关系的形式。可见，商品形式的奥秘不过在于：商品形式在人们面前把人们本身劳动的社会性质反映成劳动产品本身的物的性质，反映成这些物的天然的社会属性，从而把生产者同总劳动的社会关系反映成存在于生产者之外的物与物之间的社会关系。"②

马克思曾坚持把自我异化理解为自我异化劳动的产物，因此他强调生产商品的劳动的特殊性。商品生产是间接的社会劳动：虽然产品是为了供

---

① 《马克思恩格斯文集》第 5 卷，人民出版社，2009，第 90 页。
② 《马克思恩格斯文集》第 5 卷，人民出版社，2009，第 89 页。

社会使用而生产的，但是它的生产方式是私人的。

"因为生产者只有通过交换他们的劳动产品才发生社会接触，所以，他们的私人劳动的独特的社会性质也只有在这种交换中才表现出来。换句话说，私人劳动在事实上证实为社会总劳动的一部分，只是由于交换使劳动产品之间、从而使生产者之间发生了关系。因此，在生产者面前，他们的私人劳动的社会关系就表现为现在这个样子，就是说，不是表现为人们在自己劳动中的直接的社会关系，而是表现为人们之间的物的关系和物之间的社会关系。"①

社会关系并不仅仅表现为物之间的关系：这种表现形式反映了行动和行动结果之间的真实断裂、行动共同体的真实断裂。行动者之间的关系确实通过物之间的关系（否定起源于行动社会性的行动结果之间的关系）表现出来。这些物是生产者之间的关系的物化形态，由此，它们否定了自身作为社会关系的特性。商品、价值、货币隐匿的不是"封闭性，而是私人劳动的社会性以及个体生产者之间的社会关系"。

社会关系的断裂是资产阶级思想所固有的，资产阶级思想把这些拜物教形式视为其基础而不是去批判它们。

"这种种形式恰好形成资产阶级经济学的各种范畴。对于这个历史上一定的社会生产方式即商品生产关系来说，这些范畴是有社会效力的，因而是客观的思维形式。"

理想与现实、理论和实践不存在明确的界限。理论是实践的构成因素，它能动地促成行动与行动结果的生产与再生产。

我们思考的出发点应该是我们所面临的拜物教世界。我们生于一个行动共同体面临断裂的世界。行动和行动结果的断裂渗透进我们的全部关系和周遭的世界。我们的世界观早在我们开始批判反思之前就已经形成了。宪定权，即在为市场生产商品时固有的行动和行动结果的断裂，在这里非人格化地呈现出来。马克思在商品的生产和交换语境下引入了拜物教这个概念。然而，这不是一个前资本主义的概念，因为商品生产的一般化是以

---

① 《马克思恩格斯文集》第5卷，人民出版社，2009，第90页。

劳动力作为商品的存在，即资本主义社会的存在为前提的。① 因此，商品拜物教、资本主义宪定权逐渐渗透进我们的存在、思维习惯，以及我们与他人的所有的社会关系中。

面对这个拜物教化的世界，我们能够做的就是批判。譬如：

"价值没有在额上写明它是什么。不仅如此，价值还把每个劳动产品转化为社会的象形文字。后来，人们竭力要猜出这种象形文字的含义，要了解他们自己的社会产品的秘密，因为把使用物品规定为价值，正像语言一样，是人们的社会产物。后来科学发现，劳动产品作为价值，只是生产它们时所耗费的人类劳动的物的表现，这一发现在人类发展史上划了一个时代，但它决没有消除劳动的社会性质的物的外观。"②

在最好的情况下，资产阶级的思想成功破译了某些社会象形文字。然而，资产阶级批判方式存在一定的局限性。主体与客体的分离、行动和行动结果的分离必然蕴含着现存的改造和固化。只要不提主体与客体的分离，只要资本主义社会组织形式不被视为具有短暂性，那么批判必然是对现象的历史性批判视而不见。行动社会性的断裂被设定为一种自然和永恒的关系。换句话说，资产阶级的思想盲从于形式问题。只有人们对资本主义社会关系的历史性，也即对资本主义是人类组织关系的特定历史形式这一事实保持清醒时，才能触及形式问题（作为社会关系的价值、货币或资本）。换言之，如果我们把这种生产方式看成各种社会形态下自然固化的外在物，我们必定会忽视这种生产方式是价值形式、商品形式乃至进一步发展的货币形式和资本形式的不同样态。因此，资产阶级批判并不是要探讨批判现象的起源，也不是要追问社会关系为何以这些形式存在。

形式的范畴是马克思在《资本论》中讨论的核心。马克思谈到货币形式、商品形式、资本形式等，对这些范畴并不是在类存在的区分意义上进行理解的（货币作为其他一些东西的"形式"或"类"），而仅仅是将其作

---

① "因此，资本主义时代的特点是，对工人本身来说，劳动力是归他所有的一种商品的形式，因而他的劳动具有雇佣劳动的形式。另一方面，正是从这时起，劳动产品的商品形式才普遍化。"《马克思恩格斯文集》第 5 卷，人民出版社，2009，第 198 页。

② 《马克思恩格斯文集》第 5 卷，人民出版社，2009，第 91 页。

为存在方式来讨论的。货币、商品、资本是社会关系的存在形式，当前的社会关系以这些形式存在。① 这是人与人之间关系的凝固或僵化的存在方式。"形式"是呐喊的回声，传递着希望的信息。我们针对事物的现状发出呐喊。是的，这是呐喊的回声，但是事物的现状并不是永恒的，它们不过是社会关系的凝固形式而已。

"这些公式上印有明确无误的字样，表明它们属于一种社会状态，在这种状态下，生产过程控制着人，而不是人控制生产过程，这种公式对资产阶级的知识分子来说，具有不证自明的必要性，就像生产劳动本身那样"。然而，对呐喊的我们而言，这些形式既不是不证自明的也不是永恒的。

拜物教概念在革命理论中起着怎样的核心作用，我们应该已经很清楚了。它既是对资产阶级社会的批判，也是对资产阶级理论的批判，更是对资产阶级恒定性的批判。拜物教概念直接指向人的非人化，指出了我们自身在权力再生产过程中的共谋关系，指出了革命任务的艰巨性（或明显的不可能性）。

拜物教是马克思批判资本主义社会的核心概念。② 非人化的主题出现在马克思的《资本论》和其他文献的讨论中。在资本主义社会中，人与物、主体和客体之间的关系被颠倒了——主体客体化以及客体主体化：物（货币、资本、机器）成为社会的主体，而人（工人）则沦为客体。社会关系不仅表现为物与物的关系（货币和国家、你的货币和我的货币之间的关系），同时人被剥夺了他们的社会性，变为孤立的"个人"，这是实现商品交换的必要因素（要想这种异化对等，人类只需通过一种默契把每个人视为独立的"个人"）。在对工厂条件和剥削过程的漫长而细致的讨论中，主体和客体的颠倒关系是马克思始终强调的重点："一切资本主义生产既然不仅是劳动过程，而且同时是资本的增殖过程，就有一个共同点，即不是工

---

① 关于作为存在方式的讨论，见 W. Bonefeld, R. Gunn and K. Psychopedis eds., *Open Marxism*, *Vol II*, London: Pluto, 1992。

② 对卢卡奇来说，有关拜物教的问题是整个马克思主义理论的核心，"人们经常声称（而且不是没有一定的理由）黑格尔《逻辑学》中关于存在、非存在和成为的著名章节包含了他的全部哲学。也许同样有道理的是，关于商品的拜物教特性的那一章本身就包含了整个历史唯物主义和整个无产阶级的自我认识，被视为对资本主义社会（以及之前的社会）的认识"。

人使用劳动条件，相反地，而是劳动条件使用工人，不过这种颠倒只是随着机器的采用才取得了在技术上很明显的现实性。"[①] 马克思谴责资本主义不仅是因为它带来身心折磨，更重要的是它对物与人的关系的颠倒，换句话说是社会关系的拜物教化。

与谴责资本主义社会的主客体颠倒关系密切相关的是资本主义的批判理论，这种理论认为这种颠倒关系是理所当然的，一些范畴如国家、货币、资本、个体、利润、工资、地租等建立在社会关系的拜物教形式的基础上。在商品流通过程中，作为生产者的主体是完全看不到这些范畴的，所能看到的只是事物和作为这些事物的承载者的个体之间的互动。正是在这里，在社会的主体性隐藏起来的地方，自由主义理论开花结果。这个流通领域"确实是天赋人权的真正乐园。那里占统治地位的只是自由、平等、所有权和边沁"。整个《资本论》致力于政治经济学批判，即致力于揭示政治经济学概念是如何从社会关系的拜物教表象中产生的。政治经济学（以及一般的资产阶级理论）认为社会关系的存在形式（商品形式、价值形式、货币形式、资本形式等）是理所当然的。换句话说，资产阶级理论对形式问题视而不见：商品和货币等并没有被理解为现存社会关系的形式或存在方式。资产阶级理论对当前社会关系形式的暂时性视而不见，认为资本主义社会关系通常具有不可改变性是理所当然的。

然而，资产阶级思想不只是资产阶级的思想，也不只是资本主义的积极支持者的思想。它指的是资本主义社会的行动和行动结果之间的断裂关系所产生的思想。这对理解资本主义批判理论特别重要——不仅是对"他们"的批判，还是对"我们"的批判，对我们自身的设想和资产阶级性质的批判，或者更具体地说，是对我们自己在资本主义权力关系再生产中的同谋关系的批判。对资产阶级思想的批判就是对我们思想中的主客体断裂观的批判。

在政治经济学家以及其他资本主义理论家作品中拜物教得到深入阐释，这种拜物教也是资本主义社会日常"共识"的基础。资本主义永恒性的假设被建构为资本主义社会的人的日常思维和实践活动。作为物与物之间零

[①] 《马克思恩格斯文集》第 5 卷，人民出版社，2009，第 487 页。

散关系的社会关系的表现和真实存在，既掩盖了那些基本的对抗关系，也掩盖了改变世界的可能。拜物教的概念（而非"意识形态"或"霸权"理论）为古老问题的解答奠定了基础，即"为何人们要接受资本主义的苦难、暴力和剥削呢？"通过指出人们不仅接受资本主义苦难，而且还积极参与其再生产，拜物教概念同时蕴含着反资本主义革命的艰难或明显的不可能性。拜物教是所有革命理论面临的核心问题。革命的思想和实践必定是反拜物教的。任何一种思想或实践都旨在把人类从非人化的资本主义中解放出来，这一目标注定是反对拜物教的。

四

革命变革存在无望困境的原因在于革命的紧迫性及表面上的不可能性，这是一个过程的两个方面，在社会关系的拜物教变得更加深入和普遍的条件下，这种困境就更加明显了。

从马克思《资本论》的有关讨论中，我们可以清楚看到行动和行动结果、主体和客体的分裂，这种分裂超出了直接把"人从其生产的对象中分离出去"的范围。不是资本家从工人那里抽离出他所生产的物，事实上，行动社会性是以市场（商品的买卖）为媒介的（破裂之外又粘贴在一起），这意味着行动和行动结果的裂解绝不限于剥削的直接过程，还扩展到整个社会。虽然马克思在《资本论》中将重点放在政治经济学批判上，但是我们完全没有理由相信拜物教只延伸到政治经济学所构思的领域。马克思认为拜物教渗透到整个资本主义社会，这是一个"着了魔的、颠倒的、倒立着的世界"，客体的主体化和主体的客体化成为生活方方面面的特点。马克思称"分裂"是资本的真正生成过程。在马克思主义传统中许多研究专家提到了拜物教普遍性问题。论证越深入，革命悲剧性困境就变得越明显。革命变革被描述得越紧迫，就越揭示革命的不可能性。从物化（卢卡奇）、工具合理性（霍克海默）、单向度（马尔库塞）、同一性（阿多诺）、规训（福柯）[①] 等不同方面

---

① 见奈格里对福柯的评论："福柯对法兰克福学派的教训的解释比它的继承者更忠实。"Negri, Antonio, *Insurgenciew: Constituent Power and the Modern State*, University of Minnesota Press, 1999，p. 340.

入手，不同的作者强调了权力对我们现存的每个领域的渗透，资本主义的现存制度日益封闭。

我们不是要对不同理论家的贡献进行说明，而是要在他们工作的基础上，进一步拓展前面一章提出的某些观点，这就需要回顾一下迄今为止的论证。

出发点是行动和行动结果的分裂，这意味着行动者和行动者之间的对立、分离，行动结果被占有者（资本的所有者）控制，这也是行动的手段：资本家让行动者为他们工作，以增加他们所占有的行动结果。换句话说，资本家剥削了工人：他们支付给工人维持生活的基本资料（劳动力的价值）和占有他们的剩余（剩余价值）。行动和行动结果的分裂蕴含着一种双重的阶级分析，即资本和工人阶级的对抗。这一点从根本上来说是很重要的，论证中的任何内容都不应该被视为动摇这一立场。

在马克思主义和社会主义传统中，阶级对立通常被理解为一种外在关系。人们认为，工人阶级和资本的对立是一种外在的对抗关系，它使得工人阶级和资产阶级处于两个"永不触及"的根基上。对立双方中的一方是好的（工人阶级），另一方是坏的（资产阶级）。从这一视角来看，有人可能希望革命的问题能够变得相对简单——很大程度上成为一个实际的组织问题。为何共产主义革命没有成功呢？这个问题通常需要从意识形态、霸权主义的角度来加以解答。工人阶级没有壮大起来是因为它被市场意识形态熏陶；在一个阶级社会中，统治阶级的思想是霸权主义的；工人阶级陷入了错误的意识。不管哪一种解释——意识形态、霸权主义或错误意识的解释，都没有从行动和行动结果的分裂来讨论：意识形态领域被视为独立于"经济"领域。对工人阶级缺乏了解的强调，通常（不可避免地）伴随着一种假设，即工人阶级是"他们"。"他们"有错误的观念，因此，我们的作用（我们才具有正确的思想）就是要启发他们，启示他们，修正他们的意识。① 内在于这一方法中的政治问题应该是很显著的。

这种方法的另外一个问题仅仅在于我们无法解释清楚这个世界的复杂

---

① 葛兰西的"有机知识分子"概念只是这一主题的一个变体。见 Gramsci, Antonio, *Selections from the Prison Notebooks*, London：Lawrence and Wishart, 1971, pp. 3 – 23。

性。线条被勾勒地太粗糙了，以至于社会的复杂性"短路"，所以，传统马克思主义的说服力有待提升。这一点在近年来关于社会冲突的变革模式如性别冲突和环境问题的讨论中表现得尤为明显。近年来存在一种趋势，要么迫使这些斗争实行先前的阶级斗争模式，要么把这些斗争说成"非阶级斗争"。在后一种情形中，非阶级斗争观的来源主要是：其一，阶级重要性被削弱；其二，尽管有一切，资本和劳动的基本矛盾仍旧是最突出的冲突形式。把资本和劳动的矛盾视为一种基本矛盾不受影响，这就导致了把对立理解为一种直接的对立，在这种对立中，双方都是直接的、经验性的存在。这导致了如下问题：看看无产阶级以往在反对越南战争、反对核武器中的作用，再看看如今的工人阶级支持萨帕塔起义，当工人阶级在数量上处于下降趋势的时候，我们如何评价工人阶级的革命呢？当然，所有这些问题都可以解答，但是，工人阶级作为一个经验上可识别的群体，与最显著的反抗形式之间存在着分离，导致了资本主义应被理解为一种基本的阶级对立的想法逐步弱化。

这里的论点是，对资本主义做阶级理解是最基本的方法，而阶级对立不能被理解为一种外在的关系，对阶级也不能以直接的方式加以理解。行动和行动结果的分裂，如我们在前面的章节和本章第一节所讨论的那样，不仅仅是行动者和行动结果的占有者之间的分裂。资本主义的宪定权、行动与行动结果的分裂就像是可怕的现代子弹，它不仅刺穿受害者的肉身，还把她撕成成千上万块碎片。或许情况没有那么恐怖，资本主义的权力像火箭升空那般绽放出五彩的火花。这里所强调的火花或子弹碎片并没有弄明白火箭和子弹的发射轨道，这是后现代理论所要做的。[①] 另外，只关注子弹或火箭的主要运动，把碎片和火花视为某些外在的东西（非阶级斗争），是一种粗糙的做法，它在政治上是没有帮助的，于理论来说，也没有什么说服力。

拜物教概念关注的是权力在我们体内的爆发，不是与行动和行动结果的分裂不同的东西（正如在"意识形态"和"霸权"概念中），拜物教观

---

① 由于火箭和火焰是被制造出来的总体，它的统一性只能从做的角度而不是从语言的角度来理解。

念是这种分裂观不可分割的部分。分裂不仅仅是资本家与工人的分离，而且是我们内在思想和内在行动的爆裂，它将我们生命的每一次呼吸转变为阶级斗争的时刻。为何革命尚未爆发的问题不是"他们"的问题，而是一个支离破碎的、"我们"的问题？

我们生活在一个"着了魔的、颠倒的、倒立着的世界"，人与人的关系通过物与物的关系表现出来。社会关系被"物化"或"外化"。卢卡奇在1923 年出版的《历史与阶级意识》中用了"物化"这一术语暗示"物"对社会生活方方面面造成的影响。① 物化与即时的劳动过程有关，不仅仅是影响工人阶级的因素："工人阶级的命运是整个社会的命运"，而且，商品关系凸显一种"幽灵般的对象性"……镌刻在人类整个意识里的印象……不存在人类关系可以阐明的自然状态，人类存在不断依赖这种物化过程，由此他们的身心本性无法逃离这种被物化的状态。

五

行动与行动结果的分裂（成为受动者的从属地位）建立了它自身的"是"或同一性。同一性可能是拜物教或物化最集中（也是最具挑战性）的表现形式。行动流的断裂使行动从自身的活动中被抽离出去。现存行动从属于过往行动。活劳动从属于死劳动。行动在深夜被冻结，转变为存在。一个美人，遭到女巫的诅咒失去她的活动，失去她的美貌：睡美人是个矛盾的用词。冻结并不是绝对的状态（正如行动流的断裂也不是绝对的状态）。没有事物是一成不变的，但每个事物都被封锁进永恒的持续状态，万事万物遵循着运行轨迹不断向前发展。

如果用行动观来看待世界，那么我们显然不可能说"这个世界是什么"，或"物是什么"，或"我是什么"。从行动的视角来看，显然万事万物都处于运动中：世界是或不是，物是或不是，我是或不是。如果我们以行

---

① Martin Jay, *Marxism and Totality*, Berkeley：University of California Press，1984，p109. 这个术语，事实上在马克思本人那里找不到，它意味着活的过程被石化成死的东西，作为一种外来的"第二自然"出现。因此，韦伯的"官僚合理化的铁笼子"、西美尔的"文化悲剧"和柏格森的时间空间化都是一个更普遍的过程的一部分。

动观来思考问题，那么内在于这种对抗状态的矛盾体表示没有问题：在行动中，我超越了自我，世界做着超越它自身的运动，以此类推。我的内在改变蕴含在我的行动中，这表明我是和我不是。然而，一旦行动遭到破坏，一旦行动从属于行动结果，那么运动将停止，我是什么或不是什么的说法便是不连贯的。一旦行动被打破，那么占主导的将不再是行动和矛盾。一旦同一性占主导，那么矛盾就被削平。"这个世界是什么"与"物是什么"的表述是一样的。然而，如果我们说"这个世界是什么和不是什么；那么物便是和不是这样"，这些现在看来毫无意义，是不合逻辑的陈述。

同一性蕴含着时间的同质化。当行动流被打破，行动从属于行动结果且量化积累时，行动被纳入特定参数限制下的某种轨迹。行动被简化为劳动，仅受制于资本扩张的行动目标。这既限制了行动的内容，也将某种（而且不断增加的）节奏强加给行动。劳动，作为已经形成的行动，它有量的规定：持续数小时的劳动生产了某种可以卖到一定价格的产品，劳动生产了价值，劳动是通过工资的货币量来体现它的价值的。人们的行动犹如跑得越来越快的火车，但沿着既定的轨迹："时间就失去了它的质的、可变的和流动的性质；它凝固成一个精确划定界限的、在量上可测定的充满可量化物的连续统一体，……即凝固成了一个空间。"时间成为时钟时间，滴答滴答的时间，每一次滴答都是一样的：时间虽然在运动但（客观上）仍旧是静止的。[1] 生命时间的不同强度，激情、幸福和痛苦的时间的长短都是从属于滴答滴答的时钟时间。

同质化时间以现在为轴心。这并不是要彻底否定过去和未来的时间，而是说过去，特别是未来是从属于现在的：过去被理解为现在的"前历史"（pre-history），未来被视为现在的可预见（pre-visible）的延续。时间被视为过去到未来的直线运动。未来发生剧烈变化的可能性作为虚构小说被搁置一旁。所有这些将搁置在被压抑的滴答滴答的时间轨迹中。过去那些指向与现在完全不同的斗争被遗忘了。正如霍克海默和阿多诺所指认的"所有

---

① 关于时钟时间的历史建立的讨论，见 Thompson, Edward P. , Time, Work – Discipline and In-dustrial Capitalism, *Past and Present*, 1967, No. 38, pp. 56 – 96。

的物化都是一种遗忘"。同一性规律是遗忘症的规律。记忆①,连同他的希望,从属于时钟无情的运动(除了遵循它我们无处可逃):"只有消除了封闭、静止的存在概念,希望的真实向度才会出现。"

同一性规则蕴含着某种语言等级制。譬如,它意味着一个动词"是"对其他所有动词的支配。② 在这个被定义的世界里,其他动词是无效的:它们的力量受到"是什么"(That which is)的限制。行动不仅受到"是什么"的制约,同时还被"是什么"所渗透:我们的日常行动受到"是什么"的制约和渗透。③ 不同的是,名词"是"(Is-ness)意味着它对其他名词的支配。"是什么"成为固化的、巩固的、僵化的名词形式:在名词形式中,活动受到压制和制约。正如时间成为滴答滴答的时间,活动成为滴答滴答的活动,没有主体的对象活动是其自身成为物的活动,而不是运动。

行动与行动结果的分裂是构成或起源与存在的分裂。"是什么"的行动结果从产生它的行动中分化出去。它获得不同于行动的独立存在。我制作一张椅子。从社会行动流的视角来看,存在椅子的转瞬即逝的对象化:一旦使用(通过行动),它马上汇入集体行动流(从行动的视角来看,如果不被使用,那么它将停止成为一张椅子。)然而,在资本主义社会中,对象化不仅仅是短暂的。现在我们制作的椅子成为雇佣者的财产。这就成了一件可以买卖的商品。它的存在与它的构成是分离的。诚然,其构成或起源(制作它的行动)被它作为商品的存在否定了:它被遗忘了,椅子的存在无关紧要。买家使用椅子,并在那种意义上将其融合到行动中,但是这个流程(实际上和明显地)遭到破坏:使用者的行为和制造者的行为之间完全

---

① 论记忆概念的革命意义,见 Tischler, Sergio, Memoria y Sujeto. Una Aproximación desde la Política, *Bajo el Volcán*, 2000, No. 1, pp. 11 – 24。

② Foucault, Michel, *The Order of Things*, New York:Vintage Books, 1973, p. 94. 整个动词的种类都可以简化为表示"是"的单一动词。福柯在这里说的是古典认识论,但对整个资本主义时期也可以做类似的论证。

③ 请注意,即使是那些关注竞争或政治冲突的理论也是如此。冲突往往被理解为它能促进整体的再生产。即使在强调不稳定的地方,也有一个压倒性的平衡假设。在那些不把危机当作不正常的东西而是当作经济的组成部分的经济理论(例如熊彼特的理论)中,仍然存在着功能主义的假设,即危机应该被理解为结构调整,被理解为"创造性的破坏",被理解为带来了整个资本主义再生产所必需的变化。

没有直接关系。存在获得一个期限。椅子存在的时间是持续的时间：椅子现在是，它的"不是"（is-not-ness）被彻底遗忘了。构成和存在被分离开来。被构成否定了构成，行动结果否定了行动，客体否定了主体。被构成的对象获得了持续的同一性。这种分裂过程（既真实又幻化）对资本主义的稳定性至关重要。"事情就是这样"的表述预设了这种分离，构成和存在的分离是对激进替代方案的封闭。

六

行动与行动结果分离，以及行动转变为存在（同一性），这不仅是时间的僵化的核心，还是社会关系各个方面的分裂的核心。如果社会行动流是将人类生活编织起来的东西，如果它是"我们"的物质形式，那么，资本主义制度下的集体行动的裂变将把这种编织打破，从一边到另一边撕开单一的线。如果行动流意味着共同体、时间和空间交叉的共同体，那么行动流的断裂就会使这种共同体的所有可能性丧失。

集体行动流的断裂带来了行动者的个人化。为了进行商品交换，商品和他们的生产者从集体行动中抽象出去："为使这种让渡成为相互的让渡，人们只须默默地彼此当做那些可以让渡的物的私有者，从而彼此当做独立的人相对立就行了。然而这种彼此当做外人看待的关系在原始共同体的成员之间并不存在。"思想的出发点不是作为共同体一部分的人，而是个人①作为一个有独特身份的人。共同体只能被想象成具体个体的集合，是存在的集合体而非行动流。

个体站在集体之外，即马克思所说的他与其类本质或类生命异化。在资产阶级的"科学观念"中，即设想资本主义社会是永恒的这一"科学观念"中，个体与共同体存在这种距离被评价为一种美德。社会科学家离他所研究的社会越远越好。理想的科学家会是一位被放到月球上的观察者，从那里他可以真正客观地分析社会。集体，即社会，与主体保持着尽可能远的距离。

---

① 这里用来强调异化。

在这种思维方式中，科学和客观性被视为同义词。科学地研究某物就是要客观地研究它，或者说如果人们承认这是不可能的，那么科学家必须尽力做到客观分析问题，与研究对象保持一定的距离。在此，客观性意味着尽力扼制我们自身的主观性，那么，根据定义，主观的陈述将被视为不科学的。"什么是科学"的观点由此建立在一种明显的误解的基础上，即认为表达一种排除思想者的思想是可能的（当然，这并不意味着一个明确主观的陈述就一定是正确的或科学的）。

因此，同一性还蕴含着第三人称的话语。为了科学写作，我们用第三人称来写物，写成"它"或"它们"：政党如何如何；马克思主义如何如何；英国这样或那样。第一人称话语（我对政党的看法；我想要过更好的生活；最重要的是，我们呐喊）被视为不科学的。研究或理论由此成为某些方面或关于某物的研究，正如社会理论是对社会的研究，那是一本关于马克思主义的书，今天我们将学习的是 19 世纪的墨西哥。在每一种情况下，介词"的"或"关于什么"都标志着学生或理论家与研究对象的分离或保持距离。[①] "关于什么的知识"只不过是"宪定权"的另一种说辞。最好的社会学学生或理论家是那些能够置身事外来看待社会的人（那些认为很难做到置身事外的学生通常难以让人承认他的研究成果，虽然这并不表示第一人称话语就是正确的）。理论就是理论：对外在对象的观看或沉思。主体是存在的，但同时也是一位观看者，一个被动而非主动的主体，一个去主体化的主体，简言之，就是一个客体化的主体。如果我写的是"它"，那么，我能够科学表达的唯一方式就是去做一位旁观者（voyeur）。[②] 正是由于理论被视为与理论家分离的存在，它被视为一种可以"应用"到世界上的东西。

我们所说的第三人称是第三人称的陈述语气。在思想中形成同一性基础的重要因素是"它们是什么"的物，而不是"它们可能是什么"或

---

① 对于理论的批判，见 W. Bonefeld, R. Gunn and K. Psychopedis (eds), *Open Marxism*, *Vol. II*, London：Pluto，1992。

② 关于"理论"一词的起源和使用的变化，见 Williams, Raymond, *Keywords*, Glasgow：Fontan，1976，pp. 266 – 268。

"我们希望它们是什么"的物。在同一性思维的科学话语中不存在虚拟语气。如果排除了我们是什么，那么我们的梦想、愿望、恐惧也同样被排除在外。虚拟语气源于一种不确定的情绪，一种焦虑、渴望、可能、不在场的情绪，它不可能存在于客观世界中。"事物存在的方式"显然是一种陈述语气。

那么，打破社会行动流意味着，我（不再是模糊的"我们"）作为一位社会科学家与我在社会中的感受、我的社会立场分离，并试图理解社会本来的样子。社会呈现给我的样子是大量的特殊性、具象。我试图定义我想要研究的具象并探寻这些现象之间的联系。

身份意味着定义。一旦行动流发生断裂，一旦社会关系被分割成具体物体之间的关系，那么要将这种分割视为理所当然就只能通过定义来进行，对每一个事物、每一种现象、每一个人或每一个组织进行定义。知识通过限定得以进步：能够被限定的事物才能被感知。什么是政治学？什么是社会学？什么是经济学？什么是政党？什么是马克思主义？这种高校研究的介绍性问题是典型的定义问题。研究生论文通常以对研究对象的定义或界定开始。定义是关于一物区别于他物的身份描述。定义的目的是以非矛盾的方式来界定身份：如果我定义了 X，它没有任何意义，从定义的视角来看，说 X 既是 X 又不是 X，就没有意义了。定义把社会关系固定化、碎片化和物化为"是"的状态。一个定义的世界是干净的世界、一个明确划分的世界、一个排他性的世界、一个他者与他者明确界分的世界。定义构成了差异性。X 的定义成就了作为他者的非 X。如果我把自己定义为爱尔兰人，那么我就不是英国人；如果我把自己定义为白人，那么我就不是黑人；如果我把自己定义为雅利安人，那么我就不是犹太人。英国人、黑人、犹太人都是他者，而非我们。整个恐惧的世界被限定在定义的过程中。

定义排除了作为能动主体的我们。这本书一开始提及的"我们"——想要改造世界但仍未被发掘的"我们"，被排除在世界的定义性观念之外。当我们给某些事物下定义时，我们一般把它界定为与我们分离的东西。定义构成被界定的对象，通过自身的定义客体与主体相分离。当我们被界定时，情况没有什么不同，如"我们是妇女"，或"我们是无产阶级"：这一定义限定了我们，否定了我们的能动主体性（至少在限定关系中），实现了我们的对象化。"希望改变世界的我们"不能被定义。[①]

　　身份化的世界是一个特殊的、个性化和原子化的世界。桌子是桌子，椅子是椅子，英国是英国，墨西哥是墨西哥。碎片化构成身份化思想的基础。世界是一个被分裂化的世界。绝对同一的世界同时也是一个绝对差异的世界。世界知识被分裂为不同学科的知识。社会研究通过社会学、政治科学、经济学、历史学、人类学等学科发挥作用，各种不同学科和无尽的专业反过来依赖空间（英国、墨西哥、西班牙）、时间（19 世纪、20 世纪90 年代）和社会活动（经济、政治制度）等零散的概念。

[①]　"你可以说，人类是在自然界中自我创造、自我意识和社会的那一部分。当然，这不是一个定义。事实上，你不可能把一个定义（从字面上看，就是把一个限制）套在一个不断地把自己变成其他东西的存在方式之上。"参见 Smith, Cyril, *Marx at the Millennium*, London：Pluto Press，1996，p. 64。

参考文献

经典著作

《马克思恩格斯文集》第 1 卷，人民出版社，2009。

《马克思恩格斯文集》第 2 卷，人民出版社，2009。

《马克思恩格斯文集》第 3 卷，人民出版社，2009。

《马克思恩格斯文集》第 4 卷，人民出版社，2009。

《马克思恩格斯文集》第 5 卷，人民出版社，2009。

《马克思恩格斯文集》第 6 卷，人民出版社，2009。

《马克思恩格斯文集》第 7 卷，人民出版社，2009。

《马克思恩格斯文集》第 8 卷，人民出版社，2009。

《马克思恩格斯文集》第 9 卷，人民出版社，2009。

《马克思恩格斯文集》第 10 卷，人民出版社，2009。

《马克思恩格斯全集》第 3 卷，人民出版社，2002。

《马克思恩格斯全集》第 18 卷，人民出版社，1964。

《马克思恩格斯全集》第 30 卷，人民出版社，1995。

《马克思恩格斯全集》第 31 卷，人民出版社，1998。

《马克思恩格斯全集》第 32 卷，人民出版社，1998。

《马克思恩格斯全集》第 33 卷，人民出版社，2004。

《马克思恩格斯全集》第 34 卷，人民出版社，2008。

《马克思恩格斯全集》第 42 卷，人民出版社，1979。

《列宁全集》第 55 卷，人民出版社，1990。

中文译著

〔德〕康德：《康德著作全集》，李秋零主编，中国人民大学出版社，2018。

〔德〕康德：《纯粹理性批判》，邓晓芒译，人民出版社，2004。

〔德〕黑格尔：《法哲学原理》，邓安庆译，人民出版社，2016。

〔德〕黑格尔：《逻辑学》（上、下卷），杨一之译，商务印书馆，1977。

〔德〕黑格尔：《精神现象学》（上、下卷），贺麟、王玖兴译，商务印书馆，1979。

〔德〕黑格尔：《历史哲学》，王造时译，上海书店出版社，1999。

〔德〕黑格尔：《精神哲学》，杨祖陶译，人民出版社，2017。

〔澳〕丹纳赫、斯奇拉托、韦伯：《理解福柯》，刘瑾译，百花文艺出版社，2002。

〔英〕乔纳森·沃尔夫：《当今为什么还要研读马克思》，段忠桥译，高等教育出版社，2006。

〔美〕乔纳森·克拉里：《24/7：晚期资本主义与睡眠的终结》，许多、沈清译，中信出版集团，2015。

〔苏联〕伊利延科夫：《马克思〈资本论〉中抽象和具体的辩证法》，郭铁民等译，福建人民出版社，1986。

〔苏联〕列宁：《哲学笔记》，中共中央马恩列斯著作编译局译，人民出版社，1974。

〔匈〕卢卡奇：《历史与阶级意识》，杜章智等译，商务印书馆，1992。

〔美〕哈特、〔意〕安东尼奥·奈格里：《大同世界》，王行坤译，中国人民大学出版社，2016。

〔美〕麦克尔·哈特、〔意〕安东尼奥·奈格里：《帝国》，杨建国、范一亭译，江苏人民出版社，2008。

〔苏联〕图林加诺夫：《马克思主义中的价值论》，齐友等译，中国人民大学出版社，1989。

〔英〕墨菲：《政治的回归》，王恒、臧佩洪译，江苏人民出版社，2001。

〔英〕大卫·利奥波德：《青年马克思》，刘同舫、万小磊译，中山大学出版社，2017。

〔美〕大卫·哈维：《资本之谜》，陈静译，电子工业出版社，2011。

〔美〕大卫·哈维：《跟大卫·哈维读〈资本论〉》，刘英译，上海译文出版社，2013。

〔日〕宫川彰：《解读〈资本论〉》，刘锋译，中央编译出版社，2011。

〔日〕广松涉：《〈资本论〉的哲学》，邓习议译，南京大学出版社，2013。

〔日〕广松涉：《马克思主义的哲学》，邓习议译，南京大学出版社，2019。

〔日〕广松涉：《唯物史观的原像》，邓习议译，南京大学出版社，2009。

〔日〕广松涉：《物象化论的构图》，邓习议译，南京大学出版社，2009。

〔法〕居伊·德波：《景观社会》，张新木译，南京大学出版社，2007。

〔法〕居伊·德波：《景观社会评论》，梁虹译，广西师范大学出版社，2007。

〔法〕德里达：《马克思的幽灵》，何一译，中国人民大学出版社，1999。

〔英〕恩斯特·拉克劳、〔英〕查特尔·墨菲：《领导权与社会主义策略》，尹树广、鉴传今译，黑龙江人民出版社，2003。

〔加〕普殊同：《时间、劳动与社会统治》，康凌译，北京大学出版社，2019。

〔美〕欧文·戈夫曼：《日常生活中的自我呈现》，冯钢译，北京大学出版社，2008。

〔法〕福柯：《必须保卫社会》，钱翰译，上海人民出版社，1999。

〔法〕福柯：《规训与惩罚》，刘北成、杨远婴译，三联书店，2007。

〔法〕福柯：《疯癫与文明：理性时代的疯癫史》，刘北成、杨远婴译，三联书店，2012。

〔法〕福柯：《词与物》，莫伟民译，三联书店，2001。

〔法〕福柯：《知识考古学》，谢强、马月译，三联书店，2003。

〔法〕福柯：《不正常的人》，钱翰译，上海人民出版社，2018。

〔法〕福柯：《生命政治的诞生》，莫伟民、赵伟译，上海人民出版社，2011。

〔波〕科拉科夫斯基：《理性的异化》，张彤译，黑龙江大学出版社，2011。

〔德〕阿尔弗雷德·索恩－雷特尔：《脑力劳动与体力劳动：西方历史的认识论》，谢永康、侯振武译，南京大学出版社，2015。

〔美〕罗伯特·查尔斯·塔克：《马克思主义革命观》，高岸起译，人民出版社，2012。

〔德〕考茨基：《〈资本论〉解说》，戴季陶、胡汉民译，九州出版社，2012。

〔英〕莱姆克等：《马克思与福柯》，陈元等译，华东师范大学出版社，2007。

〔德〕西美尔：《货币哲学》，陈戎女、耿开君、文聘元译，华夏出版社，2002。

〔德〕西美尔：《金钱、性别、现代生活风格》，顾仁明译，学林出版社，2000。

〔美〕詹姆逊：《重读〈资本论〉》，胡志国、陈清贵译，中国人民大学出版社，2013。

〔法〕让·雅克·朗班：《资本主义新论》，车斌译，东方出版社，2015。

〔德〕西奥多·阿多尔诺：《否定的辩证法》，张峰译，重庆出版社，1993。

〔德〕西奥多·阿多诺：《否定的辩证法》，张峰译，上海人民出版社，2020。

〔法〕雅克·比岱等主编《当代马克思辞典》，许国艳等译，社会科学文献出版社，2011。

〔德〕霍克海默、阿多诺：《启蒙辩证法》，渠敬东、曹卫东译，上海人民出版社，2006。

〔德〕马尔库塞：《理性和革命》，程志民等译，上海人民出版社，2007。

〔英〕马塞罗·默斯托：《另一个马克思》，孙亮译，中国人民大学出版社，2022。

〔法〕雷蒙·阿隆：《想象的马克思主义》，姜志辉译，上海译文出版社，2012。

〔英〕克拉克：《经济危机理论：马克思的视角》，杨健生译，北京师范大学出版社，2011。

〔英〕克里斯多夫·约翰·阿瑟：《新辩证法与马克思的〈资本论〉》，高飞等译，北京师范大学出版社，2018。

〔英〕恩斯特·拉克劳：《我们时代革命的新反思》，孔明安等译，黑龙江人民出版社，2006。

〔英〕保罗·威瑟利：《马克思主义与国家：一种分析方法》，孙亮、周俊敏译，中国人民大学出版社，2022。

〔英〕阿尔伯特·托斯卡诺、〔美〕杰夫·金科：《"绝对"的制图学》，张艳译，长江文艺出版社，2021。

〔意〕安东尼奥·奈格里：《〈大纲〉：超越马克思的马克思》，张梧等译，北京师范大学出版社，2011。

〔意〕安东尼奥·内格里：《超越帝国》，李琨等译，北京大学出版社，2016。

〔斯洛文尼亚〕齐泽克：《意识形态的崇高客体》，季广茂译，中央编译出版社，2002。

〔美〕朱迪斯·巴特勒等：《偶然性、霸权和普遍性》，胡大平等译，江苏人民出版社，2004。

〔美〕朱迪斯·巴特勒：《性别麻烦：女性主义与身份的颠覆》，宋素凤译，上海三联书店，2009。

〔美〕朱迪斯·巴特勒：《权力的精神生活：服从的理论》，张生译，江苏人民出版社，2009。

〔美〕小埃·圣胡安：《超越后殖民理论》，孙亮、洪燕妮译，中国人民大学出版社，2015。

〔美〕斯蒂芬·埃里克·布朗纳：《批判理论》，孙晨旭译，译林出版社，2019。

〔美〕赫伯特·马尔库塞：《马克思主义、革命与乌托邦》，高海青等译，人民出版社，2019。

〔法〕鲁尔·瓦纳格姆：《日常生活的革命》，张新木等译，南京大学出版社，2008。

〔法〕拉博埃西、〔法〕布鲁图斯：《反暴君论》，曹帅译，译林出版社，2012。

〔德〕叔本华：《人生的智慧》，张尚德译，黑龙江人民出版社，1987。

〔德〕米夏埃尔·海因里希：《政治经济学批判：马克思〈资本论〉导读》，张义修、房誉译，南京大学出版社，2021。

〔德〕霍克海默：《霍克海默集》，曹卫东编选，渠东等译，上海远东出版社，1997。

〔德〕恩斯特·布洛赫：《希望的原理》（第1卷），梦海译，上海译文出版社，2013。

〔德〕恩斯特·布洛赫:《希望的原理》(第2卷),梦海译,上海译文出版社,2020。

外文著作

John Holloway, *Crack Capitalism*, London: Pluto Press, 2010.

John Holloway, *In, Against, and Beyond Capitalism: The San Francisco Lectures*, Oakland: PM Press, 2016.

John Holloway, *Change the World Without Taking Power*, London: Pluto Press, 2010.

John Holloway, *We are the Crisis of Capital: A John Holloway Reader*, Oakland: PM Press, 2019.

John Holloway, Sol Picciotto, *State and Capital: A Marxist Debate*, London: Edward Arnold, 1978.

Giorgio Agamben, *Homo Sacer: Sovereign Power and Bare Life*, Palo Alto, CA: Stanford University Press, 1998.

Giorgio Agamben, *Means without End Notes on Politics*, London: Minneapolis, 2000.

Guy Debord, *The Society of the Spectacle*, New York: Zone Books, 1995.

Erik Olin Wright, *Envisioning Real Utopias*, London: Verso. 2010.

Alfred Sohn-Rethel, *Intellectual and Manual Labour: A Critique of Epistemology*, New Jersey: Humanities Press, 1978.

Theodor W. Adorno, *Negative Dialektik*, Berlin: Suhrkamp Verlag, 2015.

Theodor W. Adorno, *Aesthetic Theory*, New York: Continuum, 2002.

Theodor W. Adorno, *Introduction to the Sociology of Music*, New York: The Seabury Press, 1976.

Theodor W. Adorno, *An Introduction to Dialectics*, Cambridge: Polity, 2017.

Theodor W. Adorno, *Ontology and Dialectics: 1960 – 61*, Cambridge: Polity Press, 2019.

Theodor W. Adorno, *Philosophical Elements of a Theory of Society*, Cambridge:

Polity Press，2019.

Theodor W. Adorno，*Lectures on Negative Dialectics*：*Fragments of a Lecture Course* 1965/1966，Cambridge：Polity Press，2008.

Theodor W. Adorno，*Current of Music*，Cambridge：Polity Press，2009.

Theodor W. Adorno，*Epistemology and Social Sciences*，Tra：Catedra，2001.

Theodor W. Adorno，*Critical Models*：*Interventions and Catchwords*，New York：Columbia University Press，2005.

Theodor W. Adorno，*Notes to Literature*：*Volume Two*，New York：Columbia University Press，1992.

Slavoj Žižek，*Organs Without Bodies*：*On Deleuze and Consequences*，New York，London：Routledge，2003.

Slavoj Žižek，*The Puppet and the Dwarf*，Cambridge：MIT Press，2003.

Slavoj Žižek，*Did Somebody Say Totalitarianism? Five Essays on the （Mis） Use of a Notion*，London；New York：Verso，2001.

Slavoj Žižek，*The Fright of Real Tears*，*Kieslowski and The Future*，London：British Film Institute，2001.

Slavoj Žižek，*On Belief （Thinking in Action）*，London：Routledge，2001.

Slavoj Žižek，*The Fragile Absolute*，*or*，*Why the Christian Legacy is Worth Fighting For*，London；New York：Verso，2000.

Slavoj Žižek，*Laclau and SZ*，*London*；New York：Verso，2000.

Slavoj Žižek，*The Ticklish Subject*：*The Absent Centre of Political Ontology*，London；New York：Verso，1999.

Slavoj Žižek，*The Abyss of Freedom Ages of The World*，*with F. W. J. von Schelling*，Ann Arbor：University of Michigan Press，1997.

Slavoj Žižek，*The Plague of Fantasies*，London；New York：Verso，1997.

Slavoj Žižek，*Gaze and Voice as Love Objects*，Renata Salecl and SZ editors. Durham：Duke University Press，1996.

Slavoj Žižek，*The Indivisible Remainder*：*An Essay on Schelling and Related Matters*，London；New York：Verso，1996.

Slavoj Žižek, *The Metastases of Enjoyment: Six Essays on Woman and Causality (Wo Es War)*, London, New York: Verso, 1994.

Slavoj Žižek, *Mapping Ideology*, SZ editor. London; New York: Verso, 1994.

Slavoj Žižek, *Tarrying with the Negative: Kant, Hegel and the Critique of Ideology*, Durham: Duke University Press, 1993.

Slavoj Žižek, *Enjoy Your Symptom! Jacques Lacan in Hollywood and out*, London; New York: Routledge, 1992.

Slavoj Žižek, *Everything You Always Wanted to Know about Lacan (But Were Afraid To Ask Hitchcock)*, SZ editor. London; New York: Verso, 1992.

Slavoj Žižek, *Looking Awry: An Introduction to Jacques Lacan through Popular Culture*, Cambridge, Mass: MIT Press, 1991.

Slavoj Žižek, *For They Know not What They do: Enjoyment as a Political Factor*, London; New York: Verso, 1991.

Slavoj Žižek, *The Sublime Object of Ideology*, London; New York: Verso, 1989.

Judith Butler, *Gender Trouble: Feminism and the Subversion of Identity*, New York: Routledge, 2006.

Judith Butler, *Bodies that Matter: On the Discursive Limits of Sex*, New York: Routledge, 2011.

Judith Butler, *Undoing Gender*, New York: Routledge, 2004.

Judith Butler, *Precarious Life: The Power of Mourning and Violence*, London: Verso, 2004.

Judith Butler, *The Psychic Life of Power: Theories in Subjection*, California: Stanford University Press, 1997.

Judith Butler, *Frames of War: When is Life Grievable?* London: Verso, 2009.

Judith Butler, *Excitable Speech: A Politics of the Performative*, New York: Routledge, 1997.

Judith Butler, *Senses of the Subject*, New York: Fordham University Press, 2015.

Judith Butler, *The Force of Nonviolence: An Ethico-Political Bind*, London: Verso, 2020.

Judith Butler, *Giving an Account of Oneself*, New York: Fordham University Press, 2005.

Judith Butler, *Dispossession*: *The Performative in the Political*, Cambridge: Polity Press, 2013.

John Holloway, Fernando Matamoros, Sergio Tischler eds. , *Negativity and Revolution*, London: Pluto Press, 2009.

后　记

　　针对霍洛威的研究，并非我给自己确立的研究规划中的一个任务。促成这一研究有很多的机缘。大约从 2015 年底至 2016 年秋，我完成了这部著作的主体部分，那时候，我正在德国耶拿大学哲学系进修，想来真是一段美好的回忆。整个著作的完成，我完全以自己关注的方向而定，并不想对这位始终以抵抗同一性为理论旨趣的学者作一种体系化的研究，不过其批判思想的主要内容在这一著作中基本呈现出来了。时隔数年后的今天，这些文字碎片能够聚合成专著，需感谢国家哲学社会科学基金项目（17BZX032）的资助，并感谢支持与帮助我成长的前辈、年轻的同道，以及学术杂志的编辑老师们。另外，要特别感谢社会科学文献出版社王小艳老师给予的诸多帮助。

　　在西方左翼的批判学者普遍失去有关乌托邦想象的时刻，霍洛威痛斥资本主义对人类存在的伤害，主张我们依然需要保持对资本主义的批判，这是值得我们去关注的地方。当然，从政治经济学批判的方法论视角去审视霍洛威给出的解放路径，需要注意特别是要批判的是，其理论侵染着无政府主义的影子，并且对马克思的方法论也存在诸多的误解，显得有些个体化、经验化地思考问题。我的下一部书稿《〈资本论〉语境中的"价值形式"问题研究》，将会从《资本论》视角去深度研究对资本主义展开政治经济学批判的方法论问题。

　　本书得到中央高校基本科研业务费"当代资本主义批判理论新进展"项目（2021QKT006）资助。

孙　亮

2022 年 11 月 28 日于上海

2023 年 9 月 16 日修订

图书在版编目（CIP）数据

重思资本逻辑的同一性：约翰·霍洛威的批判思想
引论／孙亮著. -- 北京：社会科学文献出版社，
2023.10
　ISBN 978 - 7 - 5228 - 2507 - 6

　Ⅰ.①重…　Ⅱ.①孙…　Ⅲ.①约翰·霍洛威 - 哲学思
想 - 研究　Ⅳ.①B773.1

中国国家版本馆 CIP 数据核字（2023）第 179377 号

重思资本逻辑的同一性
——约翰·霍洛威的批判思想引论

著　　者／孙　亮

出 版 人／冀祥德
责任编辑／王小艳
责任印制／王京美

出　　版／社会科学文献出版社·马克思主义出版分社（010）59367004
　　　　　　地址：北京市北三环中路甲 29 号院华龙大厦　邮编：100029
　　　　　　网址：www.ssap.com.cn
发　　行／社会科学文献出版社（010）59367028
印　　装／三河市龙林印务有限公司

规　　格／开　本：787mm×1092mm　1/16
　　　　　　印　张：16.5　字　数：251 千字
版　　次／2023 年 10 月第 1 版　2023 年 10 月第 1 次印刷
书　　号／ISBN 978 - 7 - 5228 - 2507 - 6
定　　价／89.00 元

读者服务电话：4008918866